bdia Handbuch Innenarchitektur 2017/18

bund deutscher innenarchitekten

Inhalt

Vorwort	6
Editorial	10
Die Jury	14

BAUTEN UND OBJEKTE — 16

Konstruktiv und demokratisch – Architektenkammer Sachsen, Büro- und Veranstaltungsräume, Leipzig	18
Volkswagen goes public – Konzernforum DRIVE, Berlin	22
Reflektion der Tradition – Firmensitz der Abus Kransysteme, Gummersbach	26
Bio-Gourmet-Burgerrestaurant – Bareburger organic & all natural burgers, Frankfurt a. M.	30
Eine Bier-Kultur-Bar als Geheimtipp – Keimkasten, Neuötting	34
Qualität und Handwerk – PANO Brot und Kaffee, Konstanz	38
Design Soundtrack – Hotel Jaz in the City, Amsterdam	42
Hanseatisch elegant – Le Méridien, Hamburg	46
Express yourself – Messestand Deutsches Tapeten-Institut, imm 2016, Köln	50
Urbane DNA – smart IAA 2015, Frankfurt a. M.	54
Ein Geschenk – Bürgerhaus Langenberg, Velbert	58
Geborgenheit in Pastell – Kinderklub Westend, Frankfurt a. M.	62
Segensreiches Wirken – Umbau Pfarrverwaltung Kloster Grafrath	66
Solitäre Raumkörper – K3 – CityPastoral, Siegen	70
Saniert und erweitert – Altes Rathaus, Geisenfeld	74
Markenbotschaft Haut – Haut- und Laserzentrum, Altmühltal	78
Shopping analog – Zalando Outlet Store, Köln	82
Über den Dächern der Stadt – Dachausbau, München	86
Puristisch opulent – Penthouse im The Seven, München	90
Historisch modern – Jagdschloss, Groß Beuchow	94
Alt und neu – Sanierung eines denkmalgeschützten Stallgebäudes, Barsinghausen	98
Loftwohnen – Umbau eines Bauernhauses, Riedering	102
Rinderstall mit Charakter – Teilumbau zur Wohnnutzung, Schleswig-Holstein	106
Schmuckstück – Wohnhaus W, Mittelfranken	110
Schön und zeitgemäß – Umbau einer Hausarztpraxis, Eitorf	114
bdia ausgezeichnet!	118

FACHBEITRÄGE — 120

Bauherrenwunsch – was kann das sein?	122
Hinter den schönen Schein geblickt	128
Der schöne Schein	135

ADRESSEN — 142

Mitgliederverzeichnis	154
Produktinformationen	210
Inserentenverzeichnis	223
Impressum	224

KALDEWEI

kaldewei.de

Waschtisch **MIENA** by Anke Salomon

Vorwort

VERA SCHMITZ
Innenarchitektin, Architektin,
Präsidentin bdia

Liebe Leserinnen und Leser,

nie sind Werbeplätze teurer als während des Super Bowls, dem Finale der amerikanischen Football-League, und sie sind sehr umkämpft von den Unternehmen. Wer einen Platz ergattert hat, beauftragt meist einen berühmten Regisseur für den Werbeclip, denn dieser erreicht garantiert ein Millionenpublikum. Alle großen Automarken sind vertreten, ist doch an keinem anderen Abend im Jahr die Reichweite zum Zielmarkt größer. Die schwedische Marke Volvo entschied sich 2015 für eine Strategie jenseits des klassischen Fernsehens: die Entführung von Aufmerksamkeit. Und das ging so: Volvo twitterte rechtzeitig vor dem Super Bowl, dass man sich per Tweet von Volvo ein Auto für einen seiner Lieben wünschen darf und damit automatisch an der Verlosung eines Volvos teilnimmt. Und zwar immer nur genau dann, wenn eine Autowerbung im Fernsehen lief. Ein marketingstrategisch sehr raffinierter Schachzug: Die Aufmerksamkeit wird dem Konkurrenten entzogen, Emotionen werden angesprochen (sich ein Auto für seine Lieben wünschen!), man ist aktiv (twittern!) und kann gewinnen (Autoverlosung!). Eine Werbeaktion, die mit den Möglichkeiten unserer modernen Medien auf faszinierende Art und Weise spielt.

Unsere Zeit ist geprägt von der Schnittmenge analoger Vergangenheit und digitaler Zukunft. Die Arbeit meiner Generation ist geprägt von Transparentpapier, Tuschestiften und langen Nächten in der Bibliothek. Für die jungen Kolleginnen und Kollegen sowie unseren Nachwuchs ist das Universum an digitalen Möglichkeiten täglich Brot. Aus Papierschichten sind Layer geworden, die Inhalte einer Bibliothek per Smartphone oder Tablet erreichbar. Wie können wir uns als Innenarchitektinnen und Innenarchitekten in unserer dynamischen Gesellschaft sichtbar positionieren und Aufmerksamkeit erlangen – mit unserem Wissen, unserer Kompetenz? Wie bleiben wir mit unserem Leistungsspektrum unterscheidbar von all den Plattformen rund ums beliebte Thema Interior?

Wir möchten jenseits des äußeren Scheins Ihre Aufmerksamkeit gewinnen. Mit dem neuen Handbuch leisten wir wieder in guter Tradition einen wichtigen Beitrag, das breite Spektrum an Innenarchitektur unserer Mitglieder zu zeigen. Mit dem bdia Atlas, der sich seit seinem Start vor einem Jahr stetig füllt, sowie der bdia-Innenarchitekten- und Mitgliedersuche bieten wir zusätzliche praktische Online-Instrumente zur Recherche von Projekten und Planern. Wir möchten die Köpfe hinter neuen, komplexen, überraschenden oder einfach schönen Projekten zeigen, denn diese bleiben viel zu oft unbekannt, treten zurück hinter dem Kunden, dem Auftraggeber. Und wie bei einem Eisberg liegt der kreative und organisatorische Prozess, die Auseinandersetzung, die individuelle Entwicklungsarbeit im Verborgenen. (Wir Innenarchitektinnen und Innenarchitekten kennen dies. Von der Selbstverständlichkeit eines Autors auf dem Buchcover sind wir weit entfernt. Die Idee zum Kidnapping der Werbezeit der Konkurrenten hatte übrigens die Agentur Grey aus New York.)

Bauen ist eine Kunst, die bleibt. Architektur und Innenarchitektur sind dauerhaft, ein Gegenpol zu Mobilität und Flüchtigkeit. Und sind doch auch Veränderungen und Wandel unterworfen. Familien verändern sich in ihren Zusammensetzungen und Bedürfnissen, die ältere Generation bildet einen wachsenden Teil unserer Gesellschaft. Die Arbeitswelt transformiert sich vom klassischen Einzelbüro über Spielwiesen und Kommunikationszonen hinein in die sagenumwobene Welt der „Third Places". Operationssäle verändern sich, das Wohnzimmer verschwindet, Klassenräume werden zu offenen Clustern, der Arbeitsplatz vibriert in der Hosentasche und geshoppt wird online und überall.

Doch es ist der Raum, der bleibt. Konkret, belastbar und unmissverständlich. Wir hören, sehen und fühlen. Wir haben Hunger, werden müde oder möchten uns bewegen. Im Mittelalter teilte man sich kleinste Kammern mit Verwandten. Das Wichtigste war der Schlafplatz, ein Dach über dem Kopf, Privatheit war reinster Luxus. Heute zweifelt niemand mehr an der Bedeutung von Privatsphäre. Und was wird die Zukunft bringen? Ob Marskolonie, Megawolkenkratzer oder Aussteigerhütte: Die Beschaffenheit unserer Räume ist ein Spiegel, der aufzeigt, wer wir sind.

Ein schönes Beispiel aus der Natur: Die Wiederansiedlung des Wolfes im Yellowstone Nationalpark führte dazu, dass sich Flussläufe veränderten. Der Wolf reduzierte die Hirsche, die weniger Jungbäume fraßen, und die Wälder stabilisierten sich in kürzester Zeit. Insekten und Vögel vermehrten sich. Biber fanden genügend große Bäume, und ihre Dämme und Staugewässer beeinflussten positiv die biologische Vielfalt. Die Bodenerosion ging massiv zurück und ganze Flussläufe renaturierten sich von selbst. Wäre es nicht ein wunderbares Ziel, der Raum stünde als „dritter Pädagoge" von Anfang an in Kindergärten und Schulen jedem Kind in bester Qualität zur Verfügung? Eine Kaskade an positiven Entwicklungen könnte so in Gang gesetzt werden hin zu selbstbestimmten und interessierten Heranwachsenden und Erwachsenen.

Wir als bdia möchten uns als Teil einer dynamischen und vernetzten Welt für unsere Mitglieder und für die Innenarchitektur selbstbewusst und in aller Vielfalt präsentieren. Generationenübergreifend. Auf die Zukunft ausgerichtet. Lebendig, frisch und voller Tatendrang, denn so fühlen wir uns.

Dieses Handbuch erscheint in diesem Jahr im neuen bdia-Look – es ist Ihnen sicher aufgefallen! Wir haben uns für eine neue Schrift mit besserer Lesbarkeit – online und gedruckt – entschieden und auch die Gestaltung unserer Einladungen und Flyer rundum erneuert. Sie dürfen gespannt sein! Mit unserem neuen Logo besetzen wir alle Ecken – von innen heraus. Nicht die schlechteste Perspektive für uns Innenarchitektinnen und Innenarchitekten ...

Mit herzlichem Dank für Ihre Aufmerksamkeit wünschen wir viel Freude beim Lesen!

Ihre
Vera Schmitz

Preface

VERA SCHMITZ
interior architect, architect,
president bdia

Dear Readers,

Advertising space is never more expensive than during the Super Bowl, the final of the American Football League, and it is hard-fought over by competing companies. Those who managed to get hold of a time slot, mostly commission a famous director with the production of a commercial clip because it definitely reaches an audience of millions. All major car makers are represented, since the reach to the target market is never greater on any other day of the year. In 2015, the Swedish brand Volvo decided upon a strategy beyond classic TV: the diversion of attention. And that's how it was done: in good time before the Super Bowl, Volvo twittered that people can wish for a Volvo for a beloved person via a tweet and thereby automatically take part in the raffle of a Volvo – but only at exactly the time when a car advert was featured on TV. A strategically very cunning marketing move: attention is distracted away from competitors, emotions are addressed (wishing for a car for a beloved person!), one is active (twittering!) and can win (car raffle!). It was an advertising campaign which plays with the possibilities of our modern media in a fascinating way.

Our time is characterised by the overlap of analogue past and digital future. The work of my generation is determined by tracing paper, ink pens and long nights at the library. For my young colleagues as well as our young generation the universe of digital possibilities is a daily routine. Sheets of paper have become digital layers, the contents of a library are accessible via smartphone or tablet. How can we as interior architects position ourselves in a dynamic society and gain attention – with our knowledge, our competence? How can we remain distinguishable with our service portfolio from all the platforms on the popular theme of interior?

We want to gain your attention beyond the external appearance. With the new handbook we once again, in keeping with tradition, make an important contribution to present the broad spectrum of interior design to our members. With the bdia Atlas, which has continuously filled up since its start one year ago, as well as with the bdia interior designer and member search, we provide additional practical online tools to search for projects and planners. We want to present the minds behind new, complex, surprising or simply beautiful projects because much too often they remain unknown, stand back behind the client. Just like an iceberg, the creative and organisational process, the analysis, the individual development work lies hidden. (We interior architects know this situation. We are a long way from the independence of an author on the book cover. By the way, the agency Grey from New York had come up with the idea to divert the advertising attention away from competitors.)

Building is an art, which remains. Architecture and interior design last, they are an antipole to mobility and volatility. And both are yet subject to transformation and change. The composition and needs of families change, the older generation is a growing part of our society. The working world is transformed from classic single offices via playing fields and communication zones towards the world of "Third Places" steeped in legend. Operating theatres are changing, the living room changes, classrooms turn into open clusters, the workspace vibrates in one's pocket, and shopping is done online and anywhere.

However, it is the room that stays. Concrete, resilient and unmistakable. We hear, see and feel. We are hungry, become tired or feel the need to move. In the Middle Ages, people shared very small chambers with relatives. The most important place was the sleeping place, a roof over one's head, privacy was pure luxury. Today, no one has doubts about the significance of privacy. What will the future bring? Whether a colony on Mars, mega skyscrapers or the dropout's home: the quality of our rooms is a mirror which reflects who we are.

A beautiful example from nature: The return of wolves to the Yellowstone National Park led to a change of river courses. The wolves reduced the number of deer, who ate fewer young trees so that forests stabilised in a very short period of time. Insects and birds propagated. Beavers found sufficiently large trees and their dams and the resulting backwaters positively influenced the biological diversity. Soil erosion massively decreased and whole river courses renaturated all by themselves. Wouldn't it be a wonderful aim that rooms in perfect quality would be available to each child as a "third pedagogue" in kindergartens and schools from the very beginning? A cascade of positive developments could thus be initiated towards self-determined and interested adolescents and adults.

We as bdia want to self-consciously and in great diversity present ourselves for our members and for interior design as part of a dynamic and networked world.

Generation-spanning. Oriented to the future. Lively, fresh and full of drive, because that's the way we feel. This year's handbook is published in the new bdia look – as you surely noticed! We decided upon a new font with a better readability – online and printed – and completely redesigned our invitations and flyers. You can look forward to these changes! With our new logo we occupy all angles – from the inside out. Probably not the worst perspective for us interior architects…

Thank you very much for your attention and enjoy the read!

Vera Schmitz

Yours sincerely
Vera Schmitz

Editorial

SYLVIA LEYDECKER
Innenarchitektin,
Vizepräsidentin bdia

Liebe Leserinnen und Leser,

... aufgefallen? Muss es nicht, aber Hauptsache: schön. Und schon sind wir beim Thema dieses Handbuches „Der schöne Schein". Passend dazu diesmal in komplett verändertem Layout, das sich in das brandneue Corporate Design des bdia integriert.

Wir haben damit eine äußerliche Metamorphose hinter uns, die aber hoffentlich auch von zukünftigem Wandel begleitet wird und niemals stillsteht. Dennoch gibt es auch Dinge, die sich zu Recht niemals wandeln. Eine solche Konstante ist Schönheit, um die sich die Welt als Teil der Evolution immer drehen wird.

Schönheit zwischen diesen Seiten, schöne Projekte, die eine hochqualifizierte Jury mit großem Engagement aus einer Vielzahl von Einreichungen destilliert hat, erwarten Sie. Schön heißt aber nicht einfach nur hübsch gemacht, denn es bedeutet mehr als das. Es ist viel Können nötig, um aus einer guten Idee, einem stimmigen Konzept ein schönes Projekt fertigzustellen.

Können, das nicht „mal eben" generiert wird, sondern eine solide und professionelle Ausbildung, aber auch Weiterbildung und Erfahrung braucht: Normen, Richtlinien und Vorschriften wollen befolgt, Wegeführungen und Raumprogramme bedacht, Arbeitsprozesse optimiert, Projektmanagement organisiert, Flächeneffizienz geschaffen, Sicherheit wie Brandschutz gegeben, materialgerecht konstruiert sowie bei all dem das organisatorische Geschick nicht vergessen werden. Darüber schreiben unsere Fachautoren und vermitteln dadurch einen tieferen Blick hinter die Kulissen des schönen Scheins.

„Der Sinn einer schönen Schöpfung liegt zumindest so sehr beim Betrachter wie in der Seele dessen, der sie schuf." Das hat niemand geringerer als Oscar Wilde gesagt, der an dieser Stelle in seinem Element war. Schönheit Schaffende, die mit Leib und Seele dabei sind, wenn es um ihre Projekte geht, um Sie als Bauherrn, verbinden sich im bdia mit professionellem Anspruch und damit hoher Qualität. Schöne Projekte zeigt dieses Handbuch, das den bdia in seiner Vielfalt und Gesamtheit repräsentiert.

Schönheit braucht kein Geld, auch Low-Budget-Projekte müssen keiner Ästhetik entbehren – im Sinne von Jenny Holzers „Money creates taste": Mit viel Geld lässt sich nicht nur Schönheit schaffen, sondern auch viel ruinieren. Neben dem Abgrund steht die Schönheit ... Losgelöst davon ist ein gelungenes Projekt immer auch hinter den Kulissen „schön", was aber nicht heißen muss, perfekt. Damit zeigen sich Bauherr und InnenarchitektIn als das perfekte Dreamteam. Das ist Schönheit, die von innen kommt.
In diesem Sinne wünsche ich Schönheit für alle.

Dear Readers,

Did it attract attention? It need not, as long as it is beautiful. This brings us straight to the subject matter of this handbook: "The beautiful appearance". In line with this theme, the current issue is published in a completely revised layout, which blends in with the brand new corporate design of the bdia.

We have thus accomplished an exterior metamorphosis, which will hopefully be accompanied by future changes and will never stagnate. Nevertheless, there are aspects which quite rightly never change. Such a constant is beauty, around which the world as part of evolution will always revolve.

You can expect beauty in-between these pages, beautiful projects distilled by a highly qualified jury with great commitment from a large number of submissions. However, beautiful does not just mean pretty, it means more than that. Great expertise is necessary to turn a good idea, a consistent concept into a completed beautiful project.

Expertise which is not acquired "just like that" but requires sound and professional education as well as further training and experience: standards, directives and provisions need to be observed, the layout of circulation routes and room schedules have to be considered, work processes need to be optimised, the project management has to be organised, spatial efficiency must be achieved, safety and fire protection must be provided, the construction must be appropriate for the particular materials used and, along with all that, organisational skills must not be forgotten. These are the topics our specialist authors address in their contributions, thus providing a detailed look behind the scenes of the beautiful appearance.

"The meaning of a beautiful creation lies at least as much in the viewer as in the soul of its creator." This is a statement by no less a person than Oscar Wilde, who was regarding this point in his element. People creating beauty, who are involved with heart and soul when it comes to their projects, to you as a client, are associated in the bdia with professional aspirations and therefore with great quality. This handbook presents beautiful projects and hence represents the bdia in its variety and entirety.

Beauty does not require money, low-budget projects need not be characterised by a lack of aesthetic – in the sense of Jenny Holzer's "Money creates taste": Plenty of money not just helps to create beauty, it can also ruin a lot. Beauty stands right next to the abyss... Detached from this, a successful project is also always "beautiful" behind the scenes, which does not mean that it is perfect. With a beautiful project client and interior designer appear as the perfect dream team. This is beauty which comes from the inside.
On this note, I wish you beauty for everyone.

BETTELUX SHAPE

Das neue Designkonzept aus feinstem Stahl/Email,
gepaart mit offenem Stahlrahmen, der das Innerste nach außen kehrt.

Design: Tesseraux + Partner

www.bette.de

Die Jury
Das Auswahlgremium

Sylvia Leydecker

Den Vorsitz hatte die Redakteurin dieses Handbuchs, **Sylvia Leydecker**, Innenarchitektin, Vizepräsidentin bdia und Past Boardmember IFI. Studium in Wiesbaden und Jakarta/Indonesien. 1997 Gründung ihres Büros 100% interior in Köln, mit dem sie Räume für Unternehmen entwirft und insbesondere im Bereich Healthcare bekannt ist. Sie ist neben ihrer Tätigkeit als Innenarchitektin erfahrene Buchautorin dreier internationaler Bücher über Marke, Innenarchitektur und Material. Darüber hinaus ist sie auch als Referentin und Jurorin vertreten.

Dirk Bonnkirch

Dirk Bonnkirch ist Architekt, er studierte an der TU Darmstadt und arbeitete nach dem Studium an einer Vielzahl von Wettbewerben im In- und Ausland mit. Er ist heute Mitherausgeber der Internetplattform competionline. Er verfügt über große Erfahrung im Bereich Wettbewerbe und trägt die Verantwortung bei competitionline hinsichtlich der Kooperation und der Vernetzung zu Berufsverbänden, Kammern und politischen Akteuren.

Dorothee Maier

Dorothee Maier ist Innenarchitektin und führt das Büro Meierei in München, dass sie 2002 gegründet hat. Zuvor studierte sie Innenarchitektur in Rosenheim und arbeitete bei Schmidhuber+Partner sowie Matteo Thun. Ihre Bürotätigkeit dreht sich in der Hauptsache um den Schwerpunkt Retail, von Shop bis Showroom und Exhibition.

Verena Jaumann

Verena Jaumann ist Redakteurin im Callwey Verlag und seit 2016 für das Buchprogramm Architektur/Bauen verantwortlich. Seit 2015 leitet sie das Callwey Online-Portal Die besten Einfamilienhäuser. Sie studierte Architektur an der TU München und BME Budapest.

ZÜCO SIGNO – KOMFORT UND BEQUEMLICHKEIT IN EINEM

Dauphin HumanDesign® Group GmbH & Co. KG
D-91238 Offenhausen | www.dauphin-group.com

Bauten

und

Objekte

Konstruktiv und demokratisch

Constructive and democratic

Kleiner Beratungsraum

Architektenkammer Sachsen, Büro- und Veranstaltungsräume, Leipzig

Nach intensiver Planung und Umbauarbeiten wurden die Büro- und Veranstaltungsräume der Architektenkammer Sachsen in der Niederlassung Leipzig am Standort Dorotheenplatz eröffnet. Nach 15 Jahren war es an der Zeit, durch diesen Standortwechsel auch gleichzeitig das Image und die Präsenz der Kammer mit einer modernen und repräsentativen Innenarchitektur zu unterstreichen und zusätzlich in den multifunktionalen Räumen neben den Verwaltungstätigkeiten die Möglichkeit zu haben, Weiterbildungen, Ausstellungen oder größere Beratungen durchzuführen. Die Bauaufgabe wurde gemeinsam durch den Architekten Martin Faßauer und die Innenarchitektin Sibylle Kasel aus Leipzig geplant und in der Bauphase begleitet. Dabei wurde vor allem darauf geachtet, dass mit sehr geringem Budget dennoch ein Optimum an repräsentativer Gestaltung, Funktionalität und Nachhaltigkeit erreicht werden konnte, ohne dabei auf eine sehr gute Schallakustik, eine energieeffiziente und multifunktionale Beleuchtung zu verzichten.

Der zentrale Empfangsbereich mit dem hinterleuchteten Logo der Architektenkammer lädt mit dem großen runden Beratungstisch zu vielen konstruktiven und demokratischen Beratungen ein. Er verleiht nicht nur ein frisches Antlitz, sondern soll vor allem auch die jungen Architekten animieren, mit und für die Kammer aktiv zu werden, an einem Ort mit Identifikation und Atmosphäre.

The new appearance strengthens the image and presence of the Leipzig branch of the Chamber of Architects. Besides office work, the premises can be used for advanced training courses, exhibitions and events. A place with atmosphere and identification encourages constructive and democratic interaction.

Bauten und Objekte

Empfangsbereich + Beratung

— Kammerbüro

„Innenarchitektur sagt nichts über den Raum, sondern alles über seine Nutzer."

Ausstellungsraum —

Empfangsbereich | Hinterleuchtetes Logo —

Grundriss

Bauten und Objekte

Weiterbildungsraum

SIBYLLE KASEL
Dipl.-Des. (FH)
Innenarchitektin bdia

Büro
KASEL Innenarchitekten, Leipzig
www.pbkasel.de

Büroprofil
Unser Credo ist Ästhetik für besondere Räume in Harmonie mit Gestaltung, Funktion + Wirtschaftlichkeit für exklusive Wohnhäuser, Hotels, Banken, Shops, Arztpraxen + Theater hervorzuzaubern als eine gelungene Investition in die Zukunft für die Auftraggeber und uns als Innenarchitekten.

Beteiligte
Dipl.-Ing. Architekt Martin Faßauer,
Herr Dr. Berthold Crimmann

Auftraggeber
Architektenkammer Sachsen

Fotos
Robert Raithel, Leipzig

Text
Sibylle Kasel, Leipzig

Volkswagen goes public

Volkswagen goes public

Haupteingang zum VW-Konzernforum DRIVE Berlin, Friedrichstraße

Konzernforum DRIVE, Berlin

Unter verantwortlicher Projektleitung der VW Immobilien GmbH und in Kooperation mit dem Nutzer wurde von den Planern ein neues Raum- und Nutzungskonzept für eine zeitgemäße Form der Produktpräsentation, Technologievermittlung und Kommunikation realisiert. Der Konzernrepräsentation steht nun ein neu gestaltetes, umfangreiches Raumprogramm einschließlich einer zentralen, zweigeschossigen Ausstellungshalle zur Verfügung.

Eine besondere Herausforderung an den Lichtplaner und das zu entwickelnde Beleuchtungskonzept, das den Außenraum der Lindenkorso-Arkaden einschließt, liegt in der Vielfalt der Raumbereiche und -nutzungen begründet. Daraus resultierte die Notwendigkeit, hierfür unterschiedliche Konzepte zu entwickeln und diese, bei teilweise fließend ineinander übergehenden Raumbereichen, sowohl visuell als auch lichttechnisch stimmig miteinander zu verbinden. Die Konzeptentwicklung, Koordination und Integration der szenografischen Beleuchtung in die Raumbeleuchtung des zentralen Ausstellungsbereiches stellte eine weitere besondere Anforderung an die Lichtplanung: Eine der gestalterischen Idee und funktionalen Notwendigkeiten dienende Raumbeleuchtung, ein ausgewogenes Verhältnis von vertikalen und horizontalen Beleuchtungsstärken des Ausstellungsbereiches und eine auf die jeweilige Raumnutzung bezogene Wahl der Lichtfarbe sind wesentliche Absichten der Konzeption.

The Volkswagen Group Forum DRIVE in the centre of Berlin presents all car makes belonging to the group to the public. Restaurant and shop areas as well as the central, two-storey exhibition space provide a contemporary framework for the imparting of technology, communication and product presentation.

Bauten und Objekte

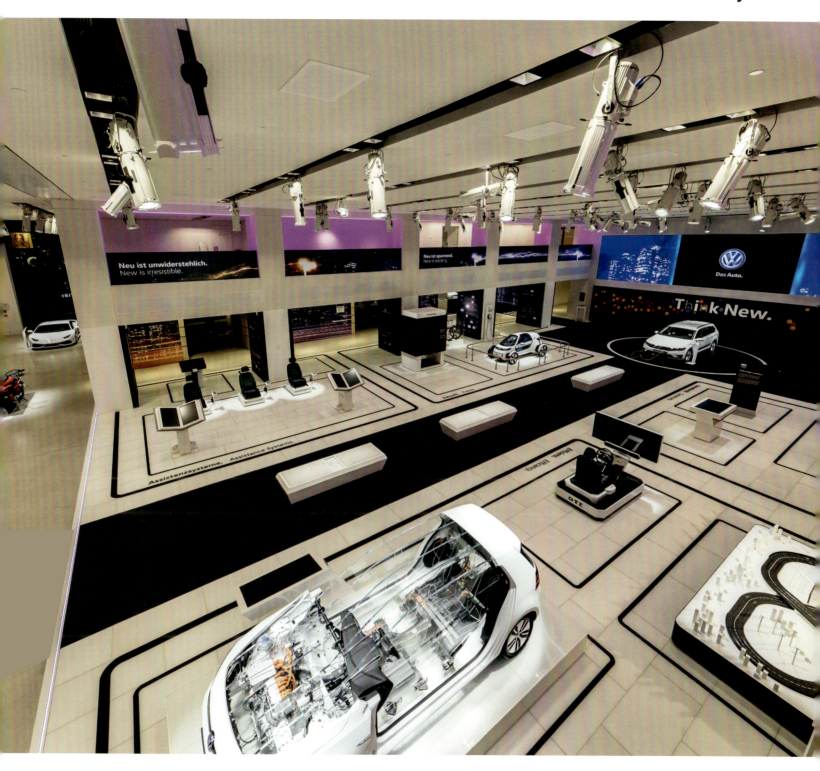

Blick in den zentralen Präsentationsbereich, mit Komponenten der Präsentationsbeleuchtung

23

| Multimedialer Konferenzbereich

| Restaurant Fine Dining

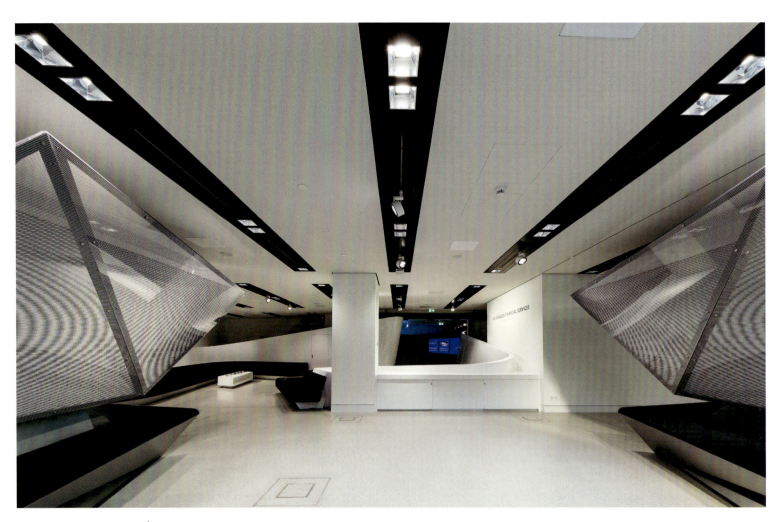
| Präsentationsbereich der VW-Financial-Services mit multifunktionalem Deckenpaneel

— Shop-Bereich mit Leuchten-Sonderkonstruktion

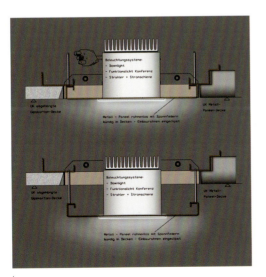

Technik-Paneel zur Aufnahme diverser Beleuchtungskomponenten

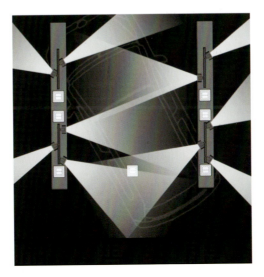

Bauten und Objekte

RALF SCHOOFS
Dipl.-Ing. Innenarchitekt AKNW

Büro
RHEIN LICHT
www.rhein-licht.com

Büroprofil
Wir entwickeln und planen Beleuchtungskonzepte mit dem Ziel, die Raumqualitäten vorteilhaft zu ergänzen. Detail-Qualität und die Berücksichtigung lichttechnischer Standards verstehen wir dabei als Basis.

Beteiligte
Tanja Pfitzner,
Dipl.-Ing. Innenarchitektin
Barbara Duda
B.A. Innenarchitektur

Auftraggeber
VW Immobilien, Wolfsburg

Fotos
Ansgar Maria van Treek, Düsseldorf

Text
Ralf Schoofs, Düsseldorf

Reflektion der Tradition

Reflected tradition

KranHaus

Firmensitz der Abus Kransysteme, Gummersbach

Wenn wir von Innenarchitektur reden, meinen wir ein Eingehen auf Unternehmenstraditionen genauso wie ein Reflektieren des Ortes. Verbinden sich diese Aspekte mit unserer Vision vom zukunftsfähigen Arbeiten, ergibt sich ein individuelles Raumkonzept. Die neue Zentrale der Firma ABUS ist ein Beispiel für diese kreative Haltung.
Neben der technischen Ausrichtung ist es auch die Verbundenheit mit dem Bergischen Land, die das inhabergeführte Unternehmen prägen. So erklärt sich die Kombination ehrlicher Materialien mit dem feinen Farbspiel der Stoffe, die sich im Mitarbeiterrestaurant, der ‚Guten Stube', zeigt. Dieser Raum ist durch die lange ‚bergische Kaffeetafel' geprägt, die auf eine regionale Tradition anspielt, aber in der Formübersetzung fest im Heute verankert ist.
In der Empfangshalle entsteht der legendäre ‚erste Eindruck'. Der Tresen aus Stahl weist skulpturale Qualitäten auf und zitiert zugleich die Solidität der Produkte. In den Büroetagen wird erlebbar, dass effektives Arbeiten unterschiedliche Arbeitsmodi benötigt: informelle Meetings, Rückzug in den Besprechungsbereich, variables Arbeiten im Sitzen oder Stehen.
Raumqualität entsteht durch das Herstellen einer Balance zwischen einer klaren Struktur und individuellen Raumzonen. Die Intensität der Mischung unterschiedlicher Möbel und Ausbauformen sowie der Liebe zum Detail bei gleichzeitiger Ausgewogenheit auf der Farb- und Materialebene ist dabei unsere Antwort auf die Anforderungen einer zeitgemäßen Büroplanung.

When we talk about interior design, we mean building on the client's corporate traditions as well as a reflection of the location. If these aspects combine with our vision of sustainable work structures and a clear design vocabulary, an independent room concept evolves.

Bauten und Objekte

Empfang

Mitarbeiterrestaurant - ‚Gute Stube'

Mitarbeiterrestaurant - ‚Gute Stube'

Lounge

Lounge

Bauten und Objekte

Arbeitsbereich

Arbeitsbereich

„Architektur ist die Kunst, Raum zu organisieren."

ANDREA WEITZ
Dipl.-Ing. Innenarchitektin bdia

JENS WENDLAND
Prof. Dipl.-Ing. Innenarchitekt bdia

Büro
raumkontor Innenarchitektur, Düsseldorf
www.raumkontor.com

Büroprofil
raumkontor steht für das andere in den Räumen und den Dingen, für die wesentliche Abweichung, die Charakter erzeugt. Arbeitsfelder: Shops, Praxen, Büros, Hotels, Häuser und Wohnungen, Möbeldesign

Auftraggeber
Abus Kransysteme GmbH, Gummersbach

Fotos
Hans Jürgen Landes, Dortmund

Text
raumkontor, Düsseldorf

Bio-Gourmet-Burgerrestaurant

Organic gourmet burger restaurant

Außenbereich

Bareburger organic & all natural burgers, Frankfurt am Main

Innenarchitektur einer 300 qm Gastronomiefläche inklusive Nebenräumen für ca. 75 Gäste im Innenraum und 35 Plätzen im Außenbereich am Schweizer Platz in Frankfurt: Bareburger legt großen Wert auf Nachhaltigkeit, Ökologie und die Herkunft der verwendeten Produkte. Dieser konzeptionelle Leitfaden spiegelt sich auch in der Innenarchitektur wider, in der Nachhaltigkeit, Natürlichkeit und Ehrlichkeit der verwendeten Materialien, Möbel und Leuchten. Das Bio-Gourmet-Burger-Konzept stammt aus den USA. Es gibt momentan ca. 40 Restaurants, hauptsächlich in New York und Umgebung. Das Restaurant in Frankfurt ist das erste in Europa.

Im Erdgeschoss befinden sich eine offene Showküche, die Bar und der Gastraum mit verschiedenen Sitzbereichen. Über eine innenliegende Treppe gelangt man ins UG, dort befinden sich die Nebenräume.

Im Zentrum steht die Bar mit angeschlossener Showküche, die für den Gast komplett einsehbar ist und Einblicke in die Verarbeitung und den Einsatz der Rohprodukte gibt. Die unterschiedlichen Einbauten zonieren den Gastraum und den dazugehörigen Außenbereich. Es gibt für jeden Gast den passenden Sitzbereich – Nischen als Rückzugsort, Plätze direkt an der Bar, lange Tafeln für eine offene Kommunikation und flexible, kleinere Tischgruppen für verschiedene Personenzahlen und Gruppengrößen.

Die verglaste Fassade lässt eine Verbindung zwischen innen und außen zu, die den Gästen einen Blick auf den belebten Schweizer Platz in Frankfurt-Sachsenhausen ermöglicht. Der Raum wird geprägt von der Wertigkeit und Authentizität der Materialien und Produkte. Dem Gast wird sowohl kulinarisch als auch räumlich ein individuelles, nachhaltiges Konzept präsentiert.

Interior design of a 300 sq m restaurant area at Schweizer Platz in Frankfurt. The concept of Bareburger, an organic burger restaurant already established in the USA with about 40 restaurants located mainly in New York, attaches great importance to sustainability, ecology and the origin of the produce used.

Bauten und Objekte

Gastraum

| Beleuchtungsdetail

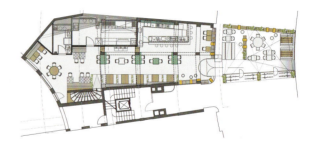

| Grundriss

„Das Andere in den Räumen und den Dingen, die wesentliche Abweichung, erzeugt Charakter."

| Sitzbank vor Holzschindelwand

| Bar und Showküche

| Bartresen

Gastraum

Showküche —

Bauten und Objekte

INGO HAERLIN
Dipl.-Ing. Innenarchitekt (FH) bdia

Büro
DESIGN IN ARCHITEKTUR,
Darmstadt
ww.design-in-architektur.de

Büroprofil
DESIGN IN ARCHITEKTUR ist ein junges Kreativbüro aus Darmstadt. Sie schaffen Räume und Gebäude mit Atmosphäre immer mit dem Augenmerk auf das außergewöhnliche Detail.

Auftraggeber
BB Frankfurt GmbH

Fotos
Gregor Schuster, Darmstadt

Text
DESIGN IN ARCHITEKTUR,
Darmstadt

33

Eine Bier-Kultur-Bar als Geheimtipp

Insider tip

In der hohen Brauereifassade dient das rostrote Eingangselement als Blickfang.

Keimkasten, Neuötting

Wo sich bis in die 80er ein Teil seiner Mälzerei befand, öffnete der Müllerbräu Neuötting nun mithilfe von studio lot den „Keimkasten" für Gäste. Unscheinbar sitzt die neue, rote Metalltür in der hohen Fassade des Brauereigebäudes – einzig der Leuchtkasten lässt einen Geheimtipp erwarten.
Im Eingangsbereich bilden faszinierende Relikte aus der Zeit, als dieser Gebäudeteil noch Mälzerei war, den Auftakt. Über einer Glas-Luke in der Decke ragen die hohen Gersten-Silos auf. Industriefliesen, Stahl, Beton und gekalktes Mauerwerk prägen den industriellen Charakter der Bar. Das Herzstück bildet ein länglicher Gewölberaum, in dem sich die beiden Keimkasten-Becken befinden. Ein gefliester Erschließungssteg teilt den Gastraum in ein linkes und rechtes Gärbecken. Deren Seitenwände wurden an vier Stellen aufgeschnitten, durch die der Besucher in den tiefer gelegenen Aufenthaltsbereich gelangt.
Zuvor muss er aber den hölzernen Seekiefer-Kubus durchschreiten, der dem Steg aufgesattelt als eingebautes Raum-Möbel dient. Die zentral gelegene Bar weist den Weg in die ehemaligen Gärbecken, rechts der Steh- und Tanzbereich, links der ruhigere Sitzbereich. Auf dieser Seite formen sich aus den drei Holzwürfeln lange Sitznischen, die aus den Kuben herausgeschnitten wurden. Gegenüber erzählen in Schaukästen Stücke aus dem Brauereifundus von der langen Geschichte des Müllerbräus. Mit diesem außergewöhnlichen Lokal ist ein Stück Großstadt in das Nachtleben Neuöttings eingezogen.

On the occasion of the 500th anniversary of the German Purity Law, Müllerbräu decided to convert its "Keimkasten" (malting box) into a unique pub with the help of studio lot. The industrial charm was maintained and merely complemented with three space-defining wooden pieces of furniture.

Bauten und Objekte

Die ausgeschnittenen Volumen dreier großer Holzeinbauten bilden den Sitzbereich im linken Keimkasten.

Die zentrale Bar öffnet sich zum Steh- und Tanzbereich.

"Drei schlichte Holzkisten unterteilen den Raum und schaffen spannende Raumbeziehungen."

Durch den höher gelegenen Erschließungssteg wird der Raum in zwei Bereiche geteilt. —

Über eine Stufe gelangt man in den tiefer gelegenen Stehbereich.

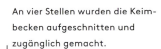

An vier Stellen wurden die Keimbecken aufgeschnitten und zugänglich gemacht.

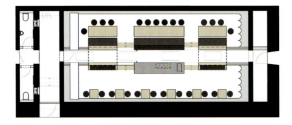

Grundriss

Schnitt

Bauten und Objekte

VERONIKA KAMMERER
Dipl.-Ing. Innenarchitektin bdia
und Architektin

Büro
studio lot, Altötting
www.studiolot.de

Büroprofil
studio lot gestaltet Raum – Innenräume, Außenräume und das Dazwischen. Durch die ganzheitliche Betrachtung und frühzeitige Begleitung durch professionelle Partner entstehen stimmige, komplexe Lösungen.

Auftraggeber
Reinhard und Waltraud Müller, Müllerbräu Neuötting GmbH & Co. KG

Beteiligte
Cathrin Langanke, M.A. Architektur

Fotos
Antje Hanebeck, München

Text
studio lot, Altötting

Bevor man in den Aufenthaltsbereich gelangt, durchschreitet man einen raumbildenden Seekiefer-Kubus.

Qualität und Handwerk

Quality and craftsmanship

Eingang

PANO Brot und Kaffee, Konstanz

Das Objekt PANO Brot & Kaffee Konstanz liegt in direkter Nähe zum Bodensee. Zu der bereits bestehenden Caféfläche wurde die Erweiterung des Cafés um weitere 324,50 qm vorgenommen. Ein neuer Thekenbereich, der Gastraum sowie die kompletten Nebenräume (offene Küche, Eisproduktion, Kühl- und Lagerfläche, Toilettenanlagen, Büro- und Personalräume) wurden umgesetzt.

Das Konzept PANO steht für Freude, Entspannung und Genuss sowie eine Atmosphäre des Wohlbefindens, welche im neu gestalteten Bereich geschaffen wurde. Moderne und Traditionalität treffen hier aufeinander und ergänzen sich perfekt. Ein besonderes Augenmerk wurde auf die Auswahl der Materialien, von Naturstein und geölter Eiche in Verbindung mit Metalloberflächen, gelegt. Der Einsatz dieser hochwertigen Materialien in der Innenausstattung spiegelt die Wertigkeit der Marke PANO Brot & Kaffee wieder.

Im PANO dreht sich alles um Qualität, Ursprung und Handwerk – Letzteres wird durch eine offene Theken- und Küchensituation erreicht. Der Kunde kann dadurch bei der Zubereitung seiner Speisen einen direkten Blick auf die Köche und Konditoren werfen. Unterschiedlichste Sitzmöglichkeiten laden die Gäste zum Verweilen ein, ob am großen Tisch in kommunikativer Atmosphäre, zurückgezogen in einer der vielen Lounge-Ecken oder mitten im lebendigen Treiben. Besondere Highlights sind die massiven Steinregale sowie die Wasserinstallation – hier lässt sich dem sanft plätschernden Wasser lauschen.

The project PANO Brot & Kaffee Konstanz is located in close proximity to Lake Constance. The existing area of the café was extended by another 325 sq m. A new counter area, the seating area as well as all service rooms were implemented.

Bauten und Objekte

Steinregal mit großem Tisch

39

Steinregal mit großem Kommunikationstisch

Frontalansicht Theke —

Lounge-Ecke in Bögen

Lounge-Ecke —

Bauten und Objekte

Thekensituation mit Blick in Gastraum

— Grundriss

CAROLIN MERZ
B.A. Innenarchitektin (FH)

Büro
MINTERIOR, Stuttgart
www.minterior.de

Büroprofil
MINTERIOR ist ein junges Kreativbüro aus Stuttgart, welches es sich zum Ziel gesetzt hat, Räumen Atmosphäre zu geben und dadurch einen Wohlfühlcharakter zu schaffen.

Auftraggeber
Die Seebohne GmbH, Konstanz

Fotos
Martin Baitinger, Böblingen

Text
MINTERIOR, Stuttgart

Design Soundtrack

Design soundtrack

Fassade

Hotel Jaz in the City, Amsterdam

DAS Hotel der „next generation" war die Aufgabe der Deutsche Hospitality. Zielgruppenanalyse, innovative Funktionalität und Branding wurden von Geplan Design entwickelt. Das Jaz, als erstes Haus der neuen Marke, direkt am Ziggo Dome, in dem Adele spielt ..., ist mehr als ein Hotel – es ist Musik. Als Root, die alle Jaz-Häuser verbinden wird, haben wir zuerst Funktionen festgelegt. Was so spröde klingt, ist nun Rhythmus pur: die Lobby als lebendige Meet & Work Area! Mehr noch, in jedem Jaz finden dort regelmäßig Live-Gigs statt. Musikinstrumente dienen als Inspiration für die Materialien: Wie ein gigantisches Blechblasinstrument steht die schimmernde Rezeption da.

Das Gastro-Konzept erinnert an ein Shop-in-Shop System. Beat Box, Lunch Box, Black Box ... natürlich ist bei Jaz der „local spirit" entscheidend. Wir sind dazu in die Amsterdamer Szene eingetaucht. Ein verträumtes Sprayer-Design auf sägerauem Holz ist der Herzschlag der Zimmer, das Oranje-Orange ist frecher Farbtupfer im ganzen Hotel. Die Nähe zum Ziggo-Dome mit 17.000 Plätzen prägte den Entwurf: Der Gast wird selbst zum Star – Bühnenmarkierungen im Boden und frenetisches Publikum an den Wänden der Stage-Flure führen zu den 247 Zimmern. Das ganze Hotel ist „besonders". Etwas Neues ist entstanden, das sich konsequent durch das ganze Haus zieht, das Konventionen bricht, auch in den Meeting & Conference Rooms. Jaz entspricht unseren unkomplizierten, flexiblen Lebens- und Arbeitsbedingungen, ist zu 100 % emotional.

Jaz is music – with light, material and passion we have composed the design soundtrack. Music is tangible anywhere, either as mega equalizer on the ceiling or as applauding audience on the corridor walls. Graffiti & Oranje highlights provide for the "local spirit".

Bauten und Objekte

Art Lobby: Lounge & Art – wechselnde Ausstellungen lokaler Künstler

| Power Shower – „In the Port of Amsterdam, there's a sailor who dances ..."

| Chill out Area – Holz trifft dreamy Manga-Original-Motiv aus Amsterdamer Sprayer-Szene.

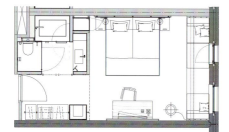

Grundriss Zimmer —

44 Das modulare Gastro-Konzept macht Gäste glücklich und die Jaz-Macher flexibel. —

Bauten und Objekte

GLANTZ, CORD
Dipl.-Ing. (FH) Innenarchitektur bdia

Büro
Geplan Design, Stuttgart
www.geplan.de

Büroprofil
1977 gegründet, seit 2009 entstehen Konzepte unter der kreativen Handschrift von Cord Glantz. Das Team aus Innen-/Architekten, Designern & Beratern konzentriert sich auf die Kernkompetenz: Hotel-Gastro-Spa

Beteiligte
Projektleitung: Michaela Reichwald, Dipl.-Ing. (FH) Innenarchitektin

Auftraggeber
G&S Vastgoed, Amsterdam

Fotos
Janis Rozkalns, Stuttgart
Fotos Zimmer/Suite:
Deutsche Hospitality, Frankfurt; G&S, Amsterdam

Text
Geplan Design, Stuttgart

Wellness – wird im Jaz zum Wellbeing.

Jaz is music – illuminiertes Klangband an der Decke führt zu den Suiten.

Hanseatisch elegant

Hanseatic elegance

Besonderes Highlight hinter der neuen Rezeption: die außergewöhnliche Wandgestaltung

Le Méridien, Hamburg

Direkt an der Außenalster gelegen, begeistert das Le Méridien Hamburg nach viermonatiger Umbauphase mit neuen öffentlichen Bereichen, die als sogenannter „Hub" eine Verbindung zwischen Reisenden aus aller Welt und den Hanseaten schaffen.

Das zeitlos-elegante Interior-Design-Konzept von JOI-Design spielt mit Assoziationen zur Alsternähe und dem Standort Hamburg, seiner maritimen Geschichte sowie dem bedeutenden Handelshafen: Inspiriert von den vielen Wasserstraßen und Kanälen, drückt sich die gestalterische Leitidee in tänzelnden Linien, Diagonalen, Dreiecken und Prismen aus, die an die Segel und Taue der Boote auf dem Wasser erinnern. Kunst und hanseatische Kultur vereint: Die von einer Künstlerin angefertigte Weltkarte hinter der Rezeption fungiert als aufmerksamkeitsstarker Blickfang für die ankommenden Gäste. Hergestellt aus feinen Metalldrähten, stellen die akzentuierten Linien die wichtigsten internationalen Schifffahrtsrouten von heute dar. Zudem schlagen überall in der Lobby ausgewählte Details und Accessoires den thematischen Bogen zur Hansestadt, zum Hafen und den damit verbundenen Reisen.

Im neuen Le Méridien-Hub lösen sich die räumlichen Grenzen zwischen Rezeption, Eingangsbereich und Bar auf. Ziel des neuen innenarchitektonischen Konzepts ist es, den Gästen einen multifunktionalen Raum zu bieten. Die Bar erhält hierbei eine besondere Rolle: Tagsüber steht sie für Kaffeekultur, und in den Abendstunden dient sie als Aperitivo- oder Weinbar.

Le Méridien Hamburg enthuses with redesigned public areas which, as so-called "Hub", establish a relationship between travellers from all over the world and the citizens of the Hanseatic City. Dancing lines, diagonals, triangles, and prisms remind of the sails and ropes of the boats on the nearby Alster Lake.

Der Hub als neuartiges Wohnzimmer und Zentrum der Kommunikation

Bauten und Objekte

Beruhigende Wohnzimmeratmosphäre, akzentuiert durch hellblaue und türkisfarbene Highlights

Grundriss Lobby

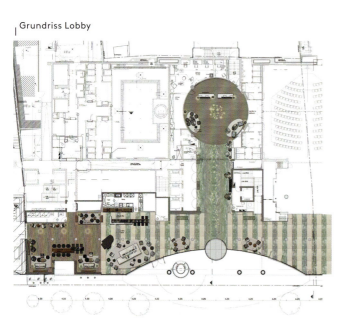

Neu platziert: die Rezeption

Die öffentlichen Bereiche präsentieren sich ab sofort ganz in zurückgenommenen Farbnuancen.

Gemütliche, inselartige Sitzarrangements —

Bauten und Objekte

CORINNA KRETSCHMAR-JOEHNK
Dipl.-Ing. Innenarchitektin bdia

PETER JOEHNK
Dipl.-Des. Innenarchitekt bdia

Büro
JOI-Design, Hamburg
www.JOI-Design.com

Büroprofil
JOI-Design – HOTEL COUTURE
Für JOI-Design ist exklusiv-hochwertiges Hospitality Design Schwerpunkt der Arbeit und Leidenschaft zugleich. Die Erfahrung spiegelt sich auch in „Products by JOI-Design" wider.

Auftraggeber
Anonym

Fotos
Christian Kretschmar, Hamburg

Text
JOI-Design, Hamburg

Express yourself

Express yourself

Roter Raum – Fix It Girl

Messestand Deutsches Tapeten-Institut, imm cologne 2016, Köln

Wir alle sind Teil einer hochkomplexen Welt, die in ihrer Dichte ein pulsierendes, lebendiges und inspirierendes Feld bildet. Komplexität ist die Grundlage einer leichten, spielerischen und unangestrengten Gestaltung, die voller Spannungsmomente und Erlebnisfacetten ist.

Die Konzeption des Messestandes für das Deutsche Tapeten-Institut bietet darauf eine adäquate Antwort. In vier farbigen Raumszenen, die sich dem Besucher als Bühnenbild darstellen, wie ein Schnitt durch ein Haus und damit durch das Leben, zeigt sich wimmelbildartig ein Panoptikum der Eigenheiten. Verschrobenes, Künstlerisches, Trash, Hochkultur des aktuellen Möbel- und Produktdesigns, Klassiker, Kommentar und Zitat – das Sampeln als Konzeption des digitalen Denkens wird als Lebenskonzept in die analoge Welt zurückgeführt. Raum wird zum Ereignis!

Das Statement, mit Tapeten Räume zu kreieren, in denen wir uns individuell entfalten können, zeigt sich dabei auf dem Messestand nicht nur statisch. In einer mehrtägigen Performance wurden die räumlichen Sets bespielt, wurden zu einer schrägen WG, in der die Akteure miteinander und mit dem Setmaterial agierten.

Die Dichte des Materials, die Sorgfalt bei der Ausbildung der Details und die schier überquellende Lust an der Erfindung immer neuer Storys und Verweise bildet einen Kunstraum, der zugleich (gerade aufgrund seines Kunstcharakters) Kommunikationsobjekt einer viralen Marketingstrategie ist.

We live wallpaper! We create rooms with wallpaper where we can develop. 'Express yourself' is celebrated live at the trade fair in four colourful room sceneries with a performance lasting several days to make the achievements of wallpaper come alive.

Bauten und Objekte

Blauer Raum – Hipster

51

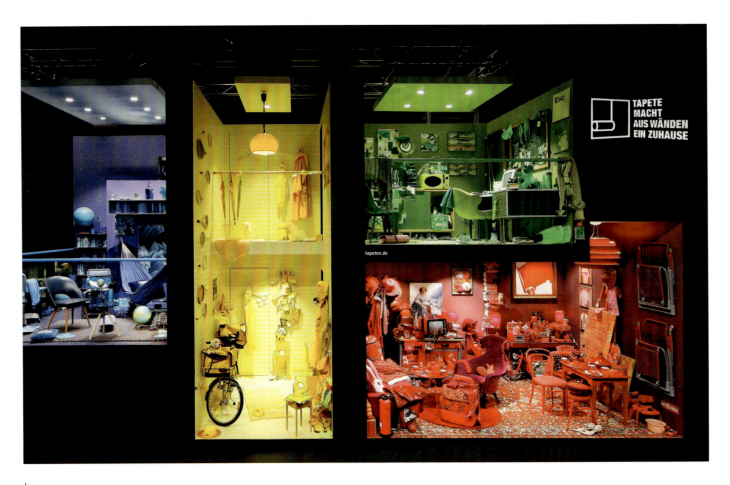

Gesamtübersicht Tapeten-WG

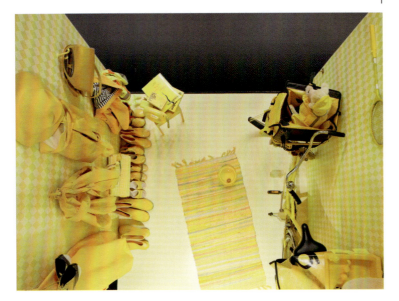

Gelber Raum – Traveller

Grüner Raum – Nerd

Bauten und Objekte

„Raum wird zum Ereignis."

ANDREA WEITZ
Dipl.-Ing. Innenarchitektin bdia

JENS WENDLAND
Prof. Dipl.-Ing. Innenarchitekt bdia

Blauer Raum – Hipster
Roter Raum – Fix It Girl

Büro
raumkontor Innenarchitektur,
Düsseldorf
www.raumkontor.com

Büroprofil
raumkontor steht für das andere in den Räumen und den Dingen, für die wesentliche Abweichung, die Charakter erzeugt. Arbeitsfelder: Shops, Praxen, Büros, Hotels, Häuser und Wohnungen, Möbeldesign

Beteiligte
Szenenbildnerin
Dipl.-Ing. Angelika Vienken

Auftraggeber
Deutsches Tapeten-Institut,
Düsseldorf

Fotos
Hans Jürgen Landes, Dortmund

Text
raumkontor, Düsseldorf

Urbane DNA

Urban DNA

Urban Joy mit großer Boden-LED

smart IAA 2015, Frankfurt am Main

Der Markenauftritt „smart extension" reflektiert die Neuausrichtung der Marke: die Extension des smart fortwo zum smart forfour. Zudem zitiert er die visuelle Produktsprache des Fahrzeugs. Dieser Aufbruch ermöglicht die Schaffung eines urban geprägten Platzes, der Innovationsanspruch und Vielseitigkeit der Marke widerspiegelt und mit dem Baum als archetypischer Metapher ein Zentrum für das Zusammenkommen der Besucher definiert. Die Themengebiete Individuality, Mobility, Technology und Design werden in eigenen Bereichen inszeniert. Das einfallende Sonnenlicht wurde gezielt als Gestaltungsmittel verwendet, um Offenheit und Cityflair zu erzeugen. Diese Metapher war ein Teil der Kommunikation der Weltpremiere des neuen smart fortwo cabrio: „Let your city in". Das Cabrio war dabei ein Sondermodell aus der tailor made Edition von BRABUS. Eine perfekte Symbiose aus Individualisierung und urbaner DNA entstand, die über den gesamten Stand aufrechterhalten wurde.

The "smart extension" brand presentation reflects the new direction of the brand: the extension of the smart fortwo into the smart forfour. The divergence of forms allows the creation of an urban-influenced centre that reflects the brand's claim to innovation and versatility.

Bauten und Objekte

Highlight-Exponat smart fortwo Cabrio BRABUS tailor made

„Temporäre Architektur schafft ein konsequentes Markenerlebnis."

— Zentrum / Lounge-Bereich

Technology und Design —

Themengebiet Individuality – Materialkonfigurator

Bauten und Objekte

MARINA FRANKE
Dipl.-Ing. (FH) Innenarchitektin
bdia

Büro
BRAUNWAGNER GmbH, Aachen
www.braunwagner.de

Büroprofil
Braunwagner ist eine Agentur für Design mit dem Schwerpunkt Kommunikation im Raum. Die intensive Vernetzung von temporärer Architektur, Interior Design, Produktdesign, Kommunikations- und Mediendesign zeichnet uns aus.

Auftraggeber
Daimler AG

Fotos
Andreas Keller

Text
BRAUNWAGNER GmbH

— Urban Joy

57

Ein Geschenk

A present

Gesamtaufnahme außen

Bürgerhaus Langenberg, Velbert

Das monumentale Bürgerhaus ist Wahrzeichen der Stadt Langenberg und wahrlich ein Geschenk. 1913 boten die Colsmans der Stadt zum Bau eines zentral gelegenen Hauses eine hohe Geldsumme an. In diesem Gebäude sollten Veranstaltungen jeglicher Art stattfinden, um der Bürgerschaft gute Unterhaltung und Erholung zu bieten. Nach über 100 Jahren erstrahlt das Denkmal nun im neuen Glanz, denn es wurde aufwendig saniert. Das Leit- und Orientierungssystem für die komplexe Gebäudestruktur sowie für die Außenanlagen, die Beschaffung von Orchester-, Garderoben- und weiterem Mobiliar sowie auch die Planung der Thekenanlagen waren dabei die Aufgabe von pagelhenn. Die Schriftzüge stammen aus dem CI-Konzept und sind in traditioneller Weise direkt auf die Wände aufgemalt, während die Übersichtsschilder in Form abstrahierter Grundriss-Pläne an allen wichtigen Stationen als modernes Leitsystem ausgeführt wurden. Die Einzelraum-Beschilderung und Piktogramme sind neutral gestaltet. Für die unterschiedlichsten Veranstaltungsarten wurde im Foyer des Gebäudes eine feste Thekenanlage installiert. Zwecks Flexibilität wurden zur Nutzung in den unterschiedlichen Sälen baugleiche mobile Elemente entwickelt. Die Theken haben eine schlichte Gestaltung und nehmen damit Rücksicht auf die reichlich schmückenden historischen Elemente der Innenräume. Ausgestattet mit einer robusten Oberfläche und einer dezenten Lichtleiste, lässt sich die Farbatmosphäre je nach Veranstaltungstyp und Tageszeit anpassen.

The integration of specifically designed counters for the originally restored building fabric with historic adornments as well as the development of a guidance and orientation system for the spacious and listed community centre was successfully implemented by pagelhenn.

Bauten und Objekte

Gesamtaufnahme innen

| Wandbeschriftung Garderobe – Orientierung ohne Schilder

| Wandbeschriftung Foyer – traditionelles Malerhandwerk

| Theken im Foyer – illuminierter Kontrast

Bauten und Objekte

MARCUS HENN
Dipl.-Ing. (FH) Innenarchitekt bdia,
Architekt

Büro
pagelhenn architektinnenarchitekt
www.pagelhenn.de

Büroprofil
Bauen im Bestand, Neubauten und Sanierungen für private Bauherren, Gewerbe und Kommunen, Wohnungsbau, Wettbewerbe

Beteiligte
Marcus Henn,
Dipl.-Ing. (FH) Innenarchitekt bdia,
Architekt
Thomas Pagel,
Dipl.-Ing. Architekt BDA
Alina Spiekermann,
M.A. Innenarchitektin bdia

Auftraggeber
Kultur- und Veranstaltungsbetrieb der Stadt Velbert

Fotos
Jens Kirchner, Düsseldorf

Text
Marcus Henn, Hilden

Zeichnungen

Detail Theke – mobile Thekenanlagen im Foyer

Theke UG – mobiler Einsatz der Elemente im Gebäude

Leitsystem – Wegweiser mit Übersicht in jedem Geschoss

61

Geborgenheit in Pastell

Pastel-coloured comfort

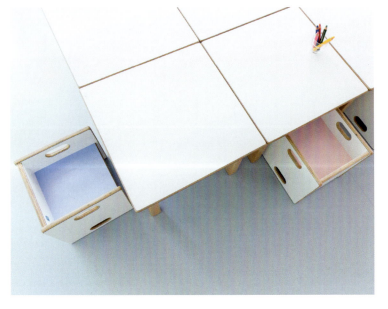

Kindermöbel

Kinderklub Westend, Frankfurt am Main

Im Frankfurter Westend wurde eine Büroetage zu einem Kinderklub umgebaut. In der privaten Bildungseinrichtung werden Kleinkinder im Alter von 1,5–3 Jahren entsprechend ihrer Potenziale spielerisch gefördert. Der loftartige, lichtdurchflutete Raum bietet alle Möglichkeiten für das pädagogische Konzept: Musik, Tanz, Kunst, Naturkunde. Die strukturierten Flächen strahlen Klarheit und Übersichtlichkeit aus. Eine abgestimmte Farbgebung in Pastelltönen vermittelt Geborgenheit, lässt aber auch genügend Raum für die Fantasie der Kinder. Natürliche Materialien wie Birkenholz, Naturkautschuk und Wollstoffe, hochwertig verarbeitet, prägen die Atmosphäre. Der hellblaue und beige Kautschukboden ist in Spiel- und Allgemeinflächen gegliedert. Für die Akustik wurden gepolsterte Wandelemente in hellblau und rosa Wollstoff als auch Deckenelemente, mit mausgrauem Wollfilz bezogen, angefertigt.
„… und jedem Anfang wohnt ein Zauber inne." Dieser Satz aus dem Gedicht „Stufen" von Hermann Hesse wurde als Lochmuster (Morsezeichen) für die Heizkörper-Verkleidungen gewählt.

In the private educational institution, infants aged 1.5 – 3 years are playfully supported according to their potentials. The structured areas express clarity. A coordinated colour concept using pastel hues conveys comfort and security but leaves room for the children's fantasy.

Bauten und Objekte

Bereich Kunst und Naturkunde

63

— Malkittel

— Sanitärraum Kinder

Bereich Musik und Tanz

Bauten und Objekte

Kindergarderobe

Grundriss —

— Elternbereich

Akustikelemente Büro

BIRGIT KANDORA
Dipl.-Ing. Innenarchitektin bdia

Büro
Kandora + Meyer Architekten
Innenarchitekten, Frankfurt am Main
www.kandorameyer.de

Büroprofil
Für unsere Auftraggeber erarbeiten wir individuelle Entwürfe bis ins Detail. Dabei ist uns sowohl die Atmosphäre als auch die Funktion wichtig. Der bewusste Einsatz von Farben, hochwertigen Materialien und Präzision in der Ausführung kennzeichnen unsere Arbeit. Unser Leistungsspektrum umfasst Neu- und Umbauten von Wohnhäusern, Gewerbebauten.

Beteiligte
Jürgen Meyer, Architekt Dipl.-Ing.

Auftraggeber
NL Kinderklub Westend GmbH, Frankfurt

Fotos
Jan Lauer, Frankfurt am Main

Text
Birgit Kandora, Frankfurt am Main

Segensreiches Wirken

Beneficial Work

Gewölbegalerie im Kloster

Umbau Pfarrverwaltung Kloster Grafrath

Die Räume des Pfarrverbands befinden sich seit 1979 im historischen Franziskanerkloster. Sie blieben seit dem Jahr 1980 nahezu unverändert. Neue Anforderungen und der gestiegene Platzbedarf des erweiterten Pfarrverbands machten die Renovierung erforderlich. Die Räume waren zudem dunkel und durch die vorhandenen Einbauten schlecht organisiert. Jetzt bringen neue, fein gestaltete Möbel und eine leise tönende Farbgebung die wundervollen Gewölbe des denkmalgeschützten Klosters zur Geltung.

Das komplette Pfarramt wurde mit individuell entworfenen Einbauten ausgestattet, die zum Teil als integrierte Lösung, zum anderen Teil als bewegliches Mobiliar gestaltet wurden. Ein innovatives Lichtkonzept sorgt in Büros und Fluren für angenehme Beleuchtung. Das abgestimmte Farb- und Materialkonzept betont die Historie des Gebäudes. Der bestehende Fichtendielenboden wurde nur überarbeitet, neue Türen entsprechend den Bestandstüren gebaut. Ein hoher Schallschutzwert wahrt bei diskreten Seelsorgegesprächen die Privatsphäre.

Die neue Möblierung bietet viel sinnvollen Stauraum zur Archivierung, ohne die Räume unnötig zu verstellen. Die Bildschirmarbeitsplätze der Mitarbeiter werden ergonomischen Anforderungen gerecht, erfüllen aber auch repräsentative Aufgaben für Pfarramtsbesucher. Pater Ludwig weihte die Räume mit den Worten ein: „Möge von diesen Räumen ein segensreiches Wirken ausgehen!"

The new, considerately designed interior concept with a gently shaded colour and material concept enriches all work processes in the parish office. An innovative lighting design and the individually designed furnishings emphasise the historic building.

Bauten und Objekte

Ehemaliges Refektorium

„Gute Architektur ist eine
Heimat für die Seele."

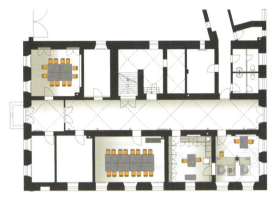
— Grundriss

Arbeits- und Versammlungsräume im Pfarramt

| Blick ins Archiv

Bauten und Objekte

BERNHARD RÜCKERT
Dipl.-Ing. (FH) Innenarchitekt bdia

Büro
Bernhard Rückert
Innenarchitekt, Dachau
www.expeditio.de

Büroprofil
Wir gestalten Konzepte für Räume mit starker Identität und hoher atmosphärischer Dichte. Stets umfassend und individuell geplant und mit hohem ästhetischen Anspruch. Aufgabenfelder sind: Bürobau, Banken, Ladenbau, soziale und kirchliche Einrichtungen.

Auftraggeber
Pfarrverband Grafrath/ Schöngeising, Herr Hochwürden Pfarrer Ludwig Mazur OFM

Beteiligte
Dipl.-Ing. Barbara Stuiber
B.A. Isabella van der Weck

Fotos
Lothar Reichel, Dachau

Text
Bernhard Rückert, Dachau

Solitäre Raumkörper
Solitary spatial volumes

Lichtmöbel bespielen öffentlichkeitswirksam die Schaufenster.

K3 – CityPastoral, Siegen

Unter dem Konzept CityPastoral versteht sich ein autarker kirchlicher Raum, der als eine mögliche Antwort auf das Kommunikationsbedürfnis einer modernen Gesellschaft erfasst werden kann. Es greift insbesondere dort, wo Menschen über die Gemeinde oder andere traditionelle kirchliche Angebote kaum mehr erreicht werden. Die Innenarchitektur der Fläche bietet Raum für dynamische Pastoralarbeit innerhalb flexibler Raumstrukturen im vorhandenen denkmalgeschützten Bestand: offen konzipiert, „überdacht" mit dem Ziel, Begegnung und Austausch zu fördern sowie Vertrauen durch deren Einfassung zu vermitteln.

Zwei solitäre Raumkörper bilden den Kern, zwei symbolisch abstrahierte „Häuser" mit multifunktionaler Nutzung. Die Gestaltung des umgebenden Raumes nimmt sich vollumfänglich zurück, um den Körpern aus Baubuche eine angemessene „Bühne" zu bieten. Um der CityPastoral im Rahmen der Öffentlichkeit eine entsprechende Kenntlichmachung zuzuweisen, wurden entlang der Schaufensterfronten großflächige Lichtmöbel platziert.

Um dem Innenraum bestmögliche Funktionalitäten zuzuschreiben, erfolgte die Unterteilung in drei essenzielle Nutzungsbereiche. Der Eingangsbereich zur Koblenzer Straße beinhaltet die Information mit Beratungsstelle. ‚Begegnung' findet im Zwischenraum sowie im angrenzenden Versammlungsraum statt. Dieser kann nach Bedarf in seinen Dimensionen flexibel variiert werden. Der hintere Raumbereich gewährleistet Rückzugsmöglichkeiten und hält einen ‚Ort der Stille' vor.

The CityPastoral concept stands for an autarkic church room whose interior design facilitates dynamic pastoral work within a flexible floor plan: with an open-plan layout and the intention to encourage encounter, trust and communication.

Bauten und Objekte

Das Konzept bietet Raum für dynamische Pastoralarbeit innerhalb flexibler Raumstrukturen.

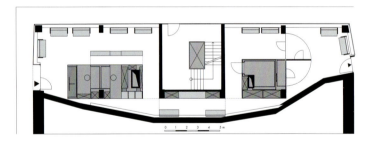

Grundriss

„Ort der Stille" – zu Gebet und Meditation —

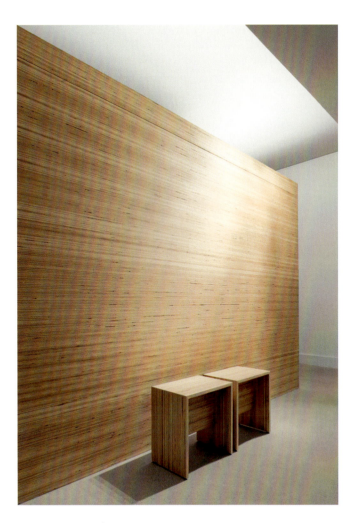

72 | Zwei Raumkörper als Basis des Konzeptes | Raum für moderne Kommunikationsbedürfnisse

Bauten und Objekte

SABINE KEGGENHOFF
Prof. Dipl.-Ing. Innenarchitektin, Architektin

Büro
KEGGENHOFF I PARTNER,
Arnsberg-Neheim
www.keggenhoff.de

Büroprofil
Schwerpunktmäßig beschäftigt sich KEGGENHOFF I PARTNER mit der Entwicklung und Umsetzung ganzheitlicher Konzepte im Bereich Umbau, Modernisierung, Neubau und Corporate Interior.

Auftraggeber
Erzbistum Paderborn, Paderborn

Beteiligte
Dipl.-Ing. Michael Than

Fotos
Constantin Meyer Photographie, Köln

Text
KEGGENHOFF I PARTNER,
Arnsberg-Neheim

| Die adaptierbare Basisstruktur löst sich technisch autark vom eigentlichen Umgebungsraum.

| Blickbeziehungen

| Ein Nutzungsszenario

Saniert und erweitert

Refurbished and extended

Portalzugang

Altes Rathaus, Geisenfeld

Erbaut um 1620, ist das „Alte Rathaus", dessen Grundmauern teilweise bereits aus den Jahren 1443 bis 1460 stammen, der älteste Profanbau der Stadt Geisenfeld. Zentrale Herausforderungen der Sanierung waren die Sicherung archäologischer Funde, das Fehlen historischer Pläne, nicht dokumentierte Umbauten und eine statisch instabile Gebäudestruktur. Es galt zudem, die Anforderungen von Denkmalschutz, Brandschutz, Ökologie und moderner Technik mit den Wünschen des Bauherrn zu harmonisieren. Der Erhalt wertvoller Bausubstanz ist gelungen. Historische Elemente wurden kunstvoll ins moderne Nutzungskonzept integriert: ein 500 Jahre alter Türstock, zwei Holztreppen, frühbarocke Innentüren, Kappen- und Stuckdecken, Wand- und Deckenoberflächen sowie der Portalzugang. Ergänzt wurden Kreuzstock- und Kastenfenster, handgefertigte Lehmziegel und bis zu acht Meter lange Eichendielen. Gelungen ist auch die hochwertige räumliche Ergänzung der Verwaltung mit Bürgerservicebereich und Standesamt (EG), Trau-und Veranstaltungssaal, Konferenz- und Büroräumen (1. OG) sowie Notariat (2. OG) und Akten-Archiv nebst Technikräumen im bauzeitlich instandgesetzten Dachgeschoss.

Der moderne Anbau zur barrierefreien Erschließung aller Geschosse nimmt sich zurück und überlässt dem Bestandsgebäude den Auftritt als innerstädtisches Schmuckstück, in dem Behördengänge nun zum Streifzug durch 400 Jahre Geschichte werden.

After its sensitive restoration integrating a modern utilisation concept, the "Altes Rathaus", the oldest secular building in Geisenfeld constructed in 1620, turns everyday visits to the authorities into a journey through a 400-year history.

Bauten und Objekte

Blickfang im Stadtkern mit neuer Fassadengestaltung und Farbkonzept nach historischem Vorbild

„Bauen im Bestand: geschichtsbewusst und zukunftsorientiert."

2. Obergeschoss – Beurkundungsraum

Erdgeschoss – Verwaltungsbereich

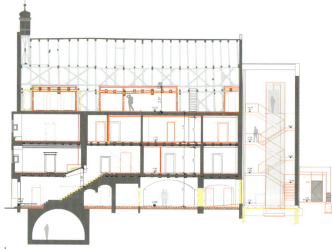

Schnitt Altes Rathaus mit Erweiterungsbau

1. Obergeschoss – Trausaal mit Stuckdecke

Bauten und Objekte

JÜRGEN HLADY
Innenarchitekt bdia

Büro
Jürgen Hlady, Büro für Innenarchitektur, Geisenfeld
www.hlady-innenarchitektur.de

Büroprofil
Unser Büro steht für anspruchsvolle Planung und Umsetzung in den Bereichen Innenarchitektur und Bauen im Bestand.

Auftraggeber
Stadt Geisenfeld

Fotos
Ralf Gamböck, Landshut

Text
Maggie Zurek, Geisenfeld

Barrierefrei aufwärts

Rückansicht mit Erweiterungsbau —

2. Obergeschoss – Notariat

Markenbotschaft Haut

Skin as the brand statement

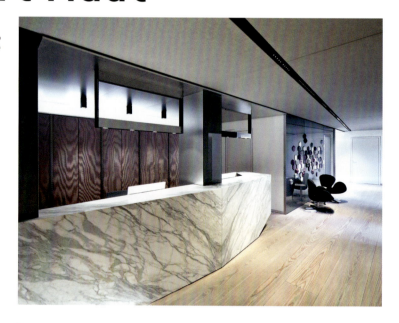

Empfangstresen I präsent im Raum, zugleich diskret

Haut- und Laserzentrum, Altmühltal

Das Haut- und Laserzentrum Altmühltal umfasst neben einer Hautarztpraxis inkl. OP-Bereich auf einer Fläche von 380 qm einen separat zugänglichen Kosmetikbereich. Neben der Erfüllung aller hygienischen Anforderungen einer Arztpraxis war es bei diesem Projekt besonders wichtig, dass die Innenarchitektur für die Identität der Hautarztpraxis steht und diese dem Patienten in Form eines stimmigen und authentischen Corporate Designs zugänglich gemacht wird. Es sollte eine eigenständige Marke erschaffen werden, die in allen Bereichen der Corporate Communication wiedererkannt wird.

In Form von dreidimensionalem Marketing wurde neben funktionalen Aspekten die Markenbotschaft stark ins Zentrum gerückt. Eine signifikante Verbindung zum thematischen Fachbereich „Haut" wurde fokussiert. Dieser Leitgedanke ist sowohl haptisch als auch optisch erfasst und subtil interpretiert. Die hexagonale Form der Hautschuppen findet sich z.B. bei der Wandgestaltung im Flur in Form farbiger Betonwürfel oder im Bereich der Sitznischen im Wartezimmer in Form gefräster Reliefstrukturen wieder. Die Vielfalt von Hautfarben wurde für die gesamte Praxis als Grundfarbkonzept ausgewählt und facettenreich interpretiert. Das Designkonzept basiert auf der Verwendung ehrlicher, durchweg hochwertiger und nachhaltiger Materialien – ganz im Sinne der Natürlichkeit der menschlichen Haut und ebenso im Sinne des grundsätzlichen Design- und Qualitätsanspruchs von Reimann Architecture.

The three-dimensional marketing design approach mainly focused on functional aspects and the brand message as well as on a formative connection to the specialist field of "skin". The central theme was interpreted both haptically and visually in a demanding way.

Bauten und Objekte

Verkaufsraum | Das Produkt steht im Zentrum.

| Systemmöbel | klare Linien

Grundriss |

| Sitznische | Rückzugsort in Samt gehüllt

80 | Garderobe | aufgeräumt und klar

| Sprechzimmer | Klarheit, Offenheit und Transparenz

Bauten und Objekte

Wandgestaltung I abstrakte Interpretation zur Textur Haut   Flurzone I Einblick + Durchblick, Offenheit + Transparenz

JULIUS REIMANN
B.A. Innenarchitektur, bdia

Büro
Reimann Architecture, Hamburg
www.reimann-architecture.com

Büroprofil
Reimann Architecture ist ein in Hamburg ansässiges Designstudio, welches 2014 von Julius Reimann gegründet wurde. Charakteristisch für das junge Büro ist eine durch internationale Einflüsse geprägte Designhandschrift und der ganzheitliche Gestaltungsansatz, vom Innenraum über die Gebäudehülle zum Außenraum zu denken.

Beteiligte
Projektleitung Sergius Kowalski, B.A. Innenarchitektur

Auftraggeber
Meier Kosmetik GmbH, Eichstätt

Fotos
Hubert Klotzeck, Eichstätt

Text
Ellen Reimann, Hamburg

Shopping analog

Analogue shopping

Details Premiumbereich (Foto Neon Fotografie)

Zalando Outlet Store, Köln

Innenarchitektur und Shop-Design einer 1.600 qm Outletfläche im DuMont Carré in der Kölner Innenstadt: Auf ca. 1.600 qm werden Schuhe, Bekleidung und Handtaschen aus Rückläufen, mit kleinen Fehlern oder aus der Vorsaison zu reduzierten Preisen angeboten.

Die besondere Herausforderung bei der Gestaltung der großen Fläche lag darin, die Ware in Masse und Vielfalt trotzdem hochwertig zu präsentieren. Die individuell gefertigten Warenträger wurden robust, aber dennoch mit einem hohen Anspruch an das Design entworfen. Der Store gliedert sich in verschiedene Bereiche. Im Eingangsbereich befindet sich das Premium-Segment. Die Warenträger sind überwiegend aus Eiche, dunkel gepulverten Stahlelementen und Messingeinsätzen gebaut. In die Sitzbänke sind hochwertige Lederflächen eingelassen. Durch zwei imposante Kronleuchter über der Premium-Fläche wird eine gute Fernwirkung erzeugt.

Der Damenschuhbereich befindet sich ebenfalls im Eingangsbereich. Die Damenschuhe werden auf weißen Warenträgern präsentiert. Individuell entworfene Größenschilder über den Warenträgern dienen der Orientierung. Die Herrenschuhe werden auf lackierten Rohstahl-Warenträgern oder an einer gefliesten Wand mit Eiche-Einlegeböden präsentiert. Die Innenflächen der Anprobe mit 17 Einzelkabinen sind mit Eicheplatten belegt, schwere Filzvorhänge sorgen für den Sichtschutz. Die Anprobe ist auf der Außenseite mit schwarzen gefrästen MDF-Platten verkleidet. Trotz der Masse an präsentierten Waren werden immer wieder Ruhezonen geschaffen. Diese sind durch Teppiche auf dem Boden, Einzelleuchten und verschiedene Sitzmöglichkeiten definiert und sorgen für eine kleine Ruhepause zwischen 6.000 Paar Schuhen und 20.000 Hängewarenartikeln.

Interior design and shop design of a 1,600 sq m outlet area in Cologne's inner city: The Zalando outlet in Cologne is the third branch of the Zalando online store and used to offer shoes, clothes and handbags from returns, with small defects or from the past season at reduced prices.

Bauten und Objekte

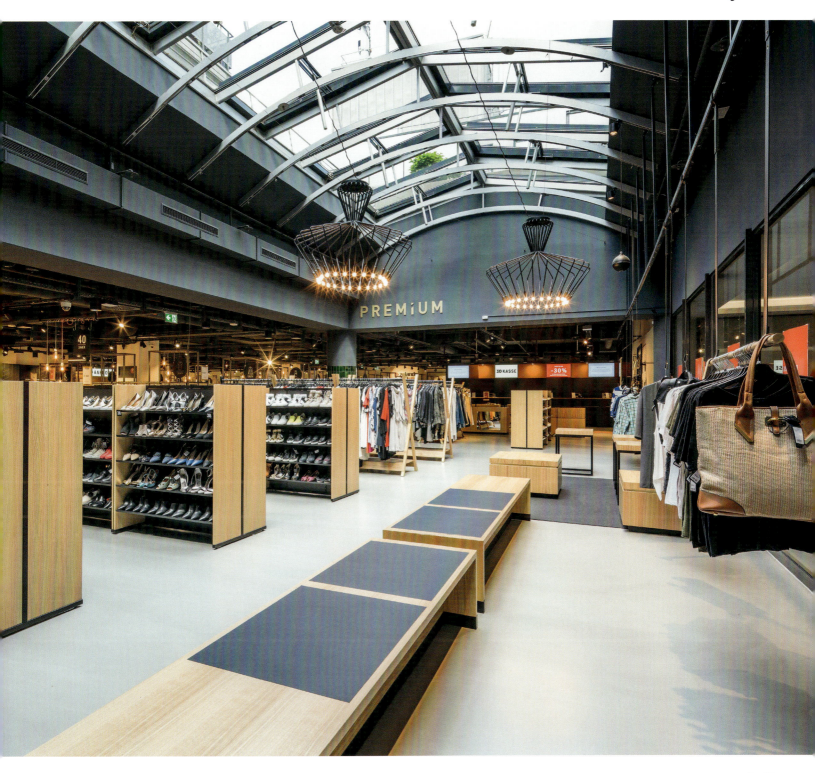

Premiumbereich (Foto Gregor Schuster)

— Kasse (Foto Neon Fotografie)

Anprobe (Foto Gregor Schuster)

Kassenbereich (Foto Neon Fotografie) —

Bauten und Objekte

Zalando_Outletstore (Foto Gregor Schuster)

— Grundriss

Premiumbereich mit Kronleuchtern (Foto Gregor Schuster)

INGO HAERLIN
Dipl.-Ing. Innenarchitekt (FH) bdia

Büro
DESIGN IN ARCHITEKTUR,
Darmstadt
ww.design-in-architektur.de

Büroprofil
DESIGN IN ARCHITEKTUR ist ein junges Kreativbüro aus Darmstadt. Sie schaffen Räume und Gebäude mit Atmosphäre immer mit dem Augenmerk auf das außergewöhnliche Detail.

Auftraggeber
zOutlet GmbH Berlin

Fotos
Gregor Schuster, Darmstadt
Neon Fotografie Anna Schneider, Neuwied

Text
DESIGN IN ARCHITEKTUR,
Darmstadt

85

Über den Dächern der Stadt

Above the rooftops of the city

Aussicht

Dachausbau, München

Abgestimmt auf die Bedürfnisse und Wünsche der Bauherren, entstand auf zwei Ebenen über den Dächern der Stadt ein einmaliges Haus im Haus. Der durchdachte Dachausbau teilt sich in einen privaten Bereich mit nichtöffentlichen Rückzugsbereichen und einen offenen Wohnbereich. Drehbare, raumhohe, lederbespannte Lamellen trennen den Treppenraum vom Wohnbereich. Einzig ein offener Küchenblock und eine Sofalandschaft mit Kamin füllen die großzügige Fläche mit einer Raumhöhe von über drei Metern. Die Deckenverkleidung verbirgt geschickt die notwendige Klima- und Lichttechnik.

In der privaten Ebene kombiniert ein ausgefeiltes Türsystem Stauraum, WC-Zugang und eine Türe zum Bad, die sich im geöffneten Zustand flächenbündig parken lässt. Maßgefertigte Schiebe- und Drehtürgriffe sowie hochwertige Bespannungen aus Leder und lackierte Flächen zieren die Schreinerarbeiten. Die schlichte Eleganz der Einbauten korrespondiert mit der ausgesuchten Farbpalette aus gedeckten Tönen und farbigen Akzenten. Das Highlight ist die einmalige Dachterrasse, die einen grandiosen Ausblick über die Dächer der Stadt bietet.

The two-storey attic conversion is as a house-in-house system divided into a private area with non-public zones of retreat and an open-plan living area. The plain elegance of the fixtures corresponds to the colour spectrum of muted shades and coloured accentuations.

Bauten und Objekte

Wohnbereich

— Essbereich

— Bad

Eingangsbereich —

Schlafbereich

Bauten und Objekte

Wohnbereich

Dachterrasse

„Wir schaffen Lebensräume."

Treppe zwischen den Ebenen

LUDWIG KINDELBACHER
Dipl.-Ing. Innenarchitekt bdia und
Dipl.-Ing. Architekt BDA

GERHARD LANDAU
Dipl.-Ing. Architekt BDA und
Assoziierter bdia

Büro
landau + kindelbacher Architekten
Innenarchitekten GmbH,
München
www.landaukindelbacher.de

Büroprofil
Die Schnittstelle zwischen Architektur und Innenarchitektur ist unser Kapital. Erst der Dialog führt zu einer ganzheitlich durchdachten Gestaltung – nutzerorientiert und zeitlos in Funktionalität und Design.

Auftraggeber
privater Bauherr

Fotos
Ortwin Klipp, München

Text
Landau Kindelbacher, München

89

Puristisch opulent

Puristically opulent

Wohnbereich

Penthouse im The Seven, München

Der exklusive Wohnturm The Seven ist als Stadtbaustein Zeitzeuge der ursprünglich industriellen Nutzung des Areals in der Münchner Altstadt. Heute bietet die höchste Wohnimmobilie Münchens einen atemberaubenden Blick über die Stadt bis zu den Alpen.

Auf ca. 400 qm entstand in einer der oberen Etagen ein einzigartiges Penthouse, welches an drei Seiten von einem umlaufenden Fensterband gesäumt ist. Die Anordnung der Räume folgt einer klaren funktionalen Trennung in private Räume und repräsentative Bereiche. Die einzelnen Bereiche – vom Entrée bis in den Wohnraum und die offene Küche – gehen fließend ineinander über. Der Mittelpunkt des Penthouses ist der zentrale Wohnraum, in dem sich auch der Flügel der Bauherren befindet. Für diesen besonderen Ort wurde ein Lichtobjekt entworfen, welches sowohl funktionalen Beleuchtungsanforderungen entspricht als auch die Atmosphäre des Raumes skulptural verstärkt. Trotz der gewünschten Transparenz sorgen Teppiche, stoffbespannte Wände sowie Polstermöbel und Vorhänge in Kombination mit Spiegelflächen und Glas für eine angenehme Raumatmosphäre. Individuelle Entwürfe für Möbel und Einbauten, die Verwendung hochwertiger Materialien und eine präzise Detailausführung spielen die gesamte Klaviatur von puristisch bis opulent.

The penthouse with a breath-taking view across the city is characterised by the flowing transition of the single rooms along a continuous window band. The focus of the penthouse is the central living room, which is emphasised by a sculptural lighting object.

Bauten und Objekte

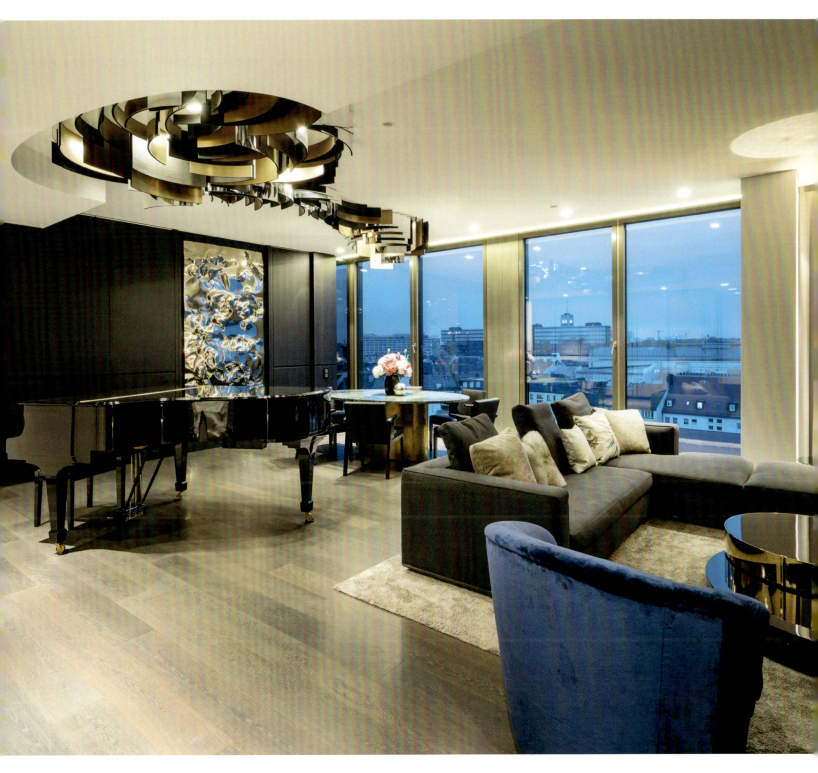

Wohnbereich

91

„Was Architektur einzigartig macht, ist die Summe sorgfältig geplanter Details."

Kochbereich

— Gäste-WC

Ankleide

Kochbereich

Schlafbereich

Bad

Bauten und Objekte

LUDWIG KINDELBACHER
Dipl.-Ing. Innenarchitekt bdia und
Dipl.-Ing. Architekt BDA

GERHARD LANDAU
Dipl.-Ing. Architekt BDA und
Assoziierter bdia

Büro
landau + kindelbacher Architekten
Innenarchitekten GmbH,
München
www.landaukindelbacher.de

Büroprofil
Die Schnittstelle zwischen Architektur und Innenarchitektur ist unser Kapital. Erst der Dialog führt zu einer ganzheitlich durchdachten Gestaltung – nutzerorientiert und zeitlos in Funktionalität und Design.

Auftraggeber
privater Bauherr

Fotos
Ortwin Klipp, München

Text
Landau Kindelbacher, München

93

Historisch modern

Historically modern

Frontansicht mit Zugang zum Schlosspark

Jagdschloss, Groß Beuchow

Mit großem Aufwand und viel Liebe ließ Bauherr Steven Raabe das denkmalgeschützte Fachwerkgebäude samt Kirche und Garten wiederherstellen. In enger Zusammenarbeit mit ihm entwickelten wir für dieses Projekt die Möblierungsplanung, das Farb- und Materialkonzept sowie die Beleuchtungsszenarien für fünf Apartments im Erd- und Dachgeschoss.

Ziel war es, die historische Bausubstanz in einem Restaurierungsprozess so weit wie möglich zu erhalten oder nach historischem Vorbild zu rekonstruieren. Gleichzeitig sollten Sanitär- und Elektroinstallationen höchsten Ansprüchen genügen und dem neuesten Standard entsprechen.

Die Ausstattung verzichtet bewusst auf historisierenden Kitsch und präsentiert sich zeitlos, aber persönlich. So bilden die scheinbaren Gegensätze von alt und neu hier eine harmonische Einheit: Auf der einen Seite historische, sorgfältig aufgearbeitete Möbel, Musterfliesen nach alten Vorbildern, auch Keramik-Schalter und Steckdosen, auf der anderen Seite zeitgemäße geradlinige Kücheneinbauten, luxuriöse Wannen und Duschen in aktuellen Formen sowie moderne Polstermöbel und Bestuhlung. In der gesamten Ausstattung wurde auf starke Kontraste gesetzt: Die getönt abgesetzten Wände heben weiße Decken, Stuckfries, Türen und andere Bauelemente traditionell hervor und lassen sie besonders wirken. Die modernen, schwarzen Leuchten setzen dazu einen ungewöhnlichen Kontrapunkt.

The listed half-timbered house in the Spreewald was restored with great effort and dedication. The reconstruction of the building and the selection of furnishings use historic elements and modern furnishings to create a harmonious entity.

Bauten und Objekte

Apartment im Dachgeschoss mit Kamin

Dachgeschoss

— Erdgeschoss

"Gute Innenarchitektur entsteht durch zeitgenössische und individuelle Interpretation der Bausubstanz."

Bauten und Objekte

JULIANE MOLDRZYK
Dipl.-Ing. Innenarchitektin bdia

Büro
raumdeuter GbR, Berlin
www.raumdeuter.de

Büroprofil
Unsere Kernkompetenz ist die Einrichtung von Kommunikationsräumen. Das Zusammenwirken von integrierter Technik und ansprechender Gestaltung regt zum Austausch an und inspiriert – das sind „Räume wie Koffein".

Beteiligte
Dipl.-Ing. Holger Beisitzer MFA
Dr. phil. Dipl.-Ing. Inga Ganzer

Auftraggeber
Steven Raabe

Fotos
Robert Winter

Text
raumdeuter, Berlin

97

Alt und neu

Old and new

Flur

Sanierung eines denkmalgeschützten Stallgebäudes, Barsinghausen

Der ehemalige Kuhstall aus dem 16. Jahrhundert ist Teil einer denkmalgeschützten Rittergut-Anlage nahe Hannover. Vermutlich diente er zunächst als Herrenhaus und wurde dann bis ca. 1980 als Kuhstall und Milchkammer genutzt. Heute erstreckt sich über zwei Teilgeschosse der Wohnbereich für die vierköpfige Familie. Das Büro der Inhaber befindet sich im Erdgeschoss.
Nachträglich vorgenommene bauliche Veränderungen wurden behutsam entfernt, die ursprüngliche Gebäudestruktur aus Rundbögen und diagonal gemauerten Ziegelgewölben wieder freigelegt und sichtbar gemacht. Zusätzliche Fensterausschnitte konnten in die Bestandsstruktur aus Natursteinmauerwerk eingefügt werden. Um den Anforderungen einer denkmalgerechten und nachhaltigen Sanierung gerecht zu werden, wurde eine Wandheizung unter Lehmputz installiert. Das Gebäude wird mit einer Pellet-Heizung versorgt und entspricht den Anforderungen an ein KfW-Effizienzhaus Denkmal.
Gestalterisch wird das Nebeneinander von alt und neu zum Entwurfsthema. Historische Elemente wie Sandstein-Widerlager, Transmissionswelle oder verschiedene Deckenstrukturen stehen neben einem modernen Innenausbau aus Seekiefer-Sperrholzplatten. Das Material dient als Bodenbelag ebenso wie als Material für den Innenausbau mit Fensterbänken, Arbeitsplatten und Regalflächen. Es wird damit zum einfachen Konzeptmaterial für eine sensible, zurückgenommene Gestaltung, die keinesfalls in Konkurrenz zur historischen Bausubstanz stehen will.

A listed cowshed dating from the 16th century was carefully revitalised and now serves a family as a place to live and work. A modern design vocabulary is sensitively integrated into a historic building fabric – a monument is preserved for the future.

Bauten und Objekte

Essbereich mit Ziegelgewölbe

Raumeindruck ältester Stallbereich

„Unser Alltag wird zu einem wesentlichen Teil durch die Architektur bestimmt, die uns Tag für Tag umgibt."

— Raumbeziehungen Flur – Wohnbereich

| Grundrisse EG und OG

| Büro

Bauten und Objekte

TANJA REMKE
Dipl.-Ing. Innenarchitektin bdia

SASCHA REMKE
Dipl.-Ing. Innenarchitekt bdia

Büro
REMKE PARTNER INNENARCHITEKTEN mbB, Barsinghausen
www.remke-partner.de

Büroprofil
REMKE PARTNER INNENARCHITEKTEN mbB. Bauen im Bestand. Denkmalpflege, Altbausanierungen, Revitalisierungen. Modernisierungen von öffentlichen Bereichen, Büro- und Verwaltungsbauten

Auftraggeber
Anonym

Fotos
Tanja Remke, Barsinghausen

Text
Tanja Remke, Barsinghausen

Detail Grundofen —

— Küchenbereich mit Kappendecke

Loftwohnen

Living in a loft

Südseite

Umbau eines Bauernhauses, Riedering

Der Stall- und Tennenteil eines ehemaligen Bauernhauses im Rosenheimer Umland wurde zu einem Wohnloft für eine Familie und einer kleinen Praxis umgebaut. Die Praxis befindet sich im alten Kuhstall, dessen Ziegelkappendecke erhalten werden konnte und zu einem besonderen Flair beiträgt.

Der Wohnbereich erstreckt sich über zwei Geschosse und wurde früher als Geräte- und Heulager genutzt. Der Zugang zur Wohnung erfolgt über die alte Tennenbrücke im OG. Die interne Verbindung wurde in das alte Futtersilo integriert, welches als Zeuge der ehemaligen Nutzung skulpturenhaft im Raum steht. Die Bereiche Küche, Essen und Wohnen im OG wurden völlig offen gehalten. Die Schlafräume, das Bad und weitere Nebenräume sind als kubisches Raum-in-Raum-System eingestellt, um den Gesamtraumeindruck der Tenne zu erhalten. Ein 10 Meter langes Schiebefenster mit frei auskragendem Balkon ermöglicht eine grandiose Aussicht auf das Chiemgauer Bergpanorama. Inmitten des großen Aufenthaltsbereichs sorgt ein Luftraum für eine räumliche Verbindung und natürliche Belichtung ins Erdgeschoss. Dort befinden sich Gästezimmer, Gästebad sowie die Nebenräume. Die halbgeschossig tieferliegende Bibliothek mit Ausgang auf die Terrasse und den Garten war ursprünglich eine Traktorgarage. Hier wurde wie an einigen anderen Stellen im Gebäude die aus Bruchsteinen gemauerte Außenwand unverputzt gelassen.

Die Fassade lehnt sich mit ihrer Altholzverschalung und der Ausformung der Öffnungen an den Bestand an, wagt allerdings auch neue, großzügige Fensterelemente, welche selbstbewusst hervortreten. Dieser Bauernhausumbau will nicht traditionell und romantisierend sein, sondern den zeitgemäßen Lebens- und Wohnvorstellungen seiner Bewohner entsprechen.

Where hay was once stored, tractors were parked and livestock was kept, a family now lives and works. Carefully and yet self-consciously the barn floor of a former farm located close to Rosenheim was converted into a bright and generous residential loft, while the cowshed with a vaulted ceiling was turned into a small doctor's surgery.

Bauten und Objekte

Offener Wohnbereich – Balkon Südseite

103

Offener Wohnbereich – Ausblick nach Süden

Offener Wohnraum – Blick zum Eingang Nordseite

Bad im OG als Raum-in-Raum-System

Bauten und Objekte

Praxis im ehemaligen Kuhstall – Empfang

Praxis im ehemaligen Kuhstall – Wartebereich

Querschnitt durch Tennenrampe

— Grundrisse Erdgeschoss und Obergeschoss

Silo mit Luftraum

Blick auf den offenen Küchenbereich

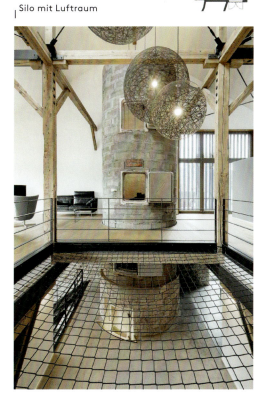

KATJA NEUMANN
Dipl.-Ing. Innenarchitektin bdia

MARTINA LEIBOLD
Dipl.-Ing. Architektin und
Assoziierte bdia

THOMAS GERHAGER
Dipl.-Ing. Architekt und
Assoziierter bdia

Büro
QuestArchitekten, Rosenheim
www.questarchitekten.de

Büroprofil
Als Team aus Architekten und Innenarchitekten sehen wir jedes Projekt –
ob Neubau oder Umbau – als gestalterische Einheit, die individuelle
Lösungen verlangt.

Beteiligte
Monika Hartl
Dipl.-Ing. Innenarchitektin

Fotos
Claus Rammel, Rosenheim

Text
Katja Neumann, Rosenheim

Rinderstall mit Charakter

Cowshed with character

Blick aus dem Garten

Teilumbau zur Wohnnutzung, Schleswig-Holstein

Der Rinderstall von 1920 ist Bestandteil einer ehemaligen Gutshofanlage inmitten der Holsteinischen Schweiz. Schon etliche Jahre wurde er nicht mehr für die Viehwirtschaft genutzt. Teilweise verfallen und von Efeu bewachsen, beherbergte das Gebäude zuletzt jede Menge Gerümpel und alte Autos. Ziel des Teilumbaus war es, eine moderne Wohnnutzung zu etablieren, die auf verschiedene Weise die zauberhafte Umgebung und den Geist des alten Gemäuers einbezieht.

Der ursprüngliche Charakter des Gebäudes und der Hofanlage sollte dabei erhalten bleiben. Die Fassade zur Hofseite wurde daher nicht verändert und bietet den Bewohnern durch die sehr hohen Fensterbrüstungen maximale Privatheit. Während im Obergeschoss nur in bestehende Öffnungen neue Fenster gesetzt wurden, besticht die Südfassade im Erdgeschoss mit übergroßen Öffnungen zum See. Die bis zu drei mal drei Meter großen Holzfenster lassen innen und außen verschmelzen. Dem loftartigen Erdgeschoss angeschlossen, finden sich Technikraum und Garderobe sowie ein geräumiges Bad mit Sauna und direktem Zugang nach draußen. Die Bodenbeläge bestehen hauptsächlich aus geschliffenem Estrich und großformatigen Natursteinplatten, auf denen warme, flauschige Teppiche aufgelegt werden.

Die unverputzte Innenwand aus Backstein spielt eine zentrale Rolle im Raum, sie wurde nur leicht geschlämmt, integriert den Tunnelkamin und verbindet dadurch den Wohn- mit dem Klavier- und Essraum. An ihr gelangt man ins Obergeschoss, dem ehemaligen Heuboden, der durch das Gebälk und die niedrigen Decken weiterhin spürbar bleibt. In diesem wohligen, geborgenen Raum – mit sensationellem Ausblick – sind die Funktionen Schlafen, Bad, Ankleide und Büro vereint.

The cowshed dating from 1920 is part of a former farm estate in the middle of the Holstein Switzerland. The aim of the partial conversion was to allow a modern residential use, which integrates the enchanting surroundings and the spirit of the old walls in various ways.

Bauten und Objekte

Schlafzimmer

107

| Blick vom Klavier | Badezimmer Erdgeschoss

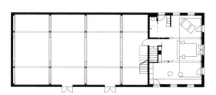

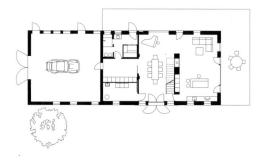

| Grundriss Erdgeschoss und Obergeschoss

| Badezimmer Obergeschoss | Badezimmer Erdgeschoss

Bauten und Objekte

— Blick aus dem Bad

Eingangsbereich

Küche —

HENRIKE BECKER
Dipl.-Ing. Innenarchitektin bdia

Büro
BECKER Architekten & Innenarchitekten, Lübeck
henrike-becker.de

Büroprofil
Maßgefertigte Konzepte für Architektur und Innenarchitektur, die von Eigenständigkeit geprägt sind, den Menschen und seine individuellen Wünsche in den Mittelpunkt stellen.

Auftraggeber
Anonym

Beteiligte
Dipl.-Ing. Hagen Schmidt

Fotos
Lisa Winter, Berlin

Text
Henrike Becker, Lübeck

Schmuckstück

Jewel

Wohnhaus W, Mittelfranken

Mit Gespür für den Denkmalschutz wurde das Haus mit seinen feinen Details behutsam saniert und in seinen Originalzustand zurückgebaut. Neuzeitliche Anbauten oder Einbauten wurden entfernt, sonstige Bauteile, wie etwa Fenster und Türen, soweit wie möglich saniert oder originalgetreu in bester Handwerkskunst nach historischen Details nachgebaut. Die Treppe wurde original erhalten und sorgfältig saniert. Die Böden wurden mit Materialien der damaligen Zeit erneuert und in alten Verlegetechniken aufgebracht.

In den Innenräumen wurde ebenfalls Wert auf historisch adäquate Materialien gelegt. Der neue Putz ist ein Kalkputz, die dazu stimmige Wandfarbe nach alter Technik mit der Bürste aufgetragen. Die Innenarchitektur überzeugt als stimmige Collage aus Historie und zeitgemäßen Elementen in Harmonie aus Material, Leuchten und Möbeln. Einzige Reminiszenz in der Fassade an die heutige Zeit ist ein großes Panoramafenster, das als neue Öffnung in Abstimmung mit dem Denkmalschutz in der Fassade sitzt und das Gartenpanorama ins Haus holt. Ein saniertes Schmuckstück mit Denkmalschutz im Stadtbild, das seinen Bewohnern eine einmalige Atmosphäre bietet, ohne auf Komfort und Ansprüche zeitgemäßen Wohnens verzichten zu müssen.

Durch Wandheizungen, gespeist von einer Brennstoffzelle, konnte in den Räumen auf Heizkörper verzichtet werden, der historische Bodenaufbau ohne Fußbodenheizungen o. Ä., erhalten werden. Es ist ein denkmalpflegerisches Schmuckstück mit Architektur und Innenarchitektur aus einem Guss.

With a sure feeling for the preservation of historic buildings, the house with delicate details was carefully refurbished and restored to its original condition. The interior design impresses with a consistent collage of history and contemporary elements in a harmonious combination of materials, luminaires and furniture.

Bauten und Objekte

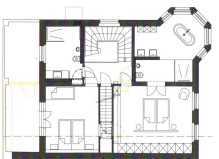

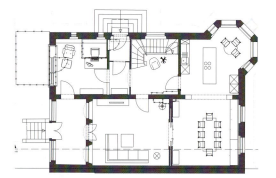

| Blick Esstisch zu Wohnen

— Grundrisse Erdgeschoss und Obergeschoss

| Bad im Erkerzimmer

| Einblick Wintergarten und Wohnen

Bauten und Objekte

GUDRUN BERSCHNEIDER
Innenarchitektin bdia +
Architektin BDA

JOHANNES BERSCHNEIDER
Innenarchitekt bdia +
Architekt BDA

Büro
Berschneider + Berschneider, Pilsach
www.berschneider.com

Büroprofil
Architektur + Innenarchitektur aus einem Guss: für Wohnen – Geschäft – Praxis – Laden – Öffentliche Bauten – Gastronomie – Möbel – Denkmalschutz

Beteiligte
Nicole Faltenbacher
Dipl.-Ing. (FH) Innenarchitektur
Peter Mederer

Auftraggeber
WW, Nürnberg

Fotos
Petra Kellner, Amberg

Text
Andreas Schmid,
Berschneider + Berschneider, Pilsach

Offene Küche und Essbereich

Saniertes Treppenhaus

Treppenhaus mit Lichtakzent und altem Boden

Schön und zeitgemäß

Beautiful and contemporary

Blick vom Empfangstresen ins Wartezimmer

Umbau einer Hausarztpraxis, Eitorf

Nach der Übernahme einer bestehenden Hausarztpraxis war es der Wunsch des jungen Arztes, die Praxisräume grundlegend umzubauen. Insgesamt stand eine Grundfläche von 130 qm zur Verfügung. Das Raumkonzept musste folgende Anforderungen erfüllen: Empfang für drei Mitarbeiterinnen, Wartebereich für insgesamt 20 Patienten, zwei Behandlungsräume, zwei Arztzimmer, das Labor und ein Sozialraum für die insgesamt fünf Mitarbeiterinnen.

Der vordere Bereich der Praxis wurde komplett entkernt, sodass ein großes Raumvolumen entstand. Hier befinden sich der Empfang und der verglaste Wartebereich. Die beiden großformatigen Fototapeten (Motive der Sieglandschaft um Eitorf) dienen der optischen Vergrößerung. Im hinteren Bereich wurde ein zweiter Wartebereich geschaffen. Durch die Verglasung des neu geplanten Labors wird der Wartebereich mit Tageslicht beleuchtet. So wird den wartenden Patienten die zuvor bestehende Enge genommen. Alle Türstürze (Höhe zuvor 2,00 m) wurden entweder bis zur Decke oder auf eine Höhe von 2,20 m vergrößert. Dadurch wird die Wegführung ersichtlicher und erweitern sich die Blickachsen.

Materialkonzept: Die beiden Ärzte und die fünf Mitarbeiterinnen wünschten sich helle und gut beleuchtete Räume. Mithilfe eines Lichtplaners wurden alle Räume bedarfsgerecht mit LED ausgeleuchtet. Alle Einbauten sind aus Eiche und weiß lackierten Plattenmaterialien gefertigt. Räumliche Trennungen im Warte- und Laborbereich bestehen aus Glas, eingefasst mit Blockzargen aus Holz. Der Boden ist ein hellgrauer Kautschuk ohne Fugen. Die zurückhaltende Farbgebung wird ausschließlich durch die grünen Sitz- und Rückenkissen sowie farbige Bilder durchbrochen.

After taking over an existing family practice, the young physician wanted to work in a "beautiful and contemporary" surgery environment in the future. The close collaboration of interior designer, physician and craftsmen made this wish come true.

Bauten und Objekte

Eingang und Garderobe

115

— Empfang und Wartezimmer

Grundriss

Blick vom Wartezimmer zum Empfang

Blick auf den Empfang —

— Wartezimmer

Waschtisch WC

Labor und Wartebereich

Detail Sitzpolster

Bauten und Objekte

GERHARD BERTHOLD
Dipl.-Ing. Innenarchitekt bdia, AKNW

Büro
Gerhard Berthold, Innenarchitekt, Eitorf

Büroprofil
Meine Innenarchitektur hat den Anspruch, Ästhetik, Funktionalität und Materialität gekonnt und sinnvoll bis ins Detail zu vereinen.

Auftraggeber
Dr. Guido Dilg, Eitorf

Fotos
Simon Wegener, Bad Honnef

Text
Gerhard Berthold, Eitorf

bdia ausgezeichnet!

Das Format bdia ausgezeichnet! ist ein Erfolgsmodell. Der bdia zeichnet regelmäßig hervorragende Bachelor- und Masterabschlussarbeiten aus, um den Nachwuchs entsprechend zu würdigen. Die sorgfältige Auswahl der prämierten Arbeiten erfolgt direkt an der jeweiligen Hochschule durch eine Fachjury, die sich aus mindestens drei bis fünf kompetenten bdia InnenarchitektInnen zusammensetzt und wovon mindestens einer aus Landes- oder auch Bundesebene stammt. Innerhalb eines Rundgangs reift der Beschluss zur Bewertung und den final ausgezeichneten Abschlussarbeiten. Die Einreichungen erfolgen wahlweise digital oder auch analog. Seit dem Beginn der Reihe 2013 erfreut sich die Prämierung des Nachwuchses innerhalb der Hochschulszene großer Beliebtheit und stößt auf reges Interesse. Kein Wunder, denn die Arbeiten zeichnen sich durch Qualität und einen hohen Anspruch aus. Der bdia überreicht bdia ausgezeichnet! den Studierenden mit ihren betreuenden Professoren persönlich, was für alle Beteiligten immer wieder eine Ehre bedeutet. Der bdia ist über seine engagierten Landesverbände sowohl nah an der Perspektive des Nachwuchses als auch den Inhalten der Hochschule dran.

www.bdia.de/bdiausgezeichnet

WINTERSEMESTER 2015/16

Jumana al-Moyed
„Flagshipstore einer Sportmarke" (1)
B.A. Abschlussarbeit
Prof. Carsten Gerhards
Hochschule Darmstadt

Katharina Körner
„Kirche 'mal anders" (2)
B.A. Abschlussarbeit
Verw.-Prof. Almut Weinecke-Ludwig,
Prof. Josef Strasser
HAWK Hildesheim

Michaela Beuscher
„Urban Agriculture and Living" (3)
B.A. Abschlussarbeit
Prof. Günter Weber,
Verw.-Prof. Almut Weinecke-Ludwig
HAWK Hildesheim

Sahar Khalajhedayati
„Entwicklung einer Teebarkette" (4)
M.A. Abschlussarbeit
Prof. Carmen Munoz de Frank,
Hochschule Ostwestfalen-Lippe, Detmold

Corinna Lüddecke
„Wanderlust – Entwurf einer Wanderhütte in den Alpen" (5)
B.A. Abschlussarbeit
Prof. Carsten Wiewiorra
Hochschule Ostwestfalen-Lippe, Detmold

SOMMERSEMESTER 2016

Lena Wischmann
„Netzwerk" (6)
B.A. Abschlussarbeit
Prof. H.A. Raiser
Hochschule Darmstadt

Melissa Lesch
„Showroom Bette" (7)
M.A. Abschlussarbeit
Prof. Frank Drewes
Hochschule Darmstadt

Sonja Broßler
„Omega NEXT Retailkonzept" (8)
B.A. Abschlussarbeit
Prof. Uwe Münzing
Hochschule RheinMain (Wiesbaden)

Oliver Wanke
„ILLUSION(Ist)" (9)
M.A. Abschlussarbeit
Prof. Reiner Wiesemes
Hochschule RheinMain (Wiesbaden)

Philine Pleuger
„skiafos – Freiraum für Achtsamkeit" (10)
M.A. Abschlussarbeit
Prof. Maria Auböck,
Prof. Gregor Eichinger,
Prof. Carmen Greutmann-Bolzern,
Prof. Urs Greutmann
Akademie der Bildenden Künste, München

Lisa Jackermayer
„POP-UP Barbecue" (11)
B.A. Abschlussarbeit
Prof. Maria Auböck,
Prof. Gregor Eichinger,
Prof. Carmen Greutmann-Bolzern,
Prof. Urs Greutmann
Akademie der Bildenden Künste, München

Christian Sedlmeier
„Kunst_Werke_Stadt" (12)
B.A. Abschlussarbeit
Prof. Karin Sander,
Prof. Rainer Haegele
Hochschule Rosenheim

Merle Neumann
„Urban Soup" (13)
B.A. Abschlussarbeit
Prof. Markus Frank,
Prof. Kilian Stauss
Hochschule Rosenheim

Wibke Bruners, Edgar Hildebrand
„NOAH – Das jüdische Kindermuseum" (14)
M.A. Abschlussarbeit
Prof. Carmen Munoz de Frank,
Prof. Rütt Schultz-Matthiesen
Hochschule Ostwestfalen-Lippe, Detmold

Sophie Homrighausen
„Cube" (15)
B.A. Abschlussarbeit
Prof. Carsten Wiewiorra,
Christian Schulze
Hochschule Ostwestfalen-Lippe, Detmold

Kevin Gratza
„Talking Brands" (16)
B.A. Abschlussarbeit
Prof. Sabine Keggenhoff
PBSA Düsseldorf

Nina Serwein
„Umgestaltung der Pförtner-häuser des Pfaff Geländes"(17)
B.A. Abschlussarbeit
Prof. Werner Glas
Hochschule Kaiserslautern

Paulina Mecik
„Die Kastenmälzerei –
Das Hostel auf Zeit" (18)
M.A. Abschlussarbeit
Prof. Gregor M. Rutrecht
Hochschule Kaiserslautern

Bernadette Wilbs
„Alte Schule, Bernkastel-Kues" (19)
B.A. Abschlussarbeit
Prof. Wolfgang Strobl
Hochschule Trier

Pauline Heß
„Magerscheune in
Pottenstein" (20)
B.A. Abschlussarbeit
Prof. Barbara Fuchs
Hochschule Coburg

Martin Settele
„Ein Raum im Grünen" (21)
B.A. Abschlussarbeit
Rolf Döll
Hochschule Coburg

WINTERSEMESTER 2016/17

Claudia Schürg
„Alte Zündholzfabrik" (22)
M.A. Abschlussarbeit
Prof. Kerstin Schulz
Hochschule Darmstadt

Ines Baumann
„DA_HosTEL – ein Hostel für
Darmstadt" (23)
B.A. Abschlussarbeit
Prof. Anke Mensing
Hochschule Darmstadt

Alexandra Zawara
„Kulturgut Homburg –
Museum für Stadtgeschichte
und Moderne Kunst" (24)
M.A. Abschlussarbeit
Prof. Gregor Rutrecht,
Prof. Werner Glas
Hochschule Kaiserslautern

Stephanie Köbele
„Gastro+ KIVI – Veganes
Café mit Gärtnerei" (25)
B.A. Abschlussarbeit
Prof. Norbert Zenner,
Prof. Susanne Heyl
Hochschule Kaiserslautern

Frank Raab
„Dokumentationszentrum
Obersalzberg" (26)
M.A. Abschlussarbeit
Prof. Wolfgang Strobl,
Prof. Ingo Krapf
Hochschule Trier

Aitana Miriam Villanova Pellicena
„Die Kirche im Dorf lassen" (27)
M.A. Abschlussarbeit
Prof. Dr. Sabine Foraita,
Prof. Josef Strasser
HAWK Hildesheim

Julie Langfort
„Erleben, Entdecken und
Verstehen" (28)
B.A. Abschlussarbeit
Prof. Günter Weber,
Prof. Josef Strasser
HAWK Hildesheim

Lina Kufahl
„London Underground –
Saiko" (29)
B.A. Abschlussarbeit
Prof. Carsten Wiewiorra,
Prof. Mary-Anne Kyriakou
Hochschule Ostwestfalen-Lippe, Detmold

Sina Rocktäschel
„Alsterlust – Hanseatisch
Baden" (30)
M.A. Abschlussarbeit
Prof. Carsten Wiewiorra,
Prof. Carmen Munoz de Frank
Hochschule Ostwestfalen-Lippe, Detmold

Fach-

beiträge

Bauherrenwunsch – was kann das sein?
oder Der Innenarchitekt in seinem Revier

Schülerinnen und Schüler fragen mich bei Infoveranstaltungen häufig, was denn beim Blick „hinter die Kulissen" den Beruf der Innenarchitektin/des Innenarchitekten ausmacht. Mein ausholendes Statement beginnt bei der „Freude am Malen und Zeichnen in der Jugend" und endet bei der Beschreibung des „letzten Tages auf der Baustelle vor der Eröffnung" eines Ladenlokals. Meine kleine Rede stellt sich als so überzeugender Beitrag dar, dass keine Nachfragen mehr gestellt werden. So verlasse ich diese Gespräche mit dem satten Gefühl, die Bandbreite unseres geliebten Berufes überzeugend dargestellt zu haben. Ja, in solchen Situationen spricht eine Stimme zu mir: „Die Art, wie Du Deinen Beruf ausübst, grenzt schon an Berufung!"

In den darauffolgenden Nächten habe ich Probleme beim Einschlafen. Es beschleicht mich spätestens beim 11. Schäfchen die Erkenntnis, dass beim „Blick hinter die Kulissen" noch mehr zu erzählen sein muss. Das sind die Nächte, in denen mich ganze innenarchitektonische Beratungen im Schlaf verfolgen.

Es beginnt mit einem Telefonat folgenden Inhalts: „... Wir bewohnen ein Einfamilienhaus im Grünen. Und nun benötigen wir Ihre Unterstützung. Bieten Sie auch Einrichtungsberatungen an?" „Ja, ich komme auch zu Beratungen zu Ihnen. Darf ich fragen, worum es bei Ihrem Anliegen geht?" Mit dieser Frage ist man bereits tief ins Thema vorgedrungen.

Bei der Beschreibung des Anliegens klingen erste Auseinandersetzungen mit der Partnerin/dem Partner, dem Mitbewohner oder der Familie durch. Etwa wie folgt: „Meine Frau/mein Mann wollte ja schon immer einen Wintergarten, aber ich ..." (Das Wort „Wintergarten" könnte hier auch ersetzt werden durch „eine rote Wand im Wohnzimmer" oder durch „eine Eckbank im Esszimmer".) Häufig ist dies der Einstieg des Innenarchitekten in den fachfremden Bereich der Psychologen-Zunft. Oder es ist die Eintrittskarte ins „verminte Gebiet" einer langjährigen Beziehung. Aus Sätzen, die die Passage „... hat gesagt, aber ich ..." beinhalten, klingen lange, zähe Gespräche unter Partnern durch, die bisher keine Lösung gefunden haben. Oder war das der unterschwellig erteilte Arbeitsauftrag: „Die Fachkraft Innenarchitekt/Innenarchitektin soll sich als Vermittler daran versuchen."

Bleiben wir bei unserem Beispiel „Wintergarten". Hier schlage ich einen Termin vor Ort vor, damit ich mir ein Bild machen kann. „Erstgespräche im Umkreis von 10 km kosten für 1,5 Stunden pauschal 150,00 € zuzüglich Mehrwertsteuer." Wenn an dieser Stelle des Telefonats auf der Gegenseite noch nicht der Hörer in die sprichwörtliche Gabel fällt, ist die erste Hürde genommen. Am verabredeten Tag erscheine ich am Objekt. Ich werde freundlich begrüßt. „Aber schauen Sie nicht so genau hin, wir haben das alles in Eigenregie so möbliert", heißt es dann oft.

Fachbeiträge

JÜRGEN OTTE
Dipl.-Ing. (FH) Innenarchitekt bdia, AKNW

Jürgen Otte absolvierte nach dem Abitur eine Schreinerlehre. Er studierte in Kassel und Düsseldorf bis 1990. Nach zweijähriger Anstellung bei einem Bankeinrichter als projektleitender Innenarchitekt begann er seine selbstständige Tätigkeit in der Bürogemeinschaft „Ehehalt und Otte" in Düsseldorf. Seit 1999 arbeitet er im eigenen Büro „otte & innenArchitektur" in Dinslaken. Jürgen Otte ist seit 1986 Mitglied im bdia und seit 1992 Mitglied der AKNW. Von 2015 bis 2016 war er gewähltes Mitglied im Finanzausschuss des bdia-Bund. Seit Dezember 2016 ist Jürgen Otte Landesvorsitzender des bdia-NRW.

Erlauben Sie mir an dieser Stelle einen Appell an die unserem Berufsstand zugeneigte Bauherrenschaft: „Es ist schlecht investiertes Geld, wenn der Berater nicht hinschauen soll! Fordern Sie im Gegenteil die Kolleginnen und Kollegen in Ihren Häusern ausdrücklich dazu auf, sehr genau hinzusehen! Nur dann können sie auch helfen. Aber versuchen Sie auch, mithilfe der Beratung einen neuen Blick auf Ihre eigene Wohnumwelt zu gewinnen."

Aber eventuell habe ich da ja auch nur etwas falsch verstanden.

Mein Blick schweift durch die Wohnung, in der sich über Jahre Dinge angehäuft haben. Mein Hinweis auf die Fülle der Einzelteile, die durch ihre Vielgestaltigkeit, Vielfarbigkeit und durch die unterschiedlichen Materialstrukturen bereits zur „Unruhe" führen, veranlasst die Nutzer ihrerseits dazu, das Glas mit schwarzem Sand aus Lanzarote zu rechtfertigen: „Das war ein Mitbringsel der Schwägerin, die so gerne auf die Insel fliegt und sehr von dem Architekten Cesar Manrique schwärmt." Mit einer gewissen Dankbarkeit, dass der Architekt Cesar das Feld für meinen Auftritt bereitet hat, provoziere ich nun mit dem Satz: „Was passiert in diesem Zimmer?" Wir waren inzwischen in einem Raum angekommen, den ich aufgrund seiner Lage, der Nähe zur Küche und der noch erkennbaren Einrichtung als Esszimmer identifizieren konnte. Der Tisch war jedoch als Hausarbeitsplatz der schulpflichtigen Tochter, als Nähmaschinentisch der Bauherrin und als Basteltisch für Modellflugzeuge des Bauherrn erkennbar. Was für sich gesehen kein Problem dargestellt hätte, wenn nicht alle ihre Sachen auf dem Tisch hätten liegen lassen. Da wird mir langsam klar, was mit dem Satz: „...aber schauen Sie nicht so genau hin", gemeint war.
„Aufbewahrungsmöbel im direkten Zugriff" wird sicher ein Thema der weiterführenden Beratung sein. So viel ist bis hierher klar.

Durch den Flur biegen wir östlich zur nächsten Tür ab. Ich erkenne einen langgestreckten Raum. Größe knapp 40 qm. Folgende Angebote sind anzutreffen: ein Flügel mit zugehörigem Hocker, ein Esstisch mit sechs Stühlen (zusätzlich zu dem Tisch im Esszimmer), eine dreisitzige Ledercouch, ein Kaminofen mit zwei Liegesesseln und eine ca. 1,75 cm breite „Bücherwand". Es bleibt kaum Platz zum Luftholen dazwischen.

Was soll wohl hier meine Aufgabe sein? Insgeheim wünsche ich mir die bezaubernde Tine Wittler und den Trödel-King herbei. Gemeinsam würden wir dann „Tabula rasa" oder besser „Wohnzimmer rasa" machen. Der Verkauf des Klaviers durch den Trödel-King würde Platz schaffen und mein Honorar sichern. Frau Wittler würde ja sicher wieder für „lau" arbeiten ...

Ich bemühe mich, eine unverfängliche Frage zu stellen: „Zu welchen Gelegen-

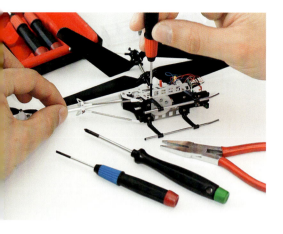

heiten nutzen Sie den Esstisch?" „Gerad' letztens erst bei der Kommunion unserer Tochter!", entgegnet die Bauherrin. Mein Verweis auf die Dopplung mit dem Tisch im Esszimmer verhallt ungehört. Es drängt sich mir der Eindruck auf, mitten im „Kampfgebiet" angekommen zu sein. Hier tobt die Familienschlacht zwischen „Gemütlichkeit auf Couch und Sessel" gegen „drei Mal im Jahr genutzter Esstisch" gegen „selten genutzter Flügel".

Ich entscheide mich, „Grundsätzlichkeiten der Architektur" anhand der vorgefundenen Strukturen zu erläutern. Mit raumgreifenden Bewegungen, die den Hauptrichtungen des Raumes folgen, erkläre ich, dass Raum- und Lichtachsen bereits Raumgliederungen vorgeben. Auch Unterzüge, Pfeilervorlagen, Brüstungshöhen geben dem Raum Struktur. Besonders spür- und vermittelbar wird das beim Blick auf das antike Jugendstil-Weichholz-Buffet. Die Symmetrie des Möbels wird durch die Position direkt unter dem aus der Wand herauswachsenden Unterzug komplett gestört. „Jetzt, wo Sie es sagen...", dämmert es dem Bauherren. Seine Blockade scheint aufgelöst. Erstes Verständnis keimt auf. Es könnte doch noch etwas werden aus dieser Wohnung.

Nun scheint der richtige Moment zu sein, auf den ursprünglichen Grund der Anfrage zurückzukommen. Was war nochmal der Bauherrenwunsch? Ich wende mich dem einsichtigen Bauherrn zu und sage: „Ihr Wunsch war ein Wintergarten?" Er scheint sich nicht mehr ganz sicher zu sein, ob das noch meine Aufgabe werden könnte. Ich versuche ihn zu erlösen und schlage den Bauherren vor, die heutigen Informationen erst einmal „sacken zu lassen". Wir vereinbaren einen weiteren Termin, zu dem wir nochmals Raum für Raum die Aufgaben besprechen. „Und dann schau' ich nochmals ganz genau hin", verspreche ich mit einem Augenzwinkern. Sichtlich entspannter als zu Beginn unserer Verabredung stimmen die Bauherren meinem Vorschlag zu.

Beim Verlassen der Wohnung war mir klar: Wenn ich mit der Beratung fertig bin, haben wir dem Haus seine Struktur zurückgegeben. Alle Bewohner mit ihren Hobbys und Vorlieben werden ihren Platz gefunden haben. Der Esszimmertisch bietet wieder Platz für Geschirr und Gäste. Der zusätzliche Esstisch im Wohnzimmer bekommt einen neuen Platz im Keller „auf Abruf". Das Wohnzimmer mit seinen einzelnen Bereichen wirkt wieder luftig und die Sichtachsen zum Garten sind frei. Ein zusätzlicher Wintergarten ist nicht mehr vonnöten.

Gute Innenarchitektur halt.

Client's wish – what could that be?

or The interior architect in his territory

During information events, pupils frequently ask me what makes up the profession of the interior designer when looking "behind the scenes". My lengthy statement starts with the "enjoyment of painting and drawing in my youth" and ends with the description of "the final day on site before the opening" of a shop. My short speech proves to be a convincing contribution and no further questions are asked. So I leave these events with the rich feeling of having convincingly presented the broad spectrum of our beloved profession. Well, in such situations an inner voice says to me: "According to the way you do you job, you understand your profession as a vocation!"

In the following nights I have trouble getting to sleep. By the time I have counted the eleventh sheep, I get the creeping insight that there must be more to be told when "looking behind the scenes". These are the nights when I'm haunted by interior design consulting sessions in my sleep.

It starts with a telephone conversation with the following content: "…We live in a single-family house in the countryside. We now need your support. Do you also provide furnishing consultation?" "Yes, I can visit you for a consultation session. May I ask what your request is about?" With this question one has already reached deep into the topic.
During the description of the request, first differences in opinion with the partner, the flatmate or the family can be picked out. For example: "My wife / my husband always wanted a conservatory, but I…" (the word "conservatory" could be replaced with "a red wall in the living room" or "a corner bench in the dining room".) Frequently, this is the entry of the interior designer into the unfamiliar specialist field of psychologists. Or it is a ticket to the "mined area" of a long-standing relationship. From sentences which include the words "…has said, but I…" suggest long, dogged conversations between the couple, which have not led to a solution so far. Or was this a subliminal work assignment: "The expert interior designer shall dabble as mediator in this case."

Let's stick with our example of the "conservatory". In this case, I suggest an appointment on site, so that I can get an idea of the situation. "Initial meetings lasting 1.5 hours within a radius of 10 km cost a lump sum of 150,00 € plus value added tax." If at this point of the telephone conversation the receiver is not dropped on the proverbial cradle on the opposite side, the first hurdle has been overcome. On the agreed day, I appear at the house. I am greeted in a friendly manner. "Please don't look too closely, we have done the furnishing all by ourselves" is a common statement.

At this point I would like to make an appeal to the clients who are well-disposed towards our profession: "It is poorly invested money if the adviser is not meant to take a closer look inside! Quite the opposite, explicitly invite my colleagues in your house to take a very close look! Only then will they be able to support you. At the same time, you should also try to see your own living environment from a new perspective with the help of this consultation."

But maybe I simply understood something incorrectly.

My eyes wander through the apartment, where objects have accumulated over the years. My hint to the abundance of individual pieces, which due to their variety, colourfulness variegation and different material structures already cause "unrest", brings the users to justify the glass with black sand from Lanzarote: "This was a souvenir from my sister-in-law, who loves to fly to the island and raves about the architect Cesar Manrique." With a certain gratitude that architect Cesar has prepared the ground for my appearance, I now provoke with the sentence: "What happens in this room?" We have meanwhile arrived in a room, which I can, due to its location, the proximity to the kitchen, and the still recognisable furnishing, identify as the dining room. However, the table can be identified as the place where the school-age daughter does her homework, as sawing machine table of the client's wife and as desk where the client assembles his model airplanes. Considered individually, this would not be a problem, if only all of them would not leave their things on the table. I slowly start to realise what the phrase "please don't look too closely" meant. "Directly accessible storage furniture" is definitely a topic for further consultation. This much is clear so far.

Walking along the hallway, we make an eastward turn to the next door. I recognise an elongated room with a floor area of almost 40 sq m. The room holds the following objects: a concert piano with a corresponding stool, a dining table with six chairs (in addition to the table in the dining room), a large leather sofa, a fireplace with two lounge chairs and an approximately 1.75 m wide bookshelf. There is hardly any space to take a breath.

What could be my task in this apartment? Secretly, I wish that the enchanting TV presenter Tine Wittler and the "Trödel-King" (the host of a German docu-soap on how to sell redundant furnishings) walk through the door. Together we would make a clean sweep. The sale of the piano by Trödel-King would make room and secure my fee. Mrs Wittler would probably again work for free...

I make an effort to ask a harmless question: "On what occasions do you use the dining table?" "Just recently for the Holy Communion of our daughter," answers the client. My referral to the second table in the dining room goes unheard. The impression forces itself on me that

Fachbeiträge

I have arrived in the "battle zone". Here, the family battle raves between "cosiness on the sofa and in the armchair" versus "dining table used three times per year" versus "rarely used piano".

I decide to explain "principles of architecture" by means of the found structures. With extensive movements and gestures, which follow the main directions of the room, I explain that room and light axes already determine the room division. Beams, pillar strips, parapet heights give the room a structure. This is particularly tangible and understandable when looking at the antique Art Nouveau softwood credenza. The symmetry of the furniture is completely disrupted by its positioning right underneath the beam growing out of the wall. "Well, now that you mention it ...," it dawns on the client. His block seems to dissolve. First understanding buds. Something positive could happen in this apartment after all.

This seems to be the right moment to get back to the initial reason for the inquiry. What was the client's request again? I turn to the understanding client and say: "You wanted to have a conservatory?" He does not seem to be all positive anymore if this could still become by assignment. I try to relieve him and suggest to let today's information "sink in". We arrange a new meeting, in which we want to discuss my task, room by room once again. "I will then take a closer look," I promise with a wink. Visibly more relaxed than in the beginning of our appointment, the client agrees to my proposal.

When leaving the apartment, it is clear to me: Once I have finished this consultation, we will have returned a structure to the house. All residents with their hobbies and preferences will have found their place. The dining table provides room for tableware and guests. The additional dining table in the living room finds a new place "at call" in the basement. The living room with its individual areas again has an airy atmosphere and the visual axes to the garden are unrestricted. An additional conservatory is no longer necessary.

Only good interior architecture.

Hinter den schönen Schein geblickt

Ein Plädoyer für mehr Transparenz beim Planungsprozess

Was macht gute Innenarchitektur aus? Eine gelungene Planung, die Bauherr und Nutzer gleichermaßen zufriedenstellt? Das hängt natürlich von den individuellen Erwartungen ab. Aber ganz spontan werden die meisten von uns an eine hochwertige Ästhetik mit passendem Mobiliar denken; an eine unmittelbar überzeugende Gestaltung, die dazu einlädt, die entsprechenden Räumlichkeiten zu betreten. Damit Sie mich nicht falsch verstehen: All das sind wichtige Kriterien für eine gelungene Planung! Aber dieser erste „Hochglanzeindruck" ist längst nicht alles. Im Gegenteil: Manchmal täuscht der schöne Schein sogar darüber hinweg, dass ganz wesentliche Aspekte wie Funktionalität, Energieeinsparung, Barrierefreiheit, eine korrekte Arbeitsplatzbeleuchtung oder die Einhaltung des Kostenrahmens nicht oder nur unzureichend berücksichtigt wurden.

Auch bei meinen eigenen Umbauprojekten spielen Ästhetik und Akzeptanz der Nutzer eine entscheidende Rolle. Darüber hinaus suchen meine Bauherren aber vor allem einen professionellen Planer, der sie bei dem anvisierten Umbau so weit unterstützt, dass sie sich auf ihre Aufgaben konzentrieren können und von der Auftragsvergabe bis zur Eröffnung nicht unnötig Zeit verlieren. Mein vorrangiges Ziel ist die Entlastung meiner Bauherren und sämtliche Abstimmungsgespräche so vorzubereiten, dass anfallende Entscheidungen möglichst in ihrem Sinn ablaufen. Wichtig für einen solchen Prozess ist eine gute Vertrauensbasis, bei der der Innenarchitekt als professioneller Berater auf Augenhöhe akzeptiert wird. Ausgehend von den Leistungsphasen der HOAI habe ich dazu einige wichtige Aspekte und Empfehlungen zusammengestellt:

Planungsphase 1 bis 3:
Von der Grundlagenermittlung bis zum Entwurf

Zu Beginn erstelle ich, aufbauend auf einer eingehenden Bestandsaufnahme und mehreren Gesprächen mit dem Bauherrn, zunächst eine erste Kosten-

Fachbeiträge

RAINER KRIESCHE-RADTKE
Dipl.-Ing. Innenarchitekt bdia

- 1979 – 84 Ausbildung als Tischler / Gesellenjahre
- 1985 – 90 Studium FH Detmold
- 1991 – 02 Tätigkeit als Innenarchitekt
- 2002 Gründung:
  KRIESCHE PLAN I Innenarchitektur I Lichtplanung I Realisierung
  mit dem Schwerpunkt Umbau (zu 95 %) sowie Neuplanung (5 %) von Praxen, Büros, Fassadengestaltung, Sanierung von Altbauwohnungen, Wohn- und Geschäftshäuser, barrierefreies Wohnen und Arbeiten

Mitgliedschaften
- seit 1996 AKHB
- seit 2002 kom.fort e.V. I Barrierefreies Bauen und Wohnen in Bremen, ab 2015 Mitarbeit im Vorstand
- seit 2010 LiTG Deutsche Lichttechnische Gesellschaft
- 2015 Gruppe „Architekten in Bewegung" Oldenburg
- seit 2015 Mitglied im bdia

schätzung. Dabei berücksichtige ich bereits sämtliche Kosten für erforderliche Genehmigungen und die Umsetzung gesetzlicher Bestimmungen. Damit biete ich meinem Bauherrn eine belastbare Entscheidungshilfe, die zeigt, welche Entwurfsvariante mit welchen Kosten umsetzbar ist und an welchen Stellen eventuell eingespart werden könnte, ohne Konzept und Ästhetik wesentlich zu beeinträchtigen.

Ein ganz zentraler, oft vernachlässigter Faktor im Rahmen der Entwurfsplanung ist eine optimale Flächenausnutzung. Denn mit intelligenten Konzepten lässt es sich vermeiden, dass aus ästhetischen Gründen unnötig Flächen „verschwendet" oder zusätzliche benötigt werden. Die Basis dazu ist eine exakte Nutzungsanalyse und Bestandsplanung. Wichtig ist außerdem eine realistische Bewertung des vorhandenen Mobiliars, um so unnötige Neuanschaffungen zu vermeiden oder auf einen späteren Zeitpunkt zu verschieben.

Ebenso berücksichtigt werden sollte eine weitgehend barrierefreie Planung, die möglichst lange ein eigenständiges Leben in den eigenen vier Wänden ermöglicht oder Menschen mit Einschränkungen eine gleichberechtigte Teilhabe am öffentlichen Raum erlaubt.

Ein weiterer wichtiger Aspekt der Innenraumgestaltung betrifft die Lichtplanung. Das beginnt schon im Außenbereich, wo ein durchdachtes Lichtkonzept die Akzeptanz und den Erfolg einer neuen Geschäftsidee unterstützen sollte. Im Innenraum ermöglicht eine gute Lichtführung eine verbesserte Orientierung, die gleichzeitig auch beruhigend wirken kann. Und in den Arbeits- bzw. Behandlungsräumen sorgt die passende Lux-Stärke für ein gesundes Arbeitsumfeld, das Konzentration fördert und nicht ermüdet. Deko-Leuchten, die zwar schön aussehen, aber das bildschirmgerechte Arbeiten nicht unterstützen, sind deshalb an dieser Stelle weniger empfehlenswert: eben Licht zum Orientieren – Licht zum Arbeiten.

Komplettiert wird die Aufenthaltsqualität vor Ort durch die Integration akustischer Maßnahmen. Moderne Akustikdecken oder akustische Flächenelemente sorgen dafür, dass sich der Nutzer dauerhaft wohlfühlt und mit voller Konzentration in den Räumlichkeiten gearbeitet werden kann.

Planungsphase 4 und 5:
Bauantrag, Genehmigung und Ausführungsplanung

Steht der Entwurf fest, folgt das Einreichen des Bauantrages. Eine korrekte Bearbeitung sorgt dafür, dass es zu einer zügigen Bearbeitung und Freigabe durch das zuständige Bauamt kommt und Zeit gespart wird. Das setzt voraus, dass ich mich bereits im Vorfeld der Antragsstellung mit sämtlichen beteiligten Akteuren wie Brandschutz (Feuerwehr), Gesundheitsamt oder dem Gewerbeaufsichtsamt darüber abstimme, welche Auflagen konkret zu erwarten sind. Ebenso viel Sorgfalt erfordert die Ausarbeitung der Ausführungsplanung. Um Zeit und Kosten zu sparen, sollten die Pläne so gestaltet sein, dass sie für jedes Gewerk lesbar sind und unmissverständlich den genauen Planungsumfang sowie sämtliche Details exakt aufzeigen.

Planungsphase 6 und 7:
Vorbereitung der Vergabe und Mitwirkung der Vergabe

Im Rahmen der Ausschreibung achte ich anschließend darauf, dass die erforderlichen Unterlagen für jeden Anbieter so aufbereitet sind, dass ein umfangreiches und marktgerechtes Angebot abgegeben werden kann. Nach meiner Erfahrung sollte insbesondere die Ausschreibung für das Gewerk Tischler und Mobiliar sehr genau formuliert sein, da hier oftmals große Preisunterschiede zwischen den unterschiedlichen Anbietern bestehen. Für die Erstellung der Ausschreibungsunterlagen für das Gewerk Elektro/Sanitär/Heizung (Haustechnik) empfehle ich meinen Bauherren, ein Ingenieurbüro zu beauftragen.

Bei der Vergabe ist es wichtig, vorab mit dem Bauherren die gesamte Baunettosumme festzulegen. Denn das stellt sicher, dass bei der Absprache mit den jeweiligen Gewerken sämtliche Qualitäten exakt festgelegt werden können und ein schriftlicher Auftrag mit den erforderlichen Rahmenbedingungen wie Abnahme/Bauvertrag erteilt werden kann.

Planungsphase 8:
Objektüberwachung und Bauleitung

Bei der anschließenden Umsetzung auf der Baustelle habe ich neben einer fachgerechten Ausführung sämtlicher Details vor allem die Terminsicherheit im Blick: Wie viel Bauzeit besteht? Wie werden die Gewerke so terminiert, dass diese optimal genutzt werden kann und es zu keiner kostenintensiven Verschiebung kommt? Um einen reibungsfreien und zügigen Ablauf sämtlicher Arbeiten sicherzustellen, wird der Terminplan fort-

Fachbeiträge

während angepasst und optimiert. Parallel erhalten sämtliche beteiligten Gewerke ein 14-tägiges Bauprotokoll, in dem sämtliche Abläufe und die an den jeweiligen Tagen zu erfüllenden Leistungen exakt aufgeführt sind.

Aufgrund meiner Erfahrung empfehle ich, die Baustelle täglich mindestens zweimal zu besuchen. Wichtig ist diese häufige Qualitätskontrolle insbesondere bei Projekten mit geringem Zeitpuffer. Neben Zollstock und Wasserwaage habe ich regelmäßig auch eine Kamera für eine ausführliche Fotodokumentation dabei.

Wie wichtig ein solcher Nachweis im Zweifel sein kann, zeigt das Beispiel eines Wasserschadens in einem Wohnhaus. Auf Basis der Fotodokumentation konnte ich in kürzester Zeit nachweisen, welches Gewerk den Schaden verursacht hatte.

Ein wichtiger Faktor für eine vertrauensvolle Zusammenarbeit von Bauherr und Innenarchitekt ist eine maximale Kostentransparenz. Sind sämtliche Leistungen erbracht, empfehle ich, beim Versenden der Schlussrechnungen der einzelnen Gewerke eine genaue Kostenübersicht über das gesamte Projekt beizufügen.

Fazit

Auch wenn es dem Ergebnis oftmals nicht anzusehen ist (und letztlich auch nicht soll): Innenarchitektur ist nicht nur etwas fürs Auge, sondern sie beruht zuallererst auf harter Arbeit und exakter Planung. Die Basis dazu ist ein professionelles und verlässliches Projektmanagement, das dem Bauherren den Rücken frei hält und neben dem wichtigen äußeren Erscheinungsbild auch sämtliche anderen Aspekte einer Planung berücksichtigt: von der ersten Beratung bis zum fertigen Ergebnis.

Für Anregungen und Diskussionen bin ich jederzeit dankbar. Bitte nutzen Sie dazu den Blog auf meiner Website.

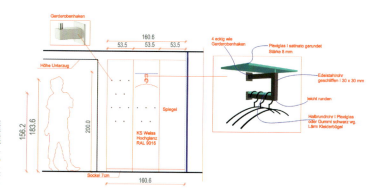

Looking behind the beautiful outward

A case for more transparency in the planning process.

What makes up good interior design? A successful design which equally satisfies client and user? This is, of course, dependent on individual expectations. Spontaneously, however, most of us will think of a high-quality aesthetic with corresponding furnishings and an immediately convincing design which invites to enter the respective rooms. Do not get me wrong: all of these are important criteria of a successful design! But this first "high-gloss impression" is by far not everything. Quite the contrary: sometimes, the beautiful appearance hides the fact that crucial aspects like functionality, energy savings, barrier-free access, a specific workspace lighting or compliance with the budget have not or insufficiently been taken into account.

In my own conversion projects, aesthetics and acceptance from the users also play a decisive role. Furthermore, my clients are first of all looking for a professional planner, who supports them in the desired conversion to the extent that they can focus on their tasks and not waste time between awarding the contracts to the official opening. My primary aim is to relief my clients and to prepare all coordination meetings so that necessary decisions are made in their interest, in so far as possible. An important prerequisite for such a process is a good foundation of trust, with the interior designer as a professional adviser being accepted at eye level. Based on the HOAI service phases, I have compiled a few important aspects and recommendations:

**Planning phase 1 to 3:
from basic evaluation to design planning**

At the start, I draw up an initial cost estimate based on a thorough evaluation of the situation and several meetings with the client. Here, I already consider all costs for necessary permits and the implementation of legal requirements. This provides my clients with a reliable decision support that shows which design variant can be implemented at what expenses and where savings are potentially possible without compromising concept and aesthetics.

A central and often neglected factor in the scope of design planning is an optimum use of space. Intelligent concepts help to avoid "wasting" respectively requiring additional floor area for aesthetic reasons. The basis for this is an exact usage analysis and as-is planning. Equally important is a realistic assessment of the existing furnishings to avoid unnecessary purchase of new furniture or defer it to a later date.

One should also consider a largely barrier-free design to give people the possibility to live an independent life in their own four walls as long as possible or grant people with disabilities equal participation possibilities in public spaces. Another important aspect of interior

appearance.

Fachbeiträge

design relates to lighting design, which already starts in the outdoor areas where a sophisticated light concept should support the acceptance and the success of a new business idea.

In the interior, good lighting design facilitates improved orientation, which can simultaneously have a comforting effect. In workspaces respectively treatment rooms, the appropriate lux intensity ensures a healthy working environment, which supports concentration and is not causing tiredness. Decoration lights, which might look pretty but do not support screen-suited working conditions are less advisable: simply light for orientation – light for working.

The interior quality is completed on site through the integration of acoustic measures. Modern acoustic ceilings or acoustic panel elements ensure that the user feels comfortable permanently and work can be carried out in the interior spaces with full concentration.

Planning phase 4 and 5:
building application, building permit and execution planning

Once the design is definite, a building application is submitted. The correct handling ensures quick processing and approval by the responsible building authority, and thus time can be saved. This requires that in the run-up to the application, I already coordinate with all involved parties, such as fire protection (fire brigade), public health authority or the trade supervisory board, as to what requirements are to be expected.
The same diligence is required for the elaboration of the execution planning. To save time and money, the plans should be laid out in a way that they are readable for each trade and unmistakably and precisely show the exact scope of planning as well as all details.

Planning phase 6 and 7:
preparation for and involvement and support in the awarding of contracts

In the scope of the call for tenders I then make sure that the required documents are edited so that a comprehensive and market-conform tender can be submitted. According to my experience, especially the call for tenders for the trade 'carpenter and furnishings' should be formulated very precisely since there are frequently high price differences between the different suppliers. As regards the issuing of tender documents for the trade 'electrical/sanitary/heating installations (building services)', I advise my clients to commission an engineering firm.

When awarding of contracts it is important to determine the total net construction costs in advance together with the client. This makes sure that in the consultation with the respective trades all qualities can be exactly defined and a written order including the required framework conditions, such as acceptance and construction contract, can be placed.

**Planning phase 8:
project and site supervision as well as construction management**

During the subsequent implementation on site, I keep an eye on an expert execution of all details, especially the adherence to the schedule: How long is the construction period? How do the trades have to be scheduled to achieve an optimum use of the construction period and avoid cost-intensive delays? In order to ensure a smooth and prompt execution of all works, the schedule is continually adapted and optimised. Parallel to this, all involved trades receive a construction report, which exactly lists all procedures and the services to be performed on the respective days.

Based on my experience, I recommend visiting the construction site at least twice a day. This frequent quality check is particularly important for projects with a small time buffer. Apart from bringing folding rule and spirit level, I regularly have a camera available for extensive photo documentation.

How important such evidence can be in case of doubt is illustrated by the example of water damage in a residential building. On the basis of the photo documentation I was able to immediately substantiate who was responsible for the damage.

An important factor for a trusting collaboration of client and interior designer is a maximum cost transparency. When all services are performed, I recommend that a detailed cost overview for the entire project is included when sending the final invoices of the individual trades.

Resume

Even though you frequently cannot tell by just looking at the outcome (and actually this is not expected): interior design is not just window-dressing. First of all, it is based on hard work and precise planning. The basis for this is professional and reliable project management, which takes the load off the client and also considers, apart from the important exterior appearance, all other aspects of a design, from the initial consultation to the completed result.

I appreciate suggestions and discussions. Please use the blog on my website for this purpose.

Der schöne Schein

Fachbeiträge

JULIA SCHNEIDER
Dipl.-Ing. (FH) Innenarchitektin bdia

- 1995–1996 Studium Kunstgeschichte / Ludwig-Maximilians-Universität München
- 1996–2001 Studium der Innenarchitektur FH Rosenheim, Diplom
- 1999 Mitarbeit bei 1100 architect, New York City, USA
- 1999–2001 Assistenz bei Schmidhuber und Partner, München
- 2001–2004 Architekturbüro Schmidhuber und Partner
- 2004–2006 Architekturbüro O.S.A
- 2006 Gründung atelier sv / Büro für Innenarchitektur
- 2014 Gründung iam / interior.architects.munich Inhaberin

Zum Abschluss eines Bauprojektes bilden wir unsere Objekte mit Unterstützung professioneller Fotografen üblicherweise in ihrer vollendeten Form ab. Eine Genugtuung nach einem meist intensiven Weg durch die Leistungsphasen des Entwicklungs- und Bauprozesses. So entsteht der schöne Schein und vor allem für uns Innenarchitekten das gute Gefühl, ein Projekt zu einem erfolgreichen Abschluss gebracht zu haben.

Doch Bauen ist ein Prozess. Zunächst muss Einigung über die Grundlagen erzielt werden. Dann gibt es Abstimmungen mit den Bauherren und anderen am Bauprojekt Beteiligten. Vielfache Überlegungen und Überarbeitung des Entwurfes folgen, auch Zustimmung und Diskussionen sind dabei. Vor allem aber ist Bauen ein Prozess der Mutigen, sich einzulassen auf ein Vorhaben egal welcher Größe, der Überwindung von Hürden und der intensiven Auseinandersetzung mit der Materie, den beteiligten Gewerken, diversen Projektteams, die den Gesamtprozess begleiten und natürlich die Verwirklichung der Vorstellungen der künftigen Nutzer.

„Reporting from the front" hieß das Leitmotiv der letztjährigen Architekturbiennale in Venedig. Alejandro Aravena, der Leiter der Biennale, forderte die ausgewählten Teilnehmer auf, von ihrer alltäglichen Arbeit zu berichten, sozusagen unserem Wirken vor dem Schein. „Erst der Perspektivenwechsel", betont Aravena, „führt manchmal die Erkenntnis und die Problemlösung vor Augen." Übertragen auf unser Thema „der schöne Schein" bzw. unser Wirken hinter den Kulissen, kann der von Aravena propagierte Perspektivenwechsel in der Öffentlichkeitsarbeit der Innenarchitekten durch Veröffentlichung des Wirkens im Prozess, die leidenschaftliche Arbeit an einem Objekt viel deutlicher machen als das glänzende Endprodukt. Die Möglichkeit, ein Bauprojekt aus den Augen der Bauherren, Ausführenden oder der Öffentlichkeit zu betrachten, führt zu Objektivität und ggf. zu einem verständnisvollen Miteinander, das den Bauverlauf zu fördern vermag. Nicht ohne Reibung natürlich, jedoch mit intensiver Auseinandersetzung für das Vorhaben auf allen Ebenen.

Ein befreundeter Architekt aus München, Markus Stenger (Stengerhoch2), stellte im Rahmen einer Ausstellung der Biennale im Palazzo Bembo in Venedig sein Projekt des Umbaus eines Heizkraftwerkes in München aus und gab seinem Werk das Motto „fearless".

Der Beitrag „fearless" beschwört das Interesse am prozesshaften DAVOR, im Gegensatz zur allgemein verbreiteten Gier auf das fertige Bild DANACH. „Fertige" Architektur erscheint in der Ausstellung als trügerischer Mythos. Im Gegensatz zum starren, stilistisch theoretisierten Architekturkonzept erfordert das empirische, flexible und ergebnisoffene „Bauen-By-Doing" vor Ort viel mehr Kraft und Engagement bei allen

am Prozess Beteiligten. Aber nur auf diesem Wege verankert sich Architektur im alltäglichen Leben. Nicht als verkopfte, selbstreferentielle „Kunstform" aus dem Hinterzimmer des Architekten. Öffentliche Architektur braucht Kommunikation und Transparenz gegenüber der Öffentlichkeit." © Markus Stenger

Auch unser durchplanter Innenraum oder vor allem der öffentliche Innenraum darf sich diesem Ansatz der Veranschaulichung des Bauprozesses öffnen. Die Kommunikation über die dem Entwurf folgenden Prozesse lassen Ängste verpuffen und die Ästhetik des Bauens verstehen.

Die Auseinandersetzung mit der Wirkung eines Innenraumes beginnt für uns immer mit der Untersuchung der Grundlagen des Objektes, der Beschaffenheit der Bausubstanz, der durch den Bauherren vorgegebenen Nutzung und der Vorgaben der Behörden, des Objektes in seinem städtebaulichen oder landschaftlichen Kontext, der Abstimmung mit den Nachbarn und der Interessen der Öffentlichkeit und der Nutzer.

Wir verstehen unser Schaffen als einen Prozess, der erst durch das Zusammenwirken vieler zu einem Ganzen wird. Man begibt sich als Innenarchitekt in eine Unternehmung, die sich wahrhaft durchaus auch als Schlachtfeld bezeichnen lässt, wenn Rechte, Forderungen, Umstände und Maßnahmen zusammenkommen und man sich in Form von Mediation, Gesprächen sowie Einflussnahmen aller Beteiligten an einen Tisch setzt, um Lösungen zu finden, die einen Bau entstehen lassen und schließlich auch vollenden.

Ästhetik, Bedarf und Baurecht fließen dann ineinander und bilden ein Geflecht, das den Innenraum zur Nutzung möglich und am Ende auch ästhetisch vollkommen macht.

„Form follows function" (dt.: Die Form folgt der Funktion) ist ein Gestaltungsleitsatz aus Design und Architektur. Er postuliert, dass die Form – die Gestaltung von Dingen – sich aus ihrer Funktion, d. h. ihrem Nutzzweck, ableiten soll. Umgekehrt lässt sich aus der Form auch eine Funktion ableiten (function follows form). © designlexikon.net
Der Begriff ist Teil eines berühmten Zitats des amerikanischen Architekten Louis Henry Sullivan. In Deutschland wurde der Gestaltungsgrundsatz erstmals vom Bauhaus konsequent angewandt. Insbesondere der Einsatz neuartiger Werkstoffe und Technologien eröffnete dabei revolutionäre Perspektiven. © Königsdorfer Medienhaus, Frechen (René Zey)

Wir verstehen diesen Ansatz der Architekturtheorie aus Sicht des Bauhauses als Leitmotiv, Technik und Design miteinander zu verschmelzen. Für unsere Arbeit ist es egal, ob das Design der Technik oder die Funktion der Ästhetik unterstellt ist. Vielmehr zählt der Weg

Fachbeiträge

zum Endprodukt. Harmonie entsteht durch Kommunikation am Bau, also einer intensiven Entwicklung und Bauleitung sowie ständiger Anpassung des Designs an die Technik und umgekehrt. Idealerweise als demokratischer Prozess, der sicherlich eine Herausforderung für den designorientiert handelnden Entwerfer und Bauleiter darstellt.

Es bedarf vor allem hinsichtlich der technischen und rechtlichen Auflagen einer Bauaufgabe der Aufklärung gegenüber dem Bauherren, wie der Innenarchitekt durch die Verwendung und Integration technischer Neuerungen und baurechtlicher Vorgaben einen Bau zum ästhetischen Produkt entwickelt. Die Leistungen, die durch den Innenarchitekten erbracht werden, müssen zunächst erörtert werden, damit die Bauherrenschaft und ggf. auch die späteren Nutzer die Zusammenhänge verstehen und einordnen können; und auch, um die harte, leidenschaftliche Arbeit hinter den Kulissen, den enormen Zeitaufwand, die Abwägungen und Entscheidungen der Innenarchitekten beurteilen zu können.

Die Funktionalität eines Bauvorhabens, eines Innenraumes prägt den Einsatz des Innenarchitekten. Vor allem Normen und Gesetze beeinflussen die Ästhetik enorm. Auflagen durch Brandschutz, Haustechnik, Bauakustik und diverse andere Richtlinien dürfen nicht als Hürde verstanden werden, sondern vor allem als Herausforderung, um ein harmonisches, nach allen Regeln der Technik und Gestaltung ausgefeiltes Ziel zu erreichen.

Gerade die Analyse eines Raumes nach diesen funktionalen Vorgaben führt zu einer objektiven Ästhetik, die Technik,

Regularien und Design vereint, aber nicht angepasst sein muss.

Schnell begibt man sich im Baugeschäft auf gefährliches Terrain. Lässt man sich von den Ängsten leiten, kann kein Projekt entstehen. Entwurf ohne Weitblick auf das volle Bauvorhaben und dessen Gefahren und Bandbreite ist nicht lösungsorientiert und führt kaum zu einem harmonischen Ganzen. Vielmehr ist es unsere Aufgabe als Innenarchitekten, Symbiosen aus Form und Funktion schon in der Grundlagenermittlung zu erkennen und in unsere Arbeit einfließen zu lassen.

Angst gefährdet den Prozess. Leichtigkeit und Mut befördern und beflügeln die Kommunikation. Daher sollten wir, gemäß Markus Stengers Darlegung, unsere Arbeit sichtbar machen, den Prozess nach dem Entwurf in der Bauphase veröffentlichen und vor Vollendung darstellen: „fearless" als Leitmotiv für das Wirken hinter den Kulissen für den schönen Schein.

Unser jüngstes Projekt, die Box Kitchen in München (hier bebildert), zeigt den aufgezeichneten Prozess unserer Arbeit sehr deutlich.

The beautiful outward appearance

Upon completion of a building project, we usually present our designs in their accomplished form with the support of a professional photographer. This is a satisfying moment after a mostly intensive journey through the service phases of the development and building process. The result is the beautiful appearance and, especially for us as interior designers, the good feeling of having achieved the successful completion of a project.

However, building is a process. Initially, one has to reach an agreement on the basics. This is followed by consultations with the client and other parties involved in the building project. Many considerations and multiple revisions of the design follow, also including approval and discussions. Building is, above all, a process of courageous people of letting oneself in for an undertaking regardless of its size, a process of overcoming obstacles and of the intensive engagement with the subject matter, the involved trades, various project teams accompanying the overall process, and, of course, of implementing the ideas of future users.

Reporting from the front was the theme of last year's Architecture Biennale in Venice. Alejandro Aravena, director of the Biennale, invited the selected participants to report on their everyday work, so to say our activities carried out before the outward appearance. "Only the change of perspective" emphasised Aravena, "sometimes visualises the insight and the solution to a problem." Transferred to our topic of "the beautiful outward appearance" respectively our work behind the scenes, the change of perspective in public relations of interior designers, as propagated by Aravena, can through a publication of the activities during the process far better explain the passionate work for a project than the splendid final result. The possibility to consider a building project through the eyes of the client, executing party or the public leads to objectivity and possibly to a more understanding cooperation, which might support the building process. Not without friction, of course, but with an intensive involvement with the project on all levels.

An architect friend from Munich, Markus Stenger (Stengerhoch2), presented his conversion project for a heat and power station in Munich in the scope of a Biennale exhibition at Palazzo Bembo and gave his work the motto of "fearless".

"The contribution 'fearless' evokes the interest in the processual BEFORE, as against the widespread greed for the completed image AFTERWARDS. In the exhibition, "finished" architecture appears as a deceptive myth. Unlike the rigid, stylistically theorised architectural concept, the empirical, flexible, open, and unbiased "building-by-doing" on site requires more energy and commitment from all parties involved in the process.

However, only in this way architecture can be anchored in everyday life. Not as an overly intellectual, self-referential "art form" out of the architect's back room. Public architecture needs communication and transparency towards the public." ©Markus Stenger

Our well-planned interior or especially the public interior may also open up towards this approach of visualising the building process. Communication about the processes following the design phase dispels fears and makes the aesthetic of building comprehensible.

For us, the examination of the effect of an interior always starts with the analysis of the fundamentals of the property, the condition of the building structure, the use as defined by the client, and the requirements stipulated by the authorities, the property in its urban and landscape context, consultations with neighbours and the interests of the public and the users.

We understand our work as a process which only becomes a unified whole through the interaction of many people. As an interior designer, one enters into an undertaking which can truly be referred to as a battlefield if rights, claims, circumstances, and measures concur and one gets together in the form of mediation, discussions as well as influences from all involved parties to come to solutions which let a building emerge and finally lead to its completion.

Aesthetic, requirements and building law merge and form a network that makes the use of the interior possible and aesthetically perfects it in the end. Form follows function is the general principle in design and architecture. It postulates that the form – the design of things – shall be derived from its function, in other words the intended usage. Conversely, a function can also be derived for the form (function follows form). ©designlexikon.net

The phrase is part of a famous statement of the American architect Louis Henry Sullivan. In Germany, the Bauhaus was the first to consistently apply this design principle. Particularly the use of novel materials and technologies thereby opens up revolutionary perspectives. ©Königsdorfer Medienhaus, Frechen (René Zey)

We understand this approach of architectural theory from the Bauhaus' point of view as a principle to merge technology and design. It does not make a difference for our work whether design is subordinated to technology or function is subordinate to aesthetics. The road to the end product is what really matters. Harmony arises from communication on the building site, which means intensive development and construction management as well as permanent adaptation of the design to technology and vice versa - ideally in the form of a democratic process which certainly poses a challenge to the designer and project manager acting on a design-oriented basis. Clarification towards the client is needed, especially with regard to technical and legal requirements of a building project, as to how the interior designer develops a building into an aesthetic product through the use and integration of technical innovation and building guidelines. First of all, the services performed by the interior designer need to be discussed so that the clients and, where required, the subsequent users can understand and categorize the relationships; and so that they are able to evaluate the hard, passionate work behind the scene, the enormous amount of time required as well as the considerations and decisions of the interior designers.

The functionality of a building project or of an interior determines the deployment of the interior designer. Standards and laws, in particular, have an enormous impact on aesthetics. Requirements resulting from fire protection, building services, building acoustics and various other directives may not be perceived as an obstacle but primarily as a challenge to achieve a harmonious objective elaborated by every trick of technology and design.

Especially the analysis of a room according to these functional demands leads to an objective aesthetic which combines technology, rules and design, but need not be adapted.

In the construction business, one quickly enters dangerous terrain. A project cannot evolve if one is guided by fear. Design without a vision of the complete building project and its risks and spectrum is not solution-oriented and hardly able to bring about a harmonious whole. It is rather our responsibility as interior designers to recognise symbioses of form and function already in the initial evaluation process and incorporate them in our work.

Fear puts the process at risk. Ease and courage promote and spur communication. According to Markus Stenger's explanation, we should therefore make our work visible, publish the process following the design in the construct phase and present it before completion: "fearless" as central theme of the work done behind the scenes for the beautiful appearance.

Our most recent project, the Box Kitchen in Munich (illustrated here), very clearly illustrated the explained process.

Stand März 2017
Adressen

Präsidium

Präsidentin

Dipl.-Ing. Vera Schmitz
Wilhelmstr. 18
46145 Oberhausen
T: 0208-63539393
F: 0208-63539392
schmitz@bdia.de

Vizepräsidentin

Dipl.-Ing. (FH) Pia Döll
Alte Falterstr. 1
65933 Frankfurt
T: 0173-8232811
innenarchitekturbuero@
doell.info

Vizepräsidentin

Dipl.-Ing. (FH) Claudia Schütz
Farrenpointstr. 5c
83026 Rosenheim
T: 08031-65621
F: 08031-63285
schuetz-bdia@t-online.de

Vizepräsidentin

Dipl.-Ing. (FH)
Sylvia Leydecker
Stammheimerstr. 113
50735 Köln
T: 0221-5708000
leydecker@bdia.de

Schatzmeister

Dipl.-Ing. (FH) Johann Haidn
Elsässer Str. 28
81667 München
T: 089-62752017
F: 089-62751209
johann.haidn@t-online.de

Adressen

Bundesgeschäftsstelle

Geschäftsführung

Constantin von Mirbach
mirbach@bdia.de

Medien und Öffentlichkeitsarbeit

Cathrin Urbanek
urbanek@bdia.de

Büroleitung und Mitgliederverwaltung

Margareta Bauer
bauer@bdia.de

Assistenz Büroleitung

Martina Schumacher
schumacher@bdia.de

Assistenz Öffentlichkeitsarbeit

Marian Kolanda
kolenda@bdia.de

Bundesgeschäftsstelle

bdia Bund Deutscher Innenarchitekten e.V.
Köpenicker Str. 48/49 Aufgang D
10179 Berlin
T: 030-64077978
F: 030-91442419
info@bdia.de
www.bdia.de

Sprechzeiten:
Mo–Do 9.00–17.00 Uhr
Fr 9.00–16.00 Uhr

Redaktionen der bdia-Publikationen

bdia Handbuch
Sylvia Leydecker

bdia Intern und bdia Nachrichten
Constantin von Mirbach

Vorsitzende der Landesverbände

Baden-Württemberg

Dipl.-Des. René Pier
Römerstr. 65
70180 Stuttgart
T: 0711-603716
F: 0711-603778
bw@bdia.de

Bremen/Niedersachsen

Dipl.-Ing. Michael Jülke
Roseneck 4
31789 Hameln
T: 05151-940785
F: 05151-940783
bremen-niedersachsen@bdia.de
niedersachsen-bremen@bdia.de

Bayern

Dipl.-Ing. Rainer Hilf
Rathausplatz 10
90403 Nürnberg
T: 0911-406801
F: 0911-402302
bayern@bdia.de

Hamburg/Schleswig-Holstein/Mecklenburg-Vorpommern

Dipl.-Ing. (FH) Andreas Nikolaus Börn
Dockenhudener Str. 12a
22587 Hamburg
T: 040-87080133
F: 040-87080156
kueste@bdia.de

Berlin/Brandenburg

Dipl.-Ing. Juliane Moldrzyk
Wassertorstr. 2
10969 Berlin
T: 030-61652852
F: 030-61653565
bb@bdia.de

Hessen

Dipl.-Ing. Monika Slomski
Zollhausstr. 4
64646 Heppenheim
T: 06252-93080
F: 06252-930880
hessen@bdia.de

Adressen

Nordrhein-Westfalen

Dipl.-Ing. (FH) Jürgen Otte
Schanzenstr. 13
46535 Dinslaken
T: 02064-777117
F: 02064-777118
nrw@bdia.de

Sachsen/Sachsen-Anhalt

Dipl.-Ing. Alexander Krippstädt
Wettiner Platz 10a
01067 Dresden
T: 0351-4188710
F: 0351-41887199
mitteldeutschland@bdia.de

Rheinland-Pfalz/Saarland

Dipl.-Des. Daniela Sachs Rollmann
Cappelallee 4
66424 Homburg
T: 06841-7030700
F: 06841-7030536
rps@bdia.de

Thüringen

Dipl.-Formgest. Jens Thasler
Marktstr. 20
99947 Bad Langensalza
T: 03603-812831
F: 03603-894096
thueringen@bdia.de

Förderkreis-Mitglieder

Agrob Buchtal GmbH
Marion Bürger
Leitung Brandmanagement
Servaisstr. 9–11
53347 Alfter
T: 0228-3911199
agrob-buchtal@deutsche-steinzeug.de
www.agrob-buchtal.de

Alape GmbH
Daniel Dorgau
Leitung Marketing
Am Gräbicht 1–9
38644 Goslar
T: 05321-558144
F: 05321-558255
ddorgau@alape.com
www.alape.com
www.my-alape.com

AT Aroma
Thomas Marquart
Sales Manager
Choriner Str. 54
10435 Berlin
T: 030-202381040
F: 030-202381042
info@at-aroma.de
www.at-aroma.de

Verlagsanstalt Alexander Koch GmbH
Uwe Schreiner
Verlagsleiter
Fasanenweg 18
70771 Leinfelden-Echterdingen
T: 0711-7591240
F: 0711-7591269
uschreiner@ait-online.de
www.ait-online.de

Verlagsanstalt Alexander Koch GmbH
Petra Stephan
Chefredaktion AIT
T: 0711-7591205
F: 0711-7591410
pstephan@ait-online.de

ANKER Gebr. Schoeller GmbH + Co. KG
Gerd Hoffe
Geschäftsführer
Zollhausstr. 112
52353 Düren
T: 02421-8040
F: 02421-804370
anker@anker-dueren.de
www.anker.eu

Baumgärtner Einrichtungen
Jürgen Baumgärtner
Geschäftsführer
Industriestr. 35
97437 Haßfurt/Main
T: 09521-94140
F: 09521-941425
info@baumgaertner.com
www.baumgaertner.com

Brillux GmbH & Co. KG
Martin Woermann
Leitung Marketing
Projektkoordination
Weseler Str. 401
48163 Münster
T: 0251-7188761
F: 0251-8178105
m.woermann@brillux.de
www.brillux.de

Camira Fabrics GmbH
Sabine Oswald
Gebietsverkaufsleiterin
Mitte, Architektur & Design
Hohenzollernstr. 2
71088 Holzgerlingen
T: 07031-96608430
mobil: 0160-96097690
sabine.oswald@camirafabrics.com
www.camirafabrics.com/de

Carpet Concept
Matthias Quinkert
Bunzlauer Str. 7
33719 Bielefeld
T: 0521-9245914
F: 0521-9245920
m.quinkert@carpet-concept.de
www.carpet-concept.de

Caparol GmbH
André Ulmer
Bereichsleiter Architektur, DAW SE
Roßdörfer Str. 50
64372 Ober-Ramstadt
T: 06154-710
mobil: 0172-1700727
andre.ulmer@daw.de
www.caparol.de

designfunktion Gesellschaft für moderne Einrichtung mbH
Petra Kinast
Leitung Marketing und Kommunikation
Leopoldstr. 121
80804 München
T: 089-306307222
mobil: 0174-9245936
F: 089-3063079222
petra.kinast@designfunktion.de
www.designfunktion.de

Design Post Köln GmbH + Co. KG
Volker Streckel
Manager
Deutz-Mülheimer Str. 22a
50679 Köln
T: 0221-690650
F: 0221-69065100
streckel@designpost.de
www.designpostkoeln.de

edelundstein GmbH
Detlef Stötzel
Sales Director
Zieglerstr. 6
33161 Hövelhof
T: 0257-9774250
mobil: 0151-63391100
F: 05257-9774251
info@edel-und-stein.com
www.edel-und-stein.com

Egger Holzwerkstoffe Brilon GmbH & Co. KG
Simone Schmidt
Im Kissen 19
59929 Brilon
T: 02961-77022261
F: 02961-77062261
simone.schmidt@egger.com
www.egger.com

Élitis GmbH
Arnaud Michon
Vertriebsleiter
Oranienstr. 161
10969 Berlin
T: 030-54978778
arnaud.michon@elitis.fr
www.elitis.fr

Forbo Flooring GmbH
Gabriele Löhr
Marketing Kommunikation D/A/CH
Steubenstr. 27
33100 Paderborn
T: 05251-1803139
F: 05251-1803313
gabriele.loehr@forbo.com
www.forbo-flooring.de

Ganter Interior GmbH
Michael Ganter
Geschäftsführer
Am Kraftwerk 4
79183 Waldkirch
T: 07681-40180
F: 07681-40184980
info@ganter-group.com
www.ganter-group.com

Georg D. W. Callwey GmbH & Co. KG
Dr. Marcella Prior-Callwey
Verlegerin
Streitfeldstr. 35
81673 München
T: 089-436005155
F: 089-436005117
info@callwey.de
www.callwey.de

Girsberger GmbH
Gilles Barascud
Ersteiner Str. 2
79346 Endingen
T: 07642-68980
F: 07642-689844
mail@girsberger.de
www.girsberger.com

Häfele GmbH & Co. KG
Udo Jungebloed
Adolf-Häfele-Str. 1
72202 Nagold
T: 07452-95290
F: 07452-95200
udo.jungebloed@haefele.de
www.haefele.de

Hansa Armaturen GmbH
Markus Schmitz
Leiter Projektgeschäft
Sigmaringer Str. 107
70567 Stuttgart
mobil: 0175-2601180
markus.schmitz@hansa.com
www.hansa.de

Hansgrohe Deutschland Vertriebs GmbH
Fabian Raus
Projektleiter Marketing
Auestr. 5–9
77761 Schiltach
T: 07836-510
F: 07836-511141
fabian.raus@hansgrohe.de
www.pro.hansgrohe.de

Heinze GmbH
Mathias Kutt
Leitung Nutzermarketing
Bremer Weg 184
29223 Celle
T: 05141-50384
F: 05141-506382
mathias.kutt@heinze.de
www.heinze.de

HEWI Heinrich Wilke GmbH
Dr. Annette Seidenberg
Marketing und Innovation
Prof.-Bier-Str. 1–5
34454 Bad Arolsen
T: 05691-82495
F: 05691-82319
info@hewi.de
www.hewi.de

Hund Möbelwerke GmbH & Co. KG
André Hund
Geschäftsführer
Schwanhäuser Str. 2
97528 Sulzdorf a. d. L.
T: 09763-919213
F: 09763-919217
sekretariat-sulzdorf@hund-moebel.de
www.hund-moebel.de

iGuzzini illumiazione Deutschland GmbH
Felix Albert
Direktor
Bunsenstr. 5
82152 Planegg
T: 089-8569880
F: 089-85698833
info@iguzzini.de
www.iguzzini.de

Adressen

Interface Deutschland GmbH
Ramona Jungton
Marketing Executive
Mies van der Rohe Business Park, Girmesgath 5
47803 Krefeld
T: 02151-371828
mobil: 0173-7054506
F: 02151-371835
ramona.jungton@interface.com
www.interface.com

Interstuhl
Carola Burrell-Mannigel
Bereichsleiterin Marketing und Kommunikation
Brühlstr. 21
72469 Meßstetten-Tieringen
T: 07436-8710
F: 07436-8710339
c.burrell@interstuhl.de
www.interstuhl.de

Invista (Deutschland) GmbH
Jo Lea Keppler
Marketing Communications Manager
Philipp-Reis-Str. 2
65795 Hattersheim/Main
T: 069-30585598
F: 069-30583588
jolea.keppler@invista.com
www.invista.com

Jab Josef Anstoetz KG
Claus Anstoetz
Geschäftsführer
Potsdamer Str. 160
33719 Bielefeld
T: 0521-2093431
F: 0521-2093293
jabobjekt@jab.de
www.jab.de

Johanson Design AB
Marcus Egerhall
Verkaufsleiter
Anders Andersons Väg 7
S 28535 Markaryd
T: +46 723-506560
mobil: DE +49 170-9278060
egerhall@johansondesign.se
www.johansondesign.se

Albrecht JUNG GmbH & Co. KG
Deniz Turgut
Head of Marketing
Volmestr. 1
58579 Schalksmühle
T: 02355-8060
F: 02355-806299
marketing@jung.de
www.jung.de

Franz Kaldewei GmbH & Co. KG
Martin Reeg
Senior Produktmanager International
Beckumer Str. 33–35
59229 Ahlen
T: 02382-7850
F: 02382-785200
martin.reeg@kaldewei.de
www.kaldewei.de

Kinnarps GmbH
David Wiechmann
Mainzer Str. 183
67547 Worms
mobil: 0163-4003188
david.wiechmann@kinnarps.de
www.kinnarps.de

König + Neurath AG
Herta Rothacker
Planungsabteilung
Industriestr. 1–3
61184 Karben
T: 06039-483126
F: 06039-483214
Herta.Rothacker@koenig-neurath.de
www.koenig-neurath.de

Konrad Hornschuch AG
Ramona Oudille
Business Manager Architect Relations
Salinenstr. 1
74679 Weißbach
T: 07947-818702
mobil: 0160-4617929
ramona.oudille@hornschuch.de
www.hornschuch.com
www.skai.com

Kusch+Co GmbH & Co. KG
Tommy Rube
Ressortleiter Marketing
Gundringhausen 5
59969 Hallenberg
T: 02984-3000
F: 02984-3004100
welcome@kusch.de
www.kusch.de

LED Profilelement GmbH
Henry Reinberger
Vertriebsleiter
Industriestr. 4
92360 Mülhausen
T: 09185-903634
mobil: 0172-3515336
F: 09185-903635
h.reinberger@ledprofilelement.com
www.ledprofilelement.de

Magis S.p.A
Pierluigi Rupolo
Via Triestina Accesso E
I 30020 Torre di Mosto (VE)
T: +39 421-319600
info@magisdesign.com
www.magisdesign.com

Merten GmbH
Joachim See
Marketing
Fritz-Kotz-Str. 8
51674 Wiehl
T: 02261-702439
F: 02261-7026439
info@merten.de
www.merten.de

Nimbus Group GmbH
Marc Engst
Marketingleiter
Sieglstr. 41
70469 Stuttgart
T: 0711-6330140
F: 0711-63301414
info@nimbus-group.com
www.nimbus-group.com

Nora Systems GmbH
Bettina Haffelder
Höhnerweg 2-4
69469 Weinheim
T: 06201-805392
F: 06201-885078
bettina.haffelder@nora.com
www.nora.com

nurus GmbH
Heike Abouchikhi
Vertriebsleitung Deutschland
Riesstr. 12
80992 München
T: 089-12223730
F: 089-122237300
heikea@nurus.com
www.nurus.com

Occhio GmbH
Markus Olesch
Head of Project, Vertriebsleitung Projektgeschäft
Wiener Platz 7 Rgb.
81667 München
T: 089-447786176
mobil: 0151-52636240
markus.olesch@occhio.de
www.occhio.de

Palette CAD
Dr. Walter Zinser
Geschäftsführer
Behlesstr. 9–13
70329 Stuttgart
T: 0711-95950
info@palettecad.com
www.palettecad.com

Schattdecor AG
Ramona Anner
Unternehmenskommunikation
Walter-Schatt-Allee 1–3
83101 Thansau
T: 08031-275188
F: 08031-2752200
r.anner@schattdecor.com
www.schattdecor.com

Schorn & Groh GmbH/ Furniere Veneers
Susanne Kuhn
Marketing/PR
Printzstr. 15–17
76139 Karlsruhe
T: 0721-962450
F: 0721-615560
marketing@sg-veneers.com
www.sg-veneers.com

Sedus Stoll AG
Ernst Holzapfel
Leiter Marketing
Brückenstr. 15
79761 Waldshut
T: 07751-84314
F: 07751-84328
ernstholzapfel@sedus.de
www.sedus.com

Sigl Licht GmbH
Klaus Sigl
Geschäftsführer-Gesellschafter
Körnerstr. 2
80469 München
T: 089-2011946
ksigl@sigllicht.de
www.sigllicht.de

Stylepark AG
Robert Volhard
Vorstand
Brönnerstr. 22
60313 Frankfurt/M.
T: 069-29722222
F: 069-29722223
info@stylepark.com
www.stylepark.com

System 360 GmbH & Co. KG
Claus Rau
Geschäftsführer
Staufenstr. 8
73095 Albershausen
T: 0172-7126777
c.rau@system360gmbh.de
www.system360gmbh.de

Tarkett Holding GmbH
Susanne Schmitt
Assistant to General Manager D/A/CH
Nachtweideweg 1–7
67227 Frankenthal
T: 06233-811210
mobil: 0178-8724073
F: 06233-811269
susanne.schmitt@tarkett.com
www.tarkett.de

TECE GmbH
Klemens Reignault
Leiter Projektmanagement Architektur und Hotellerie
Hollefeldstr. 57
48282 Emsdetten
T: 02572-928133
F: 02572-92884302
klemens.reignault@tece.de
www.tece.de

TON Deutschland Stühle und Tische GmbH
Karel Wanke
Area Sales Manager
Chausseestr. 13
10115 Berlin
T: 030-30367942
mobil: 0172-9722480
karel.wanke@ton.eu
www.ton.eu/de

Internationale Innenarchitektenverbände

V & B Fliesen GmbH
Sarah Ostheimer
Leitung Marketingkommunikation
Rotensteiner Weg
66663 Merzig
T: 06864-813211
F: 06864-811266
sarah.ostheimer@
vb-fliesen.com
www.villeroy-boch.com

V & B Fliesen GmbH
Uwe Reinking
Key Account Manager
Project Business
T: 0573-9816670
uwe.reinking@vb-fliesen.com

VD Werkstätten GmbH & Co. KG
Andreas Richter
Consulting/Key Account
Am Hasselbruch 3
32107 Bad Salzuflen
mobil: 0151-17163772
F: 05208-9577778
info@vd-werkstaetten.de
www.vd-holzinform.de

Vispring Ltd
Mindy Mondair
Communications Manager
Sotheron House – Sotheron Place
UK SW62EJ London
T: +44 1752-366311
mmondair@vispring.co.uk
www.vispring.com

Vitra GmbH
Daniela Isabel Dörmer
Architect Consulting + Sales Manager Projects
Charles-Eames-Str. 2
79576 Weil am Rhein
mobil: 0176-17020533
F: 07621-7023215
daniela.doermer@vitra.com
www.vitra.com

Wilkhahn, Wilkening+Hahne GmbH + Co. KG
Burkhard Remmers
Fritz-Hahne-Str. 8
31848 Bad Münder
T: 05042-999169
F: 05042-999130
burkhard.remmers@
wilkhahn.de
www.wilkhahn.com

windmöller flooring products WFP GmbH
Franz-Josef Tienes
Key Account Manager,
Architektur und Hospitality
Nord-West-Ring 21
32832 Augustdorf
T: 05237-6090
mobil: 0151-54447478
F: 05237-609309
franz-josef.tienes@
windmoeller.de
www.windmoeller.de

Zilenzio AB
Marcus Egerhall
Hjalmar Bergmans Väg 7
SE 70358 Örebro
T: +46 196-721700
marcus.egerhall@zilenzio.se
www.zilenzio.se

Zumtobel Lighting GmbH
Iris Kellner
Training Manager. Kunden Dialog Management
Schweizer Str. 30
AUT 6851 Dornbirn
T: +43 5572-39026889
mobil: +43 664-808923575
iris.kellner@
zumtobelgroup.com
www.zumtobel.com

ECIA
European Council of Interior Architects
info@ecia.net
www.ecia.net

IFI
International Federation of Interior Architects/Designers
staff@ifiworld.org
www.ifiworld.org

Belgien
AINB Associatie van Interieurarchitecten van Belgie
secretariaat@ainb.be
www.ainb.be

Dänemark
Design denmark
info@designdenmark.dk
www.designdenmark.dk

Estland
ESL Eesti Sisearhtektide Liit
info@esl.ee
www.esl.ee

Finnland
Teollisuustaiteen Liitto Ornamo
office@ornamo.fi
www.ornamo.fi

Frankreich
CFAI Conseil français des architectes d'interieur
cfai@cfai.fr
www.cfai.fr

Großbritannien
SBID Society of British Interior Design
admin@sbid.org
www.sbid.org

Irland
IDI Institute of Designers in Ireland
info@idi-design.ie
www.idi-design.ie

Island
FHI Félag Húsgagna Og Innanhússarketekta
fhi@fhi.is
www.fhi.is

Italien
AIPI Associazione Italiana Progettisti in Architettura d'Interni
info@aipi.it
www.aipi.it

Niederlande
BNI Beroepsvereniging van Nederlandse Interieurarchitecten
info@bni.nl
www.bni.nl

Norwegen
NIL Norske Interiorarkitekters og Mobeldesigneres Landsforening
nil@nil.no
www.nil.no

Österreich
BÖIA Bund Österreichischer Innenarchitekten
boeia@innenarchitekten.at
www.innenarchitekten.at

Polen
ZPAP Zwiazek Polskich Artystow Plastykow
biuro@zpap.pl
www.zpap.org.pl

Schweden
Sveriges Arkitekter SIR
kansli@arkitekt.se
www.arkitekt.se

Schweiz
VSI. ASAI. Vereinigung Schweizer Innenarchitekten/ArchitektInnen
info@vsi.asai.ch
www.vsi-asai.ch

Spanien
Consejo General de Colegios Oficiales de Decoradores y Diseñadores de Interior
secretaria@cgcoddi.org
www.cgcoddi.org

interstuhl

GERMAN INNOVATION

/ VINTAGE IS5
WELTNEUHEIT

GERMAN DESIGN AWARD WINNER 2017

PRODUKTDESIGN: VOLKER EYSING

INTERSTUHL.COM/VINTAGE

ENJOY SEATING PERFORMANCE.

Architektenkammern national

Bundesarchitektenkammer
info@bak.de
www.bak.de

**Architektenkammer
Baden-Württemberg**
www.akbw.de

**Bayerische
Architektenkammer**
www.byak.de

Architektenkammer Berlin
www.ak-berlin.de

**Brandenburgische
Architektenkammer**
www.ak-brandenburg.de

**Architektenkammer der
Freien Hansestadt Bremen**
www.architektenkammer-
bremen.de

**Hamburgische
Architektenkammer**
www.akhh.de

**Architekten- und Stadt-
planerkammer Hessen**
www.akh.de

**Architektenkammer
Mecklenburg-Vorpommern**
www.architektenkammer-
mv.de

**Architektenkammer
Niedersachsen**
www.aknds.de

**Architektenkammer
Nordrhein-Westfalen**
www.aknw.de

**Architektenkammer
Rheinland-Pfalz**
www.akrp.de

**Architektenkammer des
Saarlandes**
www.aksaarland.de

**Architektenkammer
Sachsen**
www.aksachsen.org

**Architektenkammer
Sachsen-Anhalt**
www.ak-lsa.de

**Architekten- und Ingenieur-
kammer Schleswig-Holstein**
www.aik-sh.de

**Architektenkammer
Thüringen**
www.architekten-
thueringen.de

Sachverständige im bdia

Dipl.-Ing. (FH) Ursula Beigler
Innenarchitektin bdia
**Sachverständige für
Honorare der Architekten
und Innenarchitekten**
Maximilianstr. 44
80538 München
T: 089-291116
F: 089-293940
beigler@beigler.de

Dipl.-Ing. Arnold Derks
Innenarchitekt bdia
**Sachverständiger für textile
Bodenbeläge (ö.b.u.v. von
der IHK Hannover)**
Im Mölm 13
31787 Hameln
T: 05151-560656
F: 03212-5606560

Grazer Str. 23
40789 Monheim
T: 02173-3927079
a.derks@web.de
www.sachverstand-derks.eu

Dipl.-Ing. (FH) Pia Döll
Innenarchitektin bdia
**Sachverständige für
Honorare der Architekten
und Innenarchitekten**
Alte Falterstr. 1
65933 Frankfurt
mobil: 0173-8232811
doell@bdia.de

Dipl.-Ing. Steffen Gebhardt
Architekt und Innenarchitekt
bdia
**Sachverständiger für
Bauschäden und Baumängel**
Rehefelder Str. 20
01127 Dresden
T: 0351-4939667
F: 0351-8584815
architektur-design-
gebhardt@arcor.de
www.bdia.org/gebhardt

Dipl.-Ing. Heinfried Hahne
Innenarchitekt bdia
**Sachverständiger für
Schall- und Wärmeschutz
(staatl. anerkannt)**
Schneidermühler Str. 35
48157 Münster
T: 0251-161556
F: 0251-1443856
hahne@muenster.de

Egon-Rudolf Haible
Architekt und Innenarchitekt
bdia
**Sachverständiger für
Innen- und raumbildenden
Ausbau, Honorare der
Architekten und Ingenieure**
Körnerstr. 9
79539 Lörrach
T: 07621-45357
haible.sv@t-online.de

**Prof. Dr.-Ing.
Siegfried Hausdorf**
Architekt und bdia Innen-
architekt
**Sachverständiger für
Schäden in Gebäuden, Be-
wertung von Innenräumen**
Rungestr. 45
01217 Dresden
T: 0351-4763322
F: 0351-4763322
prof.hausdorf@gmx.de

Dipl.-Des. Peter Haydvogel
Innenarchitekt bdia
**Sachverständiger für
raumbildenden Ausbau,
Schäden im Innenraum**
Dorfanger 19
15913 Märkischen Heide
T: 035476-659110
F: 035476-659112

Wismarer Str. 31
12207 Berlin
T: 030-6932048
F: 030-6911295
peter.haydvogel@t-online.de

Dipl.-Ing. Lothar Henze
Innenarchitekt bdia
**Sachverständiger für Schä-
den in Innenräumen sowie
Bewertungen von Innenein-
richtungen u. -ausbauten**
Basedowstr. 14
31137 Hildesheim
T: 05121-511967
F: 05121-511967
lothar.henze@
hsh-innenarchitekten.de

Fritz Jurtschat
Innenarchitekt bdia
**Sachverständiger für das
Tischlerhandwerk bei den
ö.b.u.v. von den Hand-
werkskammern Arnsberg
und Dortmund**
Elseyer Str. 10
58119 Hagen
T: 02334-95830
F: 02334-95822
post1@svjurtschat.de
www.svjurtschat.de

**Dipl.-Ing.
Andreas T.C. Krüger**
Innenarchitekt bdia
**Sachverständiger für
Honorare für Leistungen der
Architekten, Innenarchitek-
ten, Landschaftsarchitekten,
Stadtplaner und Ingenieure
(ö.b.u.v. von der Architekten-
kammer Nordrhein-Westfalen)**
Karl-Halle-Str. 33
58097 Hagen
T: 02331-86688
F: 02331-843455
archiak@t-online.de
www.archiak.de

Dipl.-Ing. Gerhard Kruse
Innenarchitekt bdia
**Sachverständiger für
Schäden an Innenräumen
und Bewertung von Innen-
räumen (ö.b.u.v. von der
Handelskammer Hamburg);
Sachverständiger für Innen-
ausbaugewerke und hand-
werklich gefertigte Möbel**
Friedensallee 14–16
22765 Hamburg
T: 040-3805954
F: 040-3892505
post@gerd-kruse.de

Rahmen-
vertragspartner

Adressen

Dipl.-Ing. Carsten Meyer
Innenarchitekt bdia
Sachverständiger für Schäden an und in Gebäuden
Hanomaghof 2
30449 Hannover
T: 0511-451636
F: 0511-2151845
sv.carstenmeyer@htp-tel.de

Dipl.-Des. Henning Rauert
Architekt und Innenarchitekt bdia
Sachverständiger für Schäden und Mängel an Innenräumen, Innenausbau, Möbel und Küchen, Bewertung von Wohnimmobilien und Innenräumen (zertifiziert BVS/BDSF)
Oelweg 13
33154 Salzkotten
T: 05258-9756907

Würmstr. 23
82319 Starnberg
T: 08151-5840

Auguststr. 82
10117 Berlin
T: 030-27592173
F: 030-27592174
henning@rauertrauert.de
www.rauertrauert.de

Dipl.-Ing. Sabina Schlegel
Architektin und Innenarchitektin bdia
Sachverständige für Schäden, Mängel und Bewertung von Innenräumen, Innenausbau und Möbel
Wallstr. 66
79761 Waldshut-Tiengen
T: 07751-7606
F: 07751-70586
sabina.schlegel@t-online.de
www.sabina-schlegel.de

Dipl.-Ing. Ingo Schmiedeknecht
Architekt
Sachverständiger für Möbel und Polstermöbel, Einbauküchen, Objekt- und Inneneinrichtungen, Innenausbau in Holz, Schäden an und Bewertungen von Innenräumen (ö.b.u.v. von der IHKs Essen, Mülheim (Ruhr), Oberhausen)
Mauritiusstr. 31
44789 Bochum
T: 0234-9372811
F: 0234-9372872
dipl-ing@ingo-schmiedeknecht.de
www.ingo-schmiedeknecht.de

Dipl.-Ing. Vera Schmitz
Innenarchitektin bdia und Architektin
Sachverständige für barrierefreies Planen und Bauen
Wilhelmstr. 18
46145 Oberhausen
T: 0208-63539393
F: 0208-63539392
mail@efficientia.de
www.efficientia.de

Dipl.-Ing. Heinz Jürgen Schneider
Innenarchitekt bdia
Sachverständiger für Schäden und Bewertung von Innenräumen (ö.b.u.v. von der IHK Bonn/Rhein-Sieg); Innenausbau und Möbel; Versicherungsschäden an Innenräumen u. Betriebseinrichtungen gem. Bestellungsgebiet; Baumediator (HDT)
Mittelstr. 4
53783 Eitorf
T: 02243-912955
F: 02243-912956
info@ia-schneider.de

Dipl.-Ing. Ursula Stengle
Innenarchitektin bdia
Sachverständige für Schäden an und Bewertung von Innenräumen (ö.b.u.v. von der IHK Köln); Innenausbaugewerke und handwerklich gefertigte Möbel; Sachverständige für Schimmelpilzerkennung, -bewertung und -sanierung (TÜV)
Josef-Bayer-Str. 12
50733 Köln
T: 0221-7201430
F: 0221-7200725
info@sachverstaendige-innenraum.de
www.sachverstaendige-innenraum.de

Dipl.-Ing. Hanne Thiebes
Sachverständige für Schäden an und Bewertung von Innenräumen (ö.b.u.v. von der IHK Bonn/Rhein-Sieg); Sachverständige für Innenausbaugewerke und Einbaumöbel; Sachverständige für Schimmelpilzerkennung, -bewertung und -sanierung (TÜV)
Hospitalstr. 30
53840 Troisdorf
T: 02241-806082
F: 02241-881320
info@hanne-thiebes.de
mail@gutachten-innenraum.de
www.hanne-thiebes.de
www.gutachten-innenraum.de

Dipl.-Ing. Andreas Wirths
Innenarchitekt bdia
Sachverständiger für Schall- und Wärmeschutz (staatl. anerkannt)
Mühlenweg 1
51597 Morsbach
T: 02294-90255

Wismarer Str. 31
12207 Berlin
T: 030-6932048
F: 030-6911295
info@wirths-architekten.de
www.wirths-architekten.de

AIA AG
Sabine Neugebauer
Kaistr. 13
40221 Düsseldorf
T: 0211-4936524
sabine.neugebauer@aia.de

Allianz Generalvertretung Knauber & Kömen GbR
Niko Kömen
Blumestr. 17
73728 Esslingen
T: 0711-3180051
niko.koemen@allianz.de

Anwaltspartnerschaft v. Appen, Prof. Dr. Fischer, Schonebeck
Prof. Dr. Peter Fischer
An der Kolckwiese 6
26133 Oldenburg
T: 0441-926750
peter.fischer@rae-vonappen.de

DKV Deutsche Krankenversicherung AG
Jürgen Marquardt
Aachener Str. 300
50933 Köln
T: 0221-5785039
juergen.marquardt@dkv.com

VhV Versicherungen
Michael Kolligs
Ottoplatz 6
50679 Köln
T: 0221-2070292
mkolligs@vhv.de

Mitgliederadressen

Im folgenden Mitgliederverzeichnis sind ausschließlich Mitglieder aufgeführt, die der Veröffentlichung ihrer Daten zugestimmt haben. Dem bdia gehören darüber hinaus weitere Mitglieder an, die hier nicht genannt sind.

Stand März 2017

nach

Regionen

Ehrenmitglieder

Ehrenpräsident

Hilf, Rainer
Dipl.-Ing. Innenarchitekt bdia
Rathausplatz 10
90403 Nürnberg
T: 0911-406801
F: 0911-402302
rh@rhilf.de

Ehrenmitglieder

Garenfeld, Günter
Dipl.-Des. Architekt
Innenarchitekt bdia
Schellingstr. 21
97074 Würzburg
T: 0931-72019
F: 0931-886922
guenter@architekt-garenfeld.de

Görge, Klaus-Peter
Prof. Innenarchitekt bdia
Diestedder Str. 18
59302 Oelde
T: 02520-396
F: 02520-8091
klaus.goerge@gmx.de

Graeber, Ulrich
Prof. Innenarchitekt bdia
Lassallestr. 20
67663 Kaiserslautern
T: 0631-23745
F: 0631-3728399
ulrich@graeber.de

Haible, Egon-Rudolf
Innenarchitekt bdia
Körnerstr. 9
79539 Lörrach
T: 07621-45357
F: 07621-18867
haible.sv@t-online.de

Hausdorf, Siegfried
Prof. Dr. Ing. habil.
Innenarchitekt bdia
Innenarchitekt+Architekt
Rungestr. 45
01217 Dresden
T: 0351-4763322
F: 0351-4763322
prof.hausdorf@gmx.de

Hembach, Alois
Dipl.-Des.
Auf dem Forst 2a
52375 Leverkusen
T: 0214-31609409
a-hembach@web.de

Hilf, Rainer
Dipl.-Ing. Innenarchitekt bdia
Rathausplatz 10
90403 Nürnberg
T: 0911-406801
F: 0911-402302
rh@rhilf.de

Hultsch, Peter
Dipl.-Des.
Innenarchitekt bdia
Borngassse 64
51469 Bergisch Gladbach
T: 02202-52206
F: 02202-52206
iphultsch@t-online.de

Kehr, Jutta
Dipl.-Des. (FH)
Innenarchitektin bdia
Architekturbüro Jutta Kehr
Barbarossahof 5
99092 Erfurt
T: 0361-5418800
F: 0361-5418799
architektur@jutta-kehr.de

Konrad, Gerhard
Prof. Innenarchitekt bdia
Morlauterer Str. 15
67657 Kaiserslautern
T: 0631-70896
F: 0631-73375

Maier, Ursula
Innenarchitektin bdia
Gutbrodstr. 97
70193 Stuttgart
T: 0711-7544200
umaier@ursula-maier.de

Mayer, Wolfgang
Dipl.-Ing. Architekt u. Innenarchitekt bdia
msm – Architekturplanung
Stafflenbergstr. 26
70184 Stuttgart
T: 0711-245665
F: 0711-2369241
msmmayer@aol.com

Mutschmann, Karl Heinz
Dipl.-Des.
Innenarchitekt bdia
Ehm-Welk-Str. 28
18209 Bad Doberan
T: 038203-12155

Schwarzkopf, Birgit
Dipl.-Ing., Dipl.-Wirt.Ing.
Innenarchitektin bdia
Schwarzkopf Innenarchitektur
Annastr. 31
40477 Düsseldorf
T: 0211-490739
F: 0211-4981075
mail@schwarzkopf-innenarchitektur.de

Trucks, Peter
Dipl.-Ing., Dipl.-Des.
Innenarchitekt bdia
Architekturbüro Trucks
Baseler Str. 171a
12205 Berlin
T: 030-8174534
F: 030-8179616
trucks.berlin@web.de

Wagner, Kurt
Prof. Innenarchitekt bdia
Innenarchitekturbüro
Bockstalstr. 92
76307 Karlsbad
T: 07202-941620
F: 07202-941621
prof.k.wagner@gmx.de

Wendisch, Karlheinz
Dr. Dipl.-Arch.
Innenarchitekt bdia
Am Goldmannpark 12
12587 Berlin
T: 030-64488319/20
F: 030-64488321
dr.k.wendisch@t-online.de

MILÁ+OFFICINA

Milá, armchair - design Jaime Hayón
Officina, table - design Ronan & Erwan Bouroullec

www.magisdesign.com

Baden-Württemberg

Vorsitzender

Pier, René
Dipl.-Des.
Innenarchitekt bdia
Römerstr. 65
70180 Stuttgart
T: 0711-603716
lvbdiabw@sp-id.de
bw@bdia.de
www.sp-id.de

StellvertreterInnen

Mayer, Wolfgang
Dipl.-Ing., Dipl. Wirt.-Ing. Architekt + Innenarchitekt bdia
Stafflenbergstr. 26
70184 Stuttgart
T: 0711-245665
F: 0711-2369241
msmmayer@aol.com
www.msmarchitekten.de

Mitschele-Mörmann, Sylvia
Dipl.-Des.
Innenarchitektin bdia
Illertstr. 5
76593 Gernsbach
T: 07224-5545
F: 07224-67420
innenarchitektur-smm@t-online.de
www.innenarchitektur-smm.de

Kassenführer

Negele, Eberhard
Dipl.-Ing. (FH)
Innenarchitekt bdia
Waiblinger Str. 19
71404 Korb
T: 07151-35738
F: 07151-35759
kontakt@negele-innenarchitekten.de

InnenarchitektInnen bdia, freischaffend

Adam-Schmidtke, Kerstin
Dipl.-Des.
Innenarchitektin bdia
Heimigstr. 6
75217 Birkenfeld
T: 07231-2989270
F: 07231-2989273
innenarchitektin@adam-schmidtke.de
www.adam-schmidtke.de

Arens, Klaus
Innenarchitekt bdia
Neckarhauser Str. 31
72160 Horb
T: 07482-258

Ballmann, Luise
Dipl.-Des. (FH)
Innenarchitektin bdia
Innenarchitektur + Design
Lerchenweg 33
97990 Weikersheim
T: 07934-993861
F: 07934-993862
luisa@ballmann-innenarchitekt.de
www.ballmann-innenarchitekt.de

Balthasar, Kerstin
Dipl.-Ing. (FH)
Innenarchitektin bdia
Innere Architektur
Wilhelmstr. 2
79312 Emmendingen
T: 07641-9596670
F: 07641-9596670
info@innere-architektur.de
www.innere-architektur.de

Banzhaf, Brigitte
Innenarchitektin bdia
Hohe Str. 4
89547 Gerstetten
T: 07323-7674
F: 07323-3150
info@banzhaf-innenarchitektur.de
www.banzhaf-innenarchitektur.de

Becker, Felix
Dipl.-Ing. (FH)
Innenarchitekt bdia
studio 211
Mörikestr. 67
70199 Stuttgart
T: 0711-96666211
fb@studio-211.de
www.studio-211.de

Berger, Bernd
Dipl.-Des.
Innenarchitekt bdia
A.I.D. INNENARCHITEKTUR
Leobener Str. 82
70469 Stuttgart
T: 0711-896641-0
F: 0711-896641-17
info@aid-stuttgart.de
www.aid-stuttgart.de

Beyer, Hans-Jörgen
Dipl.-Ing. Architekt u. Innenarchitekt bdia
Taläcker 52
72108 Rottenburg
T: 07472-42123
F: 07472-42848
beyerdesign@gmx.de

Billharz, Irene
Dipl.-Ing. (FH)
Innenarchitektin bdia
Mahlbergerstr. 2
77955 Ettenheim
T: 07822-440452
F: 07822-440453
bi@billharz-innenarchitektin.de
www.billharz-innenarchitektin.de

Briegel, Armin
Dipl.-Ing. Innenarchitekt bdia
Willatz 1
88260 Argenbühl
T: 07566-941203
F: 07566-941205
mail@briegel.info
www.briegel.info

Butzinger, Jannet
Bachelor of Arts (B.A.)
Innenarchitektin bdia
Luisenstr. 10
69151 Neckargemünd
mobil: 0173-3423970
F: 06223-8660013
jannetbutzinger@mac.com

de Wall, Angelika Patricia
Dipl.-Ing.
Innenarchitektin bdia
Innenarchitekturbüro de Wall
Nibelungenstr. 39
75179 Pforzheim
T: 07231-101608
F: 07231-105830
info@innenarchitektur-dewall.de
www.innenarchitektur-dewall.de

Dietsche, Rainer
Dipl.-Ing. Innenarchitekt bdia
Felsenstr. 1
79677 Wembach
T: 07673-911410
F: 07673-911413
dietsche.wembach@t-online.de

Dinger, Anne-Katrin
Dipl.-Ing. (FH)
Innenarchitektin bdia
Schulstr. 1b
77815 Bühl
T: 07223-8003825
info@zm-ia.de
www.zm-ia.de

Falkenhayner, Detlef
Innenarchitekt bdia
Simanowitzweg 2
71729 Erdmannhausen
T: 07141-2982682
F: 07141-2982683
info@falkenhayner.de
www.falkenhayner.de

Fink, Dieter
Dipl.-Ing. Innenarchitekt bdia
Mörikestr. 20
71711 Steinheim
T: 07144-2758
F: 07144-21674

Fischer, Asuman
Dipl.-Ing.
Innenarchitektin bdia
Innenarchitekturbüro Fischer
Leopoldstr. 32
75223 Niefern-Öschelbronn
T: 07233-973617
F: 07233-973618
info@innenarchitektur-fischer.de
www.innenarchitektur-fischer.de

Fleckenstein, Julia
Bachelor of Arts (B.A.)
Innenarchitektin bdia
julia weigle interior
Murrstr. 4
70806 Kornwestheim
kontakt@jw-interior.de

Freimuth, Matthias
Dipl.-Ing. (FH)
Innenarchitekt bdia
Freimuth-Innenarchitektur
Wörthstr. 49
72764 Reutlingen
mf@freimuth-innenarchitektur.de

Friedrich, Thorsten
Dipl.-Des. Architekt
Innenarchitekt bdia
Am Mantel 1
76646 Bruchsal
T: 07251-9310960
F: 07251-9310969
info@friedrich-architekt.de
www.friedrich-architekt.de

Fuchs-Keck, Anke
Dipl.-Ing. Architektin
Innenarchitektin bdia
Atelier 77
Kochmühle
76275 Ettlingen
T: 07243-67189
F: 07243-68766
info@atelier77.de

Gärtner, Christine
Dipl.-Ing. (FH)
Innenarchitektin bdia
Unterer Fauler Pelz 2
69117 Heidelberg
gaertnerc@hotmail.com

Gasser, Susanne
Dipl.-Ing. (FH)
Innenarchitektin bdia
Hospitalstr. 27
70174 Stuttgart
mobil: 0171-2355987
F: 0711-24892233
mail@susannegasser.de
www.susannegasser.de

Geitner, Michael
Innenarchitekt bdia
Münstertäler Str. 31
79219 Staufen
T: 07633-5413

Mitglieder bdia

Goebel, Klaus-Peter
Prof. Dipl.-Ing.
Innenarchitekt bdia
Hauptmannsreute 23
70192 Stuttgart
T: 0711-24897130
F: 0711-24897144
prof2@goebel-ia.com

Haible, Egon-Rudolf
Innenarchitekt bdia
Körnerstr. 9
79539 Lörrach
T: 07621-45357
F: 07621-18867
haible.sv@t-online.de

Henn, Susanne
Dipl.-Ing.
Innenarchitektin bdia
Panoramastr. 36
73614 Schorndorf
T: 07181-4820774
F: 07181-4820775
maier.henn@me.com

Holl, Günter
Dipl.-Des.
Innenarchitekt bdia
Planungsbüro Holl
Seestr. 25
74379 Ingersheim
T: 07142-51034
guenter.holl@t-online.de

Jansen, Marco
Dipl.-Ing. (FH)
Innenarchitekt bdia
Turmstr. 22
79593 Lörrach
T: 07621-9161212
F: 07621-9161213
info@mja-
innenarchitektur.de

Kassel, Rudi
Dipl.-Ing. Innenarchitekt bdia
Herzog, Kassel u. Partner
Kaiserallee 32
76185 Karlsruhe
T: 0721-8314250
F: 0721-83142520
kassel@herzog-kassel.de
www.herzog-kassel.de

Kleis, Carla
Dipl.-Des.
Innenarchitektin bdia
Schmiga + Kleis Innenarchitektinnen
Lange Str. 66
76530 Baden-Baden
T: 07221-38774
F: 07221-281162
info@schmiga-kleis.de
www.schmiga-kleis.de

Knappe, Manfred
Dipl.-Ing. Innenarchitekt bdia
KNAPPE Innenarchitekten
Wildermuthstr. 19
71672 Marbach
T: 07144-15843
F: 07144-15719
info@knappe-
innenarchitekten.de
www.knappe-
innenarchitekten.de

Knörr, Ulrike
Innenarchitektin bdia
Waldstr. 15
69168 Wiesloch
T: 06222-1437
F: 06222-59885

Köberle, Isabella
Dipl.-Ing., M. eng. Innenarchitektin bdia
Köberle good-living-energy
Doggenburgstr. 11
70193 Stuttgart
T: 0700-10888999
isabella@koeberle.cc
www.koeberle.cc

Koch, Martin
Dipl.-Ing. Innenarchitekt bdia
Hasenbergsteige 4
70178 Stuttgart
T: 0711-6201435
F: 0711-610468
mkinnenarchitekt@
t-online.de

Krehl, Ivonne
Dipl.-Ing.
Innenarchitektin bdia
KREATION KREHL
Eberhardstr. 27
71634 Ludwigsburg
T: 07141-5053835
F: 07141-2423168
mail@kreationkrehl.de
www.kreationkrehl.de

Lopes, Kristina
Dipl. Wirt.-Ing. (FH)
Innenarchitektin bdia
Hauptmannsreute 69
70193 Stuttgart
T: 0711-24839190
F: 0711-248391999
kristina.lopes@
raiserlopes.com
www.raiserlopes.com

Maden, Heinz-Werner
Innenarchitekt bdia
Heerstr. 88
70563 Stuttgart
T: 0711-6876847
F: 0711-6204959
mickey.maden@
googlemail.com

Maier, Ursula
Innenarchitektin bdia
Gutbrodstr. 97
70193 Stuttgart
T: 0711-7544200
um@sarahmaier.de
www.maiermaier.de

Mall, Wolfgang
Innenarchitekt bdia
Burghaldenweg 32
70469 Stuttgart
T: 0711-525598
F: 0711-5282541

Markus-Diedenhofen, Cornelia
Dipl.-Ing.
Innenarchitektin bdia
Bismarckstr. 95
72764 Reutlingen
T: 07121-144990
F: 07121-1449920

Marquardt, Margrit
Dipl.-Ing.
Innenarchitektin bdia
Im Wöhrden 5
78532 Tuttlingen
T: 07461-9101888
F: 07461-9101889
mail@margritmarquardt.de
www.margritmarquardt.de

Mayer, Wolfgang
Dipl.-Ing. Architekt u. Innenarchitekt bdia
msm - Architekturplanung
Stafflenbergstr. 26
70184 Stuttgart
T: 0711-245665
F: 0711-2369241
msmmayer@aol.com
www.msmarchitekten.de

Metzelt, Bernd
Innenarchitekt bdia
Konviktstr. 37
79098 Freiburg
T: 0761-26190
F: 0761-280037
info@metzelt.de
www.metzelt.de

Mitschele-Mörmann, Sylvia
Dipl.-Des.
Innenarchitektin bdia
Planungsbüro für Architektur-Raum-Design
Illertstr. 5
76593 Gernsbach
T: 07224-5545
F: 07224-67420
innenarchitektur-smm@
t-online.de
www.innenarchitektur-
smm.de

Münzing, Wolfgang
Innenarchitekt bdia
Neubrunnenstr. 23
74223 Flein
T: 07131-2049480
F: 07131-20494848
info@wolfgang-muenzing.de
www.wolfgang-muenzing.de

Negele, Eberhard
Dipl.-Ing. (FH)
Innenarchitekt bdia
Waiblinger Str. 19
71404 Korb
T: 07151-35738
F: 07151-35759
kontakt@negele-
innenarchitekten.de

Nicolay, Birgit
Dipl.-Ing. (FH)
Innenarchitektin bdia
Fuchseckstr. 7
70188 Stuttgart
T: 0711-9454440
F: 0711-94544494
info@nicolay-design.com
www.nicolay-design.com

Nummer, Ralf
Dipl.-Ing. Innenarchitekt bdia
Planungsbüro f. Innenarchitektur/Hochbau
Postfach 1271
71502 Backnang
T: 07191-4986392
F: 07191-4986394
ralf.nummer@arcor.de

Otteni, Bettina
Dipl.-Ing.
Innenarchitektin bdia
Bisch.Otteni Architekten
Moltkestr. 75a
76133 Karlsruhe
T: 0721-9153952
F: 0721-915395230
otteni@bo-plan.de
www.bo-plan.de

Pangerl, Anja
Dipl.-Ing. (FH)
Innenarchitektin bdia
blocher partners GbR
Herdweg 19
70174 Stuttgart
T: 0711-224820
F: 0711-2248220
anja.pangerl@
blocherpartners.com
www.blocherpartners.com

Partsch-Vogel, Stefanie
Dipl.-Ing. (FH)
Innenarchitektin bdia
Hagäckerstr. 4
71093 Weil im Schönbuch
T: 07031-721917
F: 07031-721966
stefanie.partsch@
raumprinzip.de
www.raumprinzip.de

Paul, Wolfgang
Des. grad. Innenarchitekt bdia
PAUL + PAUL ARCHITEKTEN
Egartenhof 4/1
74343 Sachsenheim
T: 07142-99373300
F: 07142-99373350
wolfgang.paul@
pp-architekten.de
www.pp-architekten.de

Baden-Württemberg

Pier, René Damian
Dipl.-Des. (FH)
Innenarchitekt bdia
schienbein + pier interior architecture
Römerstr. 65
70180 Stuttgart
T: 0711-603716
F: 0711-603778
sp-id@t-online.de

Reichwald, Peter
Innenarchitekt bdia
Reichwald Architekten
Katzensteigle 2
74547 Untermünkheim
T: 0791-72782
F: 0791-84457
p.reichwald@reichwald-architekten.de
www.reichwald-architekten.de

Reim, Helmut
Innenarchitekt bdia
reim planung + design
Austr. 21
72622 Nürtingen
T: 07022-261060
F: 07022-261285
reim-planung@t-online.de
www.reim-planung.de

Riederle, Erwin
Dipl.-Ing. (FH)
Innenarchitekt bdia
Freier Architekt
Kirschenweg 11
88677 Markdorf
T: 07544-966509
F: 07544-966513
architekt@riederle.com
www.architekt-riederle.de

Rohde, Peter
Dipl.-Ing. Innenarchitekt bdia
Rohde Innenarchitektur
Alter Wall 6
78467 Konstanz
T: 07531-3613193
F: 07531-3613194
mail@rohde-innenarchitektur.de
www.rohde-innenarchitektur.de

Rothacker, Horst
Innenarchitekt bdia
Innenarchitekturbüro Rothacker
St. Anna-Gärten 34/3
71717 Beilstein
T: 07062-9278870
F: 07062-9278877
h.rothacker@teleson-mail.de

Schieber, Eugen
Dipl.-Ing. Innenarchitekt bdia
Wilhelm-Nagel-Weg 27
73441 Bopfingen
T: 07362-4004
F: 07362-5770
eugen.schieber@schieber-werkstaetten.de

Schienbein, Claudia
Dipl.-Des. (FH)
Innenarchitektin bdia
schienbein + pier interior architecture
Römerstr. 65
70180 Stuttgart
T: 0711-603716
mail@sp-id.de
www.sp-id.de

Schlegel, Sabina
Dipl.-Ing. Architektin
Innenarchitektin bdia
Wallstr. 66
79761 Waldshut-Tiengen
T: 07751-7606
F: 07751-70586
sabina.schlegel@t-online.de
www.sabina-schlegel.de

Schmiga, Susanne
Dipl.-Ing.
Innenarchitektin bdia
Schmiga+Kleis Innenarchitektinnen
Lange Str. 66
76530 Baden-Baden
T: 07221-38774
F: 07221-281162
info@schmiga-kleis.de
www.schmiga-kleis.de

Schmith, Gerd
Dipl.-Ing. Innenarchitekt bdia
Energieberater
Lindenstr. 5
69181 Leimen
T: 06226-990657
F: 06226-990658
schmith@t-online.de

Schnur, Harald
Dipl.-Des.
Innenarchitekt bdia
Freihofstr. 21
70439 Stuttgart
T: 0711-803886
F: 0711-803887
harald.schnur@balneo-design.de
www.balneo-design.de

Schricker, Rudolf
Prof. Dipl.-Ing.
Innenarchitekt bdia
Planungsatelier Prof. Schricker
Lauterburgstr. 7
70469 Stuttgart
T: 0711-817153
F: 0711-8179986
info@schricker.de
www.innenarchitektur-schricker.de

Steiert, Karl
Innenarchitekt bdia
Rebstuhlweg 27
79232 March
T: 07665-400579
F: 07665-400579

Stiletto, Birgit
Dipl.-Ing. (FH)
Innenarchitektin bdia
Stiletto Innenarchitektur
Turnhallestr. 49
72250 Freudenstadt
T: 07441-905502
F: 07441-905502
info@birgit-stiletto.de
www.birgit-stiletto.de

Stöhr, Horst
Dipl.-Ing. (FH)
Innenarchitekt bdia
Emer-Team + Partner
Jakob-Bleyer-Weg 1
71522 Backnang
T: 07191-912880
F: 07191-912881
info@emer-team.de
www.emer-team.de

Stoz, Michael
Dipl.-Ing. Innenarchitekt bdia
PART.ner AG
Wilhelm-Bauer-Str. 14
77652 Offenburg
T: 0781-9193660
F: 0781-9193670
info@partner-AG.de
www.partner-AG.de

Strübing, Karin
Dipl.-Ing. (FH)
Innenarchitektin bdia
Strübing Innenarchitektur, Architektin
Königstr. 11
89077 Ulm
T: 0731-37499000
info@struebing-innenarchitektur.de
www.struebing-innenarchitektur.de

Thalmeier, Jürgen
Dipl.-Ing. (FH)
Innenarchitekt bdia
Architekturbüro Thalmeier
Neefstr. 24
70184 Stuttgart
T: 0711-2348946
F: 0711-2348947
info@architektur-thalmeier.de
www.architektur-thalmeier.de

Theurer-Haible, Heidi
Innenarchitektin bdia
Körnerstr. 9
79539 Lörrach
T: 07621-45357
F: 07621-18867

Thoma, Monika
Dipl.-Ing.
Innenarchitektin bdia
Hildastr. 59
79102 Freiburg
T: 0761-706450
F: 0761-706400
mail@mothoma.de
www.mothoma.de

Thomas, Saskia
Dipl.-Ing. (FH)
Innenarchitektin bdia
human . touch . interiors
Schlesierstr. 30
76275 Ettlingen
info@human-touch-interiors.de
www.human-touch-interiors.de

Thull, Gabriele
Dipl.-Des. (FH)
Innenarchitektin bdia
Auheckenstr. 6
75443 Ötisheim
T: 07041-84335
F: 07041-84870
innenarchitektur.thull@t-online.de
www.innenarchitektur-thull.de

Tomkowitz, Sabrina
Dipl.-Ing. (FH)
Innenarchitektin bdia
Innenarchitektur - Bis ins Detail
Erlenbachstr. 20
75248 Ölbronn-Dürrn
sabrina@tomkowitz-innenarchitektur.de
www.tomkowitz-innenarchitektur.de

von der Linde, Christiane
Dipl.-Des. (FH)
Innenarchitektin bdia
Bunsenstr. 8
69115 Heidelberg
T: 06221-160807
F: 06221-654732
innenarchitektur@vderlinde.de
www.innenarchitektur-vder-linde.de

Wagner, Kurt
Prof. Innenarchitekt bdia
Bockstalstr. 92
76307 Karlsbad
T: 07202-941620
F: 07202-941621
prof.k.wagner@gmx.de

Weber, Hartmut
Dipl.-Ing. Innenarchitekt bdia
inartweb_planungsbüro für raumGestaltung
Sommerrain 14
72631 Aichtal
T: 07127-953410
F: 07127-953412
info@inartweb.de
www.inartweb.de

Mitglieder bdia

Weiss, Christine
Dipl.-Ing.
Innenarchitektin bdia
Griethweg 15
69198 Schriesheim
T: 06203-961340
F: 06203-961339
christineweiss@t-online.de

Wiedemann, Diana
Dipl.-Des. (FH), Dipl.-Ing. (FH)
Innenarchitektin bdia
Grundmann+Wiedemann,
Architekten I Innen
Sandstr. 4
79104 Freiburg
T: 0761-5031415
F: 0761-5031421
info@g-w-design.de
www.grundmann-
wiedemann.de

Wituschek, Melanie
Dipl.-Ing. (FH)
Innenarchitektin bdia
Weller & Wituschek
PartGmbB
Fangelsbachstr. 25
70180 Stuttgart
T: 0711-67445744
wituschek@novaa.de

Zierlinger, Ute
Dipl.-Ing. (FH)
Innenarchitektin bdia
Zierlinger Innenarchitektur
Mozartstr. 19
71065 Sindelfingen
T: 07031-4638990
F: 07031-4638989
u.zierlinger@t-online.de
www.innenarchitektur-
zierlinger.jimdo.com

InnenarchitektInnen
bdia, angestellt

Beer, Christoph
Dipl.-Ing. (FH)
Innenarchitekt bdia
Barbara-Kayser-Str. 1
70825 Korntal-Münchingen
bdia@christophbeer.de
www.christophbeer.de

Blocher, Jutta
Dipl.-Ing. (FH)
Innenarchitektin bdia
blocher partners GbR
Herdweg 19
70174 Stuttgart
T: 0711-224820
F: 0711-2248220
jutta.blocher@
blocherpartners.com
www.blocherpartners.com

Buck, Kirsten
Dipl.-Ing. (FH)
Innenarchitektin bdia
Unteregg 1
88239 Wangen
T: 07506-951450
F: 07506-951470
kirsten.buck@t-online.de
www.kirstenbuck.de

Diez, Jochen
Dipl.-Des.
Innenarchitekt bdia
Baetzenerstr. 127
75323 Bad Wildbad
T: 07081-8046
F: 07081-955620
diez-gestaltung@t-online.de

Dörr, Günter
Dipl.-Ing. Innenarchitekt
bdia
INNENARCHITEKTUR + VI-
SUALISIERUNG
Wiesenstr. 9
74746 Höpfingen
T: 06283-226200
F: 09341-927811
guenter.doerr@a-con-ag.de
www.a-con-ag.de

Fellendorf, Susanne
Dipl.-Ing.
Innenarchitektin bdia
Löwengasse 10
76456 Kuppenheim
T: 07222-9020810
s.fellendorf@web.de

Gleßner, Patrick
Dipl.-Des.
Innenarchitekt bdia
Schnaiter Str. 28
73630 Remshalden
T: 07151-74327

Günter, Kerstin
Dipl.-Ing. (FH)
Innenarchitektin bdia
Pfaffenweg 11a
70180 Stuttgart
T: 0711-6074462
F: 0711-6744488
kerstin_guenter@gmx.net

Guttropf, Jochen
Dipl.-Ing. (FH)
Innenarchitekt bdia
Salbeiweg 8
74572 Blaufelden
T: 07958-2939978
jusguttropf@web.de

Haase, Markward
Dipl.-Ing. Innenarchitekt bdia
Lortzingstr. 10
73660 Urbach
T: 07181-87787

Hofmann, Hanns-Christian
Dipl.-Ing. (FH), Dipl.Des.
Innenarchitekt bdia
Hirschstr. 1
76133 Karlsruhe
h-c-h@web.de
www.hch-id.com

Horn, Mo
Dipl.-Ing.
Innenarchitektin bdia
Im Wengert 6
71229 Leonberg
mo.horn@gmx.de

Klapper, Barbara
Dipl.-Ing. (FH)
Innenarchitektin bdia
Am Trenschelbuck 18
79853 Lenzkirch
T: 07653-964739
F: 07653-960616
b.klapper@klapper-moebel.de

Kremser, Jana
Dipl.-Ing. (FH)
Innenarchitektin bdia
Am Neufeld 64
71570 Oppenweiler
T: 07191-342243
F: 07191-342252

Ludwig, Monika
Dipl.-Ing.
Innenarchitektin bdia
Am Wurmberg 15
74736 Hardheim
T: 09345-672511
F: 09345-6729511
ludwig.moni@t-online.de

Paar, Ramona
Dipl.-Des. (FH)
Innenarchitektin bdia
Montereau-Allee 2
74731 Walldürn
T: 06282-6005
F: 06282-6007
ramona.paar@
architekt-paar.de

Piotrowski, Robert
M.Arch., Innenarch.
Innenarchitekt bdia
Iglauer Str. 13
74722 Buchen
T: 06281-565654
pio@ecker-architekten.de
www.ecker-architekten.de

Pollert-Mayer, Sibylle
Dipl.-Ing.
Innenarchitektin bdia
msm Architekten
Stafflenbergstr. 26
70184 Stuttgart
T: 0711-245665
F: 0711-2369241
spmayer@aol.com
www.msmarchitekten.de

Schaich, Bärbel
Dipl.-Ing. (FH)
Innenarchitektin bdia
SCHAICH/innenarchitektur
Neue Weinsteige 12b
70180 Stuttgart
T: 0711-6071521
info@schaich-
innenarchitektur.de
www.schaich-
innenarchitektur.de

Schneble, Arnold
Dipl.-Des. (FH)
Innenarchitekt bdia
Westendstr. 10/1
77933 Lahr
T: 07825-864800
as.123@t-online.de

Schulz, Kersten Fritz Walter
Dipl.-Des.
Innenarchitekt bdia
Maria-Föhrenbach-Str. 1
79111 Freiburg
T: 0761-3196913
kerstenschulz@hotmail.com

Weber, Patricia Christine
Dipl.-Des.
Innenarchitektin bdia
Mönchhaldenstr. 5b
70191 Stuttgart
patchris.web@web.de

Zalfen, Elmar-Maria
Dipl.-Des.
Innenarchitekt bdia
Architekt
Staufenerstr. 7a
79294 Sölden
T: 0761-402587
elmar.zalfen@t-online.de

freischaffend

Auth, Thomas
Dipl.-Ing. (FH)
Mönchgasse 1
69117 Heidelberg
T: 06221-6543440
F: 06221-6543441
auth.heidelberg@t-online.de

Bischoff, Christian
Dipl.-Ing.
Innenarchitektur und Design
Schützenstr. 13
70182 Stuttgart
T: 0711-3000300
F: 0711-3000302
mail@c-bischoff.com
www.c-bischoff.com

Bross, Manuela
Dipl.-Ing. (FH)
Guendlingerstr. 15
79241 Ihringen
moebelmb@gmx.de

Baden-Württemberg

Erbas, Lütfiye
Dipl.-Ing. (FH)
Roomotion-Atelier für
Raumarchitektur
Schlegelstr. 17
74074 Heilbronn
T: 07131-6498054
F: 07131-6498056
info@roomotion.de
www.roomotion.de

Fischer, Carolin
Bachelor of Arts (B.A.)
Sturmfederstr. 25
74388 Talheim
T: 0345-4782378
carofischer@googlemail.com
www.carolinfischer.com

Hanak, Sonja
Master of Arts (M.A.)
Königsberger Str. 13
74731 Walldürn
T: 06282-8146
sonja_hanak@t-online.de

Hasse, Julia
Dipl.-Ing. (FH)
Am Heidengraben 12
79199 Kirchzarten
T: 07661-989192
info@raumbildnerei.de
www.raumbildnerei.de

Hermann, Fabian
Bachelor of Arts (B.A.)
Rommentaler Str. 27
73114 Schlat
fabian_hermann@web.de

Jäger, Roland
Dipl.-Ing.
Rimsinger Weg 9
79111 Freiburg
T: 0761-491410
F: 0761-484665
jaeger@moebel-nach-mass.de
www.moebel-nach-mass.de

Kim, Un Joo
Dr.-Ing.
Katharinenstr. 4
70182 Stuttgart
baudenkmal@gmail.com

Kirchgeßner, Ann-Catrin
Dipl.-Ing. (FH)
Kapfenweiher 2
68549 Ilvesheim
T: 0621-97830409
info@planungsbuero-
kirchgessner.de
www.planungsbuero-
kirchgessner.de

Knoll, Bettina
Dipl.-Ing.
KNOLL Raumkonzepte +
Office Consult
Kernerstr. 1
71726 Benningen
T: 07144-8972390
theklaknoll@gmx.net

Köhler, Moritz
Studio Mo
Böheimstr. 87a
70199 Stuttgart
info@studiomo.de
www.studiomo.de

Müller, Horst
Dipl.-Ing. (FH)
Im Grün 1b
76534 Baden-Baden
T: 07223-958992
F: 07221-306878
horst.mueller@a-i-d.eu
www.a-i-d.net

Ottens, Jelka
M.A., Dipl.-Ing.
Neue Weinsteige 14
70180 Stuttgart
T: 0711-9355799
o.jelka@gmail.com

Rauch, Rudolf
Dipl.-Ing.
Kunzenweg 20
79117 Freiburg
T: 0761-63006
F: 0761-63007
info@rauch-schreinerei.de
www.rauch-schreinerei.de

Schelhammer, Edith
Dipl.-Ing. (FH)
Planungsbüro ES-TABLISH
Silcherstr. 3
72160 Horb
T: 07451-621600
F: 07451-621601
info@es-tablish.de

Schott, Oliver P.
Dipl.-Ing.
Reutstr. 13
75433 Maulbronn
T: 07043-5241
F: 07043-9211815
o.p.schott@t-online.de

Schuhmann, Anja
Dipl.-Ing. (FH)
einzigARTig
Richard-Müller-Str. 5
79219 Staufen
T: 07633-4064677
schuhmann@agentur-
einzigartig.net

Schweiger, Diana
Dipl.-Ing. (FH)
Hauptstr. 20
78073 Bad Dürrheim
diana-schweiger@gmx.de

Seitz, Kathrin
Nikolausstr. 6
70190 Stuttgart
T: 0711-50427302
kathrin_seitz@gmx.net

Spindler, Christiane
Dipl.-Ing.
Fleinerstr. 30
74388 Talheim
T: 07133-5709

Thalau, Nadja
Bachelor of Arts (B.A.)
Neckarstr. 55
73728 Esslingen
T: 0711-313299
info@nadja-thalau.de
www.nadja-thalau.de

Wendling, Christine
Dipl.-Des. (FH)
Bismarckstr. 12
76275 Ettlingen
T: 07243-374788
F: 07243-374788
mail@w-innenarchitektur.de
www.räume-werden-wahr.de

Zach, Reiner
Dipl.-Ing. (FH)
Zach Innenarchitektur
Im Kirschgarten 12
88069 Tettnang
T: 07542-951763
F: 07542-951764
info@zach-
innenarchitektur.de
www.zach-
innenarchitektur.de

Mitglieder im bdia,
angestellt

Albert, Peggy
Master of Arts (M.A.)
Von-der-Tann-Str. 50
69126 Heidelberg
peggyalbert@gmx.de

Blumenröhr, Anne-Claire
Dipl.-Ing. (FH)
Marstallstr. 28
76227 Karlsruhe
T: 0721-6258465
ablumen@gmx.de

Bührer, Stephan
Bachelor of Arts (B.A.)
Brunicherberg 16
79348 Freiamt
mail@innenarchitektur-
buehrer.de
www.innenarchitektur-
buehrer.de

de Kruyff, Sabrina
Master of Arts (M.A.)
Senngutweg 4
88316 Isny
sabrina.de.kruyff@gmx.de

Degen, Maike
Bachelor of Arts (B.A.)
Klara-Reimann-Str. 38
77855 Achern
maike.wagner@gmx.net

Drewek, Ines
Dipl.-Ing.
Fuchshaldengässle 1
79285 Ebringen
T: 07664-9209859
ideebri@arcor.de

Eichinger, Daniela
Dipl.-Ing.
Hohebacher Str. 23
74677 Dörzbach
T: 07937-803295
daniela@kibilka.de

Erhardt, Stefan
Dipl.-Ing.
Renz-von-Damnitz-Ring 11
75181 Pforzheim
stefanerhardt@web.de

Ermantraut, Olga
Dipl.-Ing. (FH)
Geroldseckerstr. 34
77960 Seelbach
T: 07823-9629851
olgaermantraut@web.de

Gaiser, Julia
Dipl.-Ing. (FH)
Eibenweg 16
70597 Stuttgart
julia.gaiser@gmx.net

Grohskurth, Martina
Dipl.-Ing. (FH)
Ernst Bausch Schreinerei
Kirchbergstr. 3
78176 Blumberg
T: 07702-637
F: 07702-3645

Hilkert, Michael
Dipl.-Ing. (FH)
Lortzingstr. 23
73614 Schorndorf
info@michaelhilkert.de

Kießig, Stephan
Dipl.-Ing.
Erbsenlachen 23
78050 Villingen-
Schwenningen
T: 07721-506410
F: 07721-506412

Klittich, Uwe-Thorsten
Dipl.-Ing. (FH)
Messebau Ebert
Carl-Zeiss-Str. 12
75217 Birkenfeld
T: 07231-4241413
uwe.klittich@messebau-
ebert.de

Baden-Württemberg

Körner, Kathrin
Master of Arts (M.A.)
Mittenfeldstr. 16
70499 Stuttgart
mobil: 0176-20162093
kathrin.koerner86@gmail.com

Lemke, Anja
Dipl.-Ing. (FH)
Hinter den Gärten 8
70599 Stuttgart
T: 0711-455627
F: 0711-454983

Loch, Anna-Karen
Taläckerstr. 55
70437 Stuttgart
T: 0711-841158
F: 0711-841158

Mecik, Paulina
Master of Arts (M.A.)
Silberburgstr. 44
70176 Stuttgart
T: 0178-7121067
paulina.mecik@web.de

Metz, Manuela
Dipl.-Ing.
Spreuergasse 25
70372 Stuttgart
T: 0711-22482414
manuela.metz@
blocherpartners.com

Moosmann, Aline
Bachelor of Arts (B.A.)
Industriestr. 54
75382 Althengstett
T: 07051-78469
aline_moosmann@web.de

Moosmann, Stefanie
Dipl.-Ing. (FH)
Untere Rebbergstr. 17
77709 Wolfach
stefanie-moosmann@web.de

Müller, Silke
Dipl.-Des.
Im Eichbäumle 110
76139 Karlsruhe
T: 0721-683771
F: 0721-683777
s.a.mue@gmx.de

Richter, Nelli
Arsenius-Pfaff-Str. 10
78315 Radolfzell
T: 0631-4124129
info@nellirichter.de

Ruoff, Friederike
Master of Arts (M.A.)
Gutenbergstr. 91
70197 Stuttgart
friederikeruoff@gmx.de

Sauter, Gabriele
Dipl.-Ing.
Steinenbergstr. 14
72764 Reutlingen

Schäffer, Peter
Bachelor of Arts (B.A.)
Eduard-Steinle-Str. 16
70619 Stuttgart
T: 0176-84584350
peter_schaeffer@freenet.de

Schäuble, Barbara
einsA.gentur
Jollystr. 67
76137 Karlsruhe
T: 0721-95750777
F: 0721-95750779
anna@atelierzuerich.ch

Schwanitz-Czech, Alexandra
Dipl.-Ing. (FH)
WE ARCHITEKTEN
Hahnstr. 29
70199 Stuttgart
T: 0711-50627450
alex.schwanitz-czech@gmx.de

Schweizer, Harald
Dipl.-Ing.
Weinbergstr. 1
77749 Hohberg
T: 07808-9439450
F: 0781-488133

Seuffert, Luis Johannes
Dipl.-Ing.
Fünfkirchenerstr. 19
73072 Donzdorf
T: 07161-963370

Siegel, Florian
Ludwigstr. 90
70197 Stuttgart

Spieler, Mirjam
Entenmoos 19
88339 Bad Waldsee
mirjamspieler@gmx.de

Strauß, Manfred
Albstr. 9
73765 Neuhausen
T: 07158-902412
strauss@ms-messebau.de
www.ms-messebau.de

Texter, Susanne
Dipl.-Ing.
Murgstr. 8a
76199 Karlsruhe
T: 0721-91586585
susanne.texter@gmx.de

Wehr, Stefanie
Dipl.-Ing. (FH)
Talstr. 69e
70188 Stuttgart
T: 0711-50124264
stefanie_wehr@yahoo.de

StudentInnen im bdia

Becker, Margarita
Hölderlin-Str. 4
71032 Böblingen

Bruckermann, Hannah
Dipl.-Ing.
Gerokstr. 15
70184 Stuttgart
hb@in-architektur.com
www.in-architektur.com

Mack, Stella
Im kleinen Feldle 18
71394 Kernen
T: 0956-19829025
stella.mack@themacks.de

Mennung, Leslie Mona
Dammstr. 18
74360 Ilsfeld
lmennung@gmx.net

Niemann, Cindy
Lilienstr. 6
71732 Tamm

Oechsler, Marcel
Kinzigstr. 3
68753 Waghäusel
T: 07254-72188
oechsler.m@googlemail.com

Probst, Marion
Bachelor of Arts (B.A.)
Am Oberberg 1
79263 Simonswald
marionprobst_1989@web.de

Romer, Caroline
Kußmaulstr. 11
79114 Freiburg
T: 0711-50444597
caroline.romer@web.de

Schatz, Caroline
Bachelor of Arts (B.A.)
Schauinslandstr. 2/1
78532 Tuttlingen
mobil: 0157-30445450
carolineschatz@t-online.de

Schnapper, Mirjam
Bachelor of Arts (B.A.)
Rotebühlstr. 53
70178 Stuttgart
T: 0711-93310979
mirjam.schnapper@web.de

Seeliger, Annika Maria
Bergstr. 130
70186 Stuttgart
T: 0711-24860415
annika.seeliger@gmx.de

Smithson, Melanie
Brückenstr. 5
77781 Biberach
melanie.smithson@gmx.de

Velmeden, Martina
Im Brambusch
69493 Hirschberg
mobil: 0173-6972832
mv@martina-velmeden.de
www.martina-velmeden.de

Wächter, Nicole
Heinrich-Küderli-Str. 7
71332 Waiblingen
T: 07151-1357349
nicole.waechter91@web.de

Assoziierte

Dittel, Frank
Dipl.-Ing.
DITTEL ARCHITEKTEN GmbH
Hölderlinstr. 38
70174 Stuttgart
T: 0711-469065-50
F: 0711-469065-51
info@di-a.de
www.di-a.de

Gaiser, Jürgen
blocher partners GbR
Herdweg 19
70174 Stuttgart
T: 0711-22482
F: 0711-2248220
juergen.gaiser@
blocherpartners.com
www.blocherpartners.com

Wittfoht, Jens
Prof. Dipl.-Ing.
wittfoht architekten
Zur Uhlandshöhe 4
70188 Stuttgart
T: 0711-4809561
F: 0711-4809562
info@wittfoht-architekten.com
www.wittfoht-architekten.com

Bayern

Mitglieder bdia

Vorsitzender

Hilf, Rainer
Dipl.-Ing. Innenarchitekt bdia
Rathausplatz 10
90403 Nürnberg
T: 0911-406801
F: 0911-402302
rh@rhilf.de
bayern@bdia.de
www.bayern.bdia.de

StellvertreterInnen

Fischbach, Tillmann
Dipl.-Ing. (FH)
Innenarchitekt bdia
Buxacher Str. 70
87700 Memmingen
T: 08331-982747
info@tf-mm.de

Lay, Christoph
Dipl.-Ing. Innenarchitekt bdia
Bauerstr. 22
80796 München
T: 089-2731186
F: 089-2712456
info@lay-architekten.de
www.lay-architekten.de

Maier, Dorothee
Dipl.-Ing. (FH)
Innenarchitektin bdia
Birkenleiten 41
81543 München
T: 089-890 670 55
F: 089-890 670 54
dm@meierei.org
www.meierei.org

Schütz, Claudia
Dipl.-Ing. (FH)
Innenarchitektin bdia
Farrenpointstr. 5c
83026 Rosenheim
T: 08031-65621
F: 08031-63285
schuetz-bdia@t-online.de
bayern@bdia.de
www.bayern.bdia.de

Kassenführer

Franz, Matthias
Dipl.-Des. (FH)
Innenarchitekt bdia
Pater-Rupert-Mayer-Str. 9
85386 Eching
T: 089-2121320
F: 089-21213232
info@matthiasfranz.de
www.matthiasfranz.de

InnenarchitektInnen bdia, freischaffend

Alex, Markus
Dipl.-Ing. Innenarchitekt bdia
Buscheller 7
96271 Grub
T: 09560-8553
F: 09560-1714

Arnsburg, Gracia
Dipl.-Ing. (FH)
Innenarchitektin bdia
Gracia Arnsburg Interiors
Rotkreuzstr. 20a
85354 Freising
T: 08161-8067514
arnsburg@gainteriors.de
www.gainteriors.de

Baab, Bianca
Dipl.-Ing. (FH)
Innenarchitektin bdia
interior designer`s
Christophstr. 12
86956 Schongau
T: 08861-7136917
info@interior-designers.cc
www.interior-designers.cc

Basqué, Ulla
Dipl.-Ing.
Innenarchitektin bdia
Basqué Et Partner
Theodor-Storm-Str. 21
93051 Regensburg
T: 0941-21986
F: 0941-27104
office@basque.de
www.basque.de

Batisweiler, Anne
Dipl.-Ing. (FH), Dipl.-Des.
Planung . Raum . Design .
Kinoplanung
Dachstr. 49
81243 München
T: 089-155035
F: 089-155036
anne@batisweiler.de
www.anne.batisweiler.de
www.kinoplanung.de

Becher, Wolfgang
Dipl.-Ing. Innenarchitekt bdia
Becher & Partner
Wittelsbacherring 8
95444 Bayreuth
T: 0921-7468-0
F: 0921-7468-88
becher@becher-partner.de
www.becher-partner.de

Beckert, Ulrich
Dipl.-Ing. Innenarchitekt bdia
Georg Soanca-Pollak
Plinganserstr. 150, Haus 7
81369 München
T: 089-76702055
ub@beckertsoancapollak.de
www.beckertsoancapollak.de

Beigler, Ursula
Dipl.-Ing.
Innenarchitektin bdia
Maximilianstr. 44
80538 München
T: 089-291116
F: 089-293940
beigler@beigler.de
www.beigler.de

Benecke, Joachim
Dipl.-Ing. Innenarchitekt bdia
benecke interior design bid
Luitpoldplatz 10
95412 Bayreuth
T: 0921-789110
F: 0921-7891133
jbenecke@benecke-design.com
www.benecke-design.com

Berschneider, Gudrun
Dipl.-Ing. (FH)
Innenarchitektin bdia
Hauptstr. 12
92367 Pilsach
T: 09181-47740
F: 09181-41400
www.berschneider.com

Berschneider, Johannes
Dipl.-Ing. (FH)
Innenarchitekt bdia
Hauptstr. 12
92367 Pilsach
T: 09181-47740
F: 09181-41400
mail@berschneider.com
www.berschneider.com

Bieber, Thomas
Dipl.-Ing. Innenarchitekt bdia
tbia - Thomas Bieber Innen-Architekten
Sanderstr. 39
97070 Würzburg
T: 0931-3536773
F: 0931-3536795
t.bieber@tbia.de
www.tbia.de

Bohnensack, Thomas
Dipl.-Ing. Innenarchitekt bdia
Nätherstr. 7b
80997 München
T: 089-30001779
F: 089-30001776
tb@bohnensack.de

Brüderl, Georg
Dipl.-Ing. Innenarchitekt bdia
brüderl Architektur GmbH
Trostberger Str. 13
83301 Traunreut
T: 08669 8589 20
F: 08669-8589-74
georg.bruederl@bruederl.de
www.bruederl.de

Brunner, Annette
Dipl.-Ing. (FH)
Innenarchitektin bdia
A presto! Innenarchitektur
Untere Weidenstr. 30
81543 München
T: 089-38151881
a.brunner@apresto.de
www.apresto.de

Buchta-Kost, Kathrin
Dipl.-Ing.
Innenarchitektin bdia
DIE HALLE architekten
Schützenstr. 14
95028 Hof
T: 09281-8020
F: 09281-8169071
k.buchta@die-halle-architekten.de
www.die-halle-architekten.de

Burget, Heinz
Innenarchitekt bdia
Nördliche Seestr. 18b
82541 Münsing
T: 08177-670
F: 08177-8874

Cordes, Careen
Dipl.-Ing. (FH)
Innenarchitektin bdia
Dr. Wilhelm-Schaeffler-Str. 46a
91074 Herzogenaurach
T: 09132-7917705
F: 09132-7917704
info@cordes-innenarchitektur.com
www.cordes-innenarchitektur.com

Bayern

Decke, Silvia
Dipl.-Ing. (FH)
Innenarchitektin bdia
architecture - interior design
Schraudolphstr. 3a
80799 München
T: 089-44388400
F: 089-44388409
contact@silviadecke.com
www.silviadecke.com

Dittrich, Carmen
Dipl.-Ing.
Innenarchitektin bdia
Hallerwiese 12
90419 Nürnberg
T: 0911-288989
F: 0911-288981
carmen@c-dittrich.de
www.c-dittrich.de

Dobiasch, Inna
Prof. Dipl.-Ing.
Innenarchitektin bdia
INNA architektur I innen I welten
Böcklinstr. 53
80638 München
T: 089-28724678-0
F: 089-28724678-90
post@inna-innenwelten.com
www.inna-innenwelten.com

Duscher, Robert
Dipl.-Ing. Innenarchitekt bdia
Bahnhofstr. 38
94081 Fürstenzell
T: 08502-3432
F: 08502-3419
rd@innenarchitekt-duscher.de
www.innenarchitekt-duscher.de

Eickholt, Jan
Dipl.-Des. (FH)
Innenarchitekt bdia
Wilbrechtstr. 53d
81477 München
T: 089-55069359
F: 089-55069360
jan.eickholt@mnet-mail.de
www.eickholt-architekt.de

Engelhardt, Doris
Dipl.-Ing. (FH)
Innenarchitektin bdia
Artur-Landgraf-Str. 55
96049 Bamberg
T: 0951-53066
doris.engelhardt.ba@t-online.de
http://innenarchitektur-bamberg.de/

Enxing, Christian
Dipl.-Ing. (FH)
Innenarchitekt bdia
ekp enxing/kurfer/partner
Innstr. 18
83022 Rosenheim
T: 08031-3548350
F: 08031-35483548
post@ekp-architekten.de

Federhofer-Mümmler, Brigitte
Dipl.-Ing.
Innenarchitektin bdia
Steinplatz 19
83131 Nußdorf
T: 08034-7082448
F: 08034-707377
info@gut-geplant.de
www.gut-geplant.de

Fink, Claudia
Dipl.-Ing.
Innenarchitektin bdia
Mörikestr. 17
87724 Ottobeuren
T: 08332-790860
F: 08332-790862
claudia@fink-innenarchitektur.de
www.fink-innenarchitektur.de

Fink, Herbert Gerhard
Innenarchitekt bdia
Creativ + Plan
Sonnenstr. 38
94072 Bad Füssing
T: 08531-248181
F: 08531-248182
creativundplan@t-online.de

Fink-Beie, Susanne
Dipl.-Ing. (FH)
Innenarchitektin bdia
Innenarchitekturbüro Fink-Beie
Schnieglinger Str. 94f
90419 Nürnberg
T: 0911-396689
F: 0911-308363899
susanne@fink-beie.de
www.fink-beie.de

Franz, Matthias
Dipl.-Des. (FH)
Innenarchitekt bdia
Matthias Franz Innenarchitekten
Bahnhofstr. 4b,
Eingang Maria-Linkstr. 1
85386 Eching
T: 089-2121320
F: 089-21213232
info@matthiasfranz.de
www.matthiasfranz.de

Garenfeld, Günter
Dipl.-Des. Architekt
Innenarchitekt bdia
Schellingstr. 21
97074 Würzburg
T: 0931-72019
F: 0931-886922
guenter@architekt-garenfeld.de

Gattenlöhner, Claudia
Dipl.-Ing (FH)
Innenarchitektin bdia
gattenhaus
Kettengasse 14/18
97320 Sulzfeld
T: 09321-924983
info@gattenhaus.com
www.gattenhaus.com

Gerstner, Claudia
Dipl.-Ing.
Innenarchitektin bdia
inexklusiv.de
Kölburger Str. 5
86653 Monheim
T: 09091-9070510
F: 09091-9070811
info@clgerstner.de
www.inexklusiv.de

Giessler, Joachim
Dipl.-Des.
Innenarchitekt bdia
Planungsbüro Giessler + Partner
Am Arnbach 20
82418 Seehausen
T: 08841-2047
F: 08841-4596
giesslerdesign@t-online.de
www.planungsbuero-giessler.de

Gotsmich, Christina
Dipl.-Ing. (FH)
Innenarchitektin bdia
Siimple Design GmbH
Stadtplatz 1
94078 Freyung
T: 08551-9179831
christina.gotsmich@siimple-design.com
www.siimple-design.com

Green, Sophie
Dipl.-Ing. (FH)
Innenarchitektin bdia
Green Interior Architecture
Nigglstr. 13
80999 München
sgr@sophiegreen.eu
www.sophiegreen.eu

Gremmelspacher, Alois
Dipl.-Ing. (FH)
Innenarchitekt bdia
Tiroler Weg 13
83024 Rosenheim
T: 08031-463328
F: 08031-463326
gremmelspacher@cablenet.de

Günther, Ute
Dipl.-Ing. LEED AP
Innenarchitektin bdia
wachgeküsst
Hartwiesen 3
86949 Windach
T: 08193-9972411
studio@uteguenther.de
www.uteguenther.de

Hammerschmidt, Manfred
Innenarchitekt bdia
Innenarchitekturbüro Hammerschmidt
Im Weller 21
90482 Nürnberg
T: 0911-5430182
F: 0911-541887
mh.hammerschmidt@t-online.de

Hans, Helmut
Innenarchitekt bdia
Pflaser Weg 33
84034 Landshut
T: 0871-89953

Harnest, Christine
Dipl.-Ing. (FH)
Innenarchitektin bdia
Regensburgerstr. 8
93326 Abensberg
T: 09443-2952
F: 09443-906277
info@harnestplanung.de
www.harnestplanung.de

Heubl, Franz
Dipl.-Ing. (FH)
Innenarchitekt bdia
Büro für InnenArchitektur
Marktplatz 6
94419 Reisbach
T: 08734-938566
F: 08734-938568
franz.heubl@t-online.de

Hilf, Rainer
Dipl.-Ing. Innenarchitekt bdia
Rathausplatz 10
90403 Nürnberg
T: 0911-406801
F: 0911-402302
rh@rhilf.de

Hlady, Jürgen
Innenarchitekt bdia
Büro für Innenarchitektur
Münchener Str. 1
85290 Geisenfeld
T: 08452-7351155
F: 08452-7351166
info@hlady-innenarchitektur.de
www.hlady-innenarchitektur.de

Hölscher, Lucia
Dipl.-Ing.
Innenarchitektin bdia
Bayreuther Str. 7
81925 München
T: 089-9295558

Honegg, Thomas
Dipl.-Ing. (FH)
Innenarchitekt bdia
Friedastr. 1
81479 München
T: 089-21558507
thomas@honegg.com
www.honegg.com

Gestaltungs R A U M
Funktions EBENE

Wechseln Sie doch mal die Perspektive: Das neue Miele Buch ZWIEGESPRÄCHE stellt Themen unserer Zeit einander gegenüber, zeigt Meinungspole, die inspirieren. Tauchen Sie ein in Spannungsfelder wie Konvention – Vision, Funktion – Emotion, Grenze – Weite. Und entdecken sie die beiden Designlinien unserer neuen Gerätegeneration. Projektentwickler, Architekten, Innenarchitekten und Planer können das Buch kostenlos anfordern unter architekten@miele.de
www.miele-project-business.com

Bayern

Huber, Heiner
Des. grad. Innenarchitekt bdia
MHP - Maier, Huber & Partner
Ansbacher Str. 4
80796 München
T: 089-89160816
F: 089-89161955
info@mhp-architekten.de
www.mhp-architekten.de

Johannes, Rudolf
Dipl.-Ing. Innenarchitekt bdia
KJS Architekten und Innen-
architekten
Max-Buschstr. 22
91054 Erlangen
T: 09131-26016
F: 09131-209160
johannes@kjs-architekten.de
www.kjs-architekten.de

Jung, Gerhard
Dipl.-Des., Dipl.-Ing. Arch.
Innenarchitekt bdia
Pater-Rupert-Mayer-Str. 12
85386 Eching
T: 089-32714747
g.jung@architekt-jung.de
www.adi-concepts.de

Kahl, Silke
Dipl.-Ing. (FH)
Innenarchitektin bdia
1:20 Innenarchitektur
Corneliusstr. 38
80469 München
T: 089-51301925
F: 089-51301927
info@1zu20.com
www.1zu20.com

Kalusche, Anja
Dipl.-Ing.
Innenarchitektin bdia
duka design
Tumblingerstr. 28
80337 München
T: 089-88988848
F: 089-88988849
a.kalusche@duka-design.de
www.duka-design.de

Kammerer, Veronika
Dipl.-Ing.
Innenarchitektin bdia
studio lot
Neuöttinger Str. 32
84503 Altötting
T: 08671-957520
F: 08671-9575220
v.kammerer@studiolot.de
www.studiolot.de

Kammerscheid, Peter
Dipl.-Ing. Innenarchitekt bdia
Bahnhofstr. 20
96450 Coburg
T: 09561-80350
F: 09561-803549
pk@architekt-
kammerscheid.de

Kayser, Christine
Dipl.-Ing.
Innenarchitektin bdia DWB
Innenarchitektur Kayser
Burgstr. 7
90403 Nürnberg
T: 0911-2114990
F: 0911-21149919
info@innenarchitektur-
kayser.de
www.innenarchitektur-
kayser.de

Kempe, Florian
Dipl.-Ing. (FH)
Innenarchitekt bdia
Chiemseestr. 32
83022 Rosenheim
T: 08031-589362
F: 08031-589363
mail@raumvorteil.info
www.raumvorteil.info

Kessel, Sascha
Dipl.-Ing. Innenarchitekt bdia
Kessel Innenarchitektur
Sichartstr. 29
91207 Lauf
T: 09123-1823850
F: 09123-1823851
s.kessel@kesselraum.de
www.kesselraum.de

Kindelbacher, Ludwig
Dipl.-Ing. (FH)
Innenarchitekt bdia
Landau + Kindelbacher
Thierschstr. 17
80538 München
T: 089-2422890
F: 089-242289-42
lk@landaukindelbacher.de
www.landaukindelbacher.de

Kinseher, Cornelia
Dipl.-Ing. (FH)
Innenarchitektin bdia
St-Johann-Str. 4
80999 München
T: 089-51302912
info@innenarchitektur-
kinseher.de
www.innenarchitektur-
kinseher.de

Knobloch, Ralf Peter
Dipl.-Ing. (FH)
Innenarchitekt bdia
Plan2Plus, Büroinhaber
Friedrich-Herschel-Str. 3
81679 München
T: 089-61209090
F: 089-61209082
info@plan2plus.de
www.plan2plus.de,
www.plan2plusdesign.de

Koc-Janssen, Gül
Dipl.-Ing.
Innenarchitektin bdia
gül Koc interior design services
Klarastr. 20
80636 München
T: 089-62021094
info@guelkoc.com
www.guelkoc.com

Kolb, Margarete
Dipl.-Ing.
Innenarchitektin bdia
Innenarchitekturbüro Kolb
Schulstr. 4
86391 Stadtbergen
T: 0821-544737
F: 0821-527175
info@buero-kolb.de
www.buero-kolb.de

Krämer, Christine
Dipl.-Ing. (FH), M.A.
Innenarchitektin bdia
Locher Weg 34
90522 Oberasbach
T: 0911-89631139
kraemer.christine@gmx.net

Krech, Friederike
Dipl.-Ing. (FH)
Innenarchitektin bdia
Bauseweinallee 68i
81247 München
T: 089-89136926
F: 089-89136927
friederike.krech@t-online.de

Kromer, Alexander
Dipl.-Ing. (FH)
Innenarchitekt bdia
querwärts ARCHITEKT
Schreiner & Innenarchitekt
Kromer PartGmbB
Längstr. 14
90491 Nürnberg
T: 0911-94932120
F: 0911-94932129
ak@querwaerts.de
www.querwaerts.de

Kröner, Philipp
Dipl.-Ing. Innenarchitekt bdia
Architekten – Innenarchitek-
tur – Design
Thomas-Knorr-Str. 48
82467 Garmisch-
Partenkirchen
T: 08821-3540
F: 08821-78940
innenarchitektur-ph-
kroener@t-online.de

Lay, Christoph
Dipl.-Ing. Innenarchitekt bdia
LAY InnenArchitektur
Bauerstr. 22
80796 München
T: 089-2731186
F: 089-2712456
info@lay-architekten.de
www.lay-architekten.de

Lechler-Lorz, Christine
Dipl.-Ing.
Innenarchitektin bdia
Lechler-Lorz + Lorz Innen-
architekten
Augustenstr. 8
90461 Nürnberg
T: 0911-497983
F: 0911-476088
lelo@lechler-lorz.de
www.lechler-lorz.de

Lehle, Christof
Dipl.-Ing. (FH)
Innenarchitekt bdia
Augarten 5
86830 Schwabmünchen
T: 08232-96480
F: 08232-964821
christof@lehle.de

Léon, Aline
Dipl.-Ing. (FH)
Innenarchitektin bdia
Brunnenstr. 73
85598 Baldham
T: 08106-3799170
F: 08106-3799171
al@alineleon.de
www.alineleon.de

Lochbrunner, Wolfram
Dipl.-Ing. Innenarchitekt bdia
Bäckergasse 4
86150 Augsburg
T: 0821-59960570
F: 0821-59960571
office@lochbrunner.eu

Maier, Dorothee
Dipl.-Ing. (FH)
Innenarchitektin bdia
meierei Innenarchitektur/
Design
Birkenleiten 41
81543 München
T: 089-89067055
F: 089-89067054
dm@meierei.org
www.meierei.org

Malcher, Hans
Dipl.-Ing. Innenarchitekt bdia
Ossaweg 7
87700 Memmingen
T: 08331-965141
F: 08331-963906
malcher@innen-raum.de
www.innen-raum.de

Meier-Liebrandt, Anke
Dipl.-Ing.
Innenarchitektin bdia
ARCHITEKTON
Kapuzinerstr. 41
80469 München
T: 089-74879447
F: 089-74879448
info@architekton.de
www.architekton.de

Meyer, Henning
Dipl.-Ing. (FH)
Innenarchitekt bdia
Bergerweg 23
83707 Bad Wiessee
T: 08022-6739390
F: 08022-6739391
hmeyer@hmia.de
www.hmia.DE

Mitglieder bdia

Meyer, Torsten
Dipl.-Ing. (FH)
Innenarchitekt bdia
Austr. 13c
83022 Rosenheim
T: 08031-267255
F: 08031-267257
torsten.meyer@cablenet.de

Müller, Reinhard H.
Dipl.-Ing. Innenarchitekt bdia
Büro für Hochbau und
Innenarchitektur
Am Brunnenlech 30
86150 Augsburg
T: 0821-3498565
F: 0821-3498566
r.mueller.arch@t-online.de
www.rmiarch.de

Mummer, Elisabeth
Dipl.-Ing. (FH)
Innenarchitektin bdia
Würzburger Str. 26
96135 Stegaurach
T: 0951-2084190
F: 0951-29719986
mummer-innenarchitektur@t-online.de
www.mummer-innenarchitektur.de

Nagel, Erwin
Dipl.-Ing. Innenarchitekt bdia
Alpenstr. 28
86159 Augsburg
T: 0821-579684
F: 0821-594509
erwinnagel@t-online.de

Neudert, Peter
Dipl.-Ing. Innenarchitekt bdia
Impuls-Design Medien-Kommunikation
Gerberei 19
91054 Erlangen
T: 09131-812950
F: 09131-8129530
neudert@impuls-design.de
www.impuls-design.de

Neumaier, Horst
Dipl.-Ing. Innenarchitekt bdia
neumaier innenarchitekten
Wüstenbruck 26
91522 Ansbach
T: 0981-61194
F: 0981-62856
neumaier.innenarchitekten@t-online.de

Neumann, Katja
Dipl.-Ing. (FH)
Innenarchitektin bdia
Quest Architekten GbR
Innaustr. 11
83026 Rosenheim
T: 08031-79857-14
F: 08031-79857-20
neumann@questarchitekten.de
www.questarchitekten.de

Neumüller, Birgit
Dipl.-Ing.
Innenarchitektin bdia
buerogemeinschaft
neumüller + maurer
Oberer Markt 25
92318 Neumarkt
T: 09181-466352
F: 09181-4089500
b.neumueller@architektur.nm.by
www.architektur.nm.by

Nolte, Erdmann
Dipl.-Ing. Innenarchitekt bdia
nolte - innenarchitektur
Holzschuherstr. 9
90439 Nürnberg
T: 0911-92975-0
F: 0911-92975-22
info@nolte-innenarchitektur.de
www.nolte-innenarchitektur.de

Ott, Inka
Dipl.-Ing. (FH)
Innenarchitektin bdia
Geroldsreuth 62
95179 Geroldsgrün
T: 09288-91234
F: 0988-91233
info@inka-ott.de
www.innenarchitektur-ott.de

Pfaff, Jürgen
Dipl.-Ing. Innenarchitekt bdia
Zum Schwarzachtal 3a
90592 Schwarzenbruck
T: 09128-92210
F: 09128-922130
jp@jpfaff.de
www.jpfaff.de

Radlmeier, Anne-Katrin
Dipl.-Ing. (FH)
Innenarchitektin bdia
Am Weidenschorn 1
86971 Peiting
mail@annekatrin.net

Raible von Lüttichau, Gabriela
Dipl.-Ing. (FH)
Innenarchitektin bdia
Innenarchitektur Planungsgesellschaft mbH
Martiusstr. 5
80802 München
T: 089-3302950
F: 089-33029522
info@gabriela-raible.de
www.gabriela-raible.de

Rehle, Bruno Rudolf
Innenarchitekt bdia
Augsburger Str. 24
86551 Aichach
T: 08251-2178
F: 08251-878468
bruno.rehle@gmx.de

Reiterer, Stephanie
Dipl.-Ing. (FH)
Innenarchitektin bdia
Studio Reiterer
Sudetendeutsche Str. 17
93057 Regensburg
T: 0941-5861767
info@stephaniereiterer.de
www.stephaniereiterer.de

Riegg, Christa
Dipl.-Ing. (FH)
Innenarchitektin bdia
ia riegg Innenarchitektur I Büroplanung
Schirmbeckstr. 16
83022 Rosenheim
T: 0160-8043045
c.riegg@ia-riegg.de

Rittinghausen, Christine
Dipl.-Ing.
Innenarchitektin bdia
RITTINGHAUSEN INTERIOR
Böcklinstr. 41
80638 München
T: 089-82989838
cr@rittinghausen-interior.de
www.rittinghausen-interior.de

Roggenhofer, Georg
Dipl.-Ing. Innenarchitekt bdia
Archivstr. 7
92224 Amberg
T: 09621-23082
F: 09621-23083

Rückert, Bernhard
Dipl.-Ing. (FH)
Innenarchitekt bdia
Hermann-Stockmann-Str. 34
85221 Dachau
T: 08131-279152
F: 08131-279153
rueckert@expeditio.de
www.expeditio.de

Schmidhuber, Susanne
Dipl.-Ing. (FH)
Innenarchitektin bdia
Schmidhuber Brand Experience GmbH
Nederlinger Str. 21
80638 München
T: 089-1579970
F: 089-15799799
shu@schmidhuber.de
www.schmidhuber.de

Schneider, Julia
Dipl.-Ing. (FH)
Innenarchitektin bdia
I*AM interior.architects.munich
Müllerstr. 20
80469 München
T: 089-23547906
studio@interior-architects-munich.com

Schnellbach, Daniela
Dipl.-Ing. (FH)
Sommerstr. 11
82194 Gröbenzell
T: 08142-6559344
dani.schnellbach@googlemail.com

Scholz, Christian
Dipl.-Ing. (FH)
Innenarchitekt bdia
Tulpenstr. 1 D - 2
84032 Landshut
T: 0871-9538632
F: 8719538633
scholz1d2@web.de

Schön, Christine
Dipl.-Ing. (FH)
Innenarchitektin bdia
Die Planstelle GmbH
Landwehrstr. 60-62
80336 München
T: 089-55239986
F: 089-55239987
christine.schoen@dieplanstelle.de
www.dieplanstelle.de

Schuchmann, Constanze
Dipl.-Ing.
Innenarchitektin bdia
Kraillinger Weg 16
82061 Neuried
T: 089-37417340
info@frauschuchmann.de
www.frauschuchmann.de

Schütz, Claudia
Dipl.-Ing.
Innenarchitektin bdia
Farrenpointstr. 5c
83026 Rosenheim
T: 08031-65621
F: 08031-63285
schuetz-bdia@t-online.de
www.schuetz-h.de

Schwahn, Margit
Dipl.-Ing., M.A.
Innenarchitektin bdia
Innenarchitektur und Denkmalpflege
Lohengrinstr. 25
81925 München
T: 089-78596629
m.schwahn@atelier-schwahn.de
www.atelier-schwahn.de

Seggelke, Susanne
Dipl.-Ing.
Innenarchitektin bdia
Innenarchitektur Seggelke
Obere Königstr. 15
96052 Bamberg
T: 0951-29608864
F: 0951-2082653
susanne.seggelke@vodafone.de
www.innenarchitektur-seggelke.com

Seidl, Christine
Dipl.-Des. (FH)
Innenarchitektin bdia
Zeitlbergstr. 32
93197 Zeitlarn
T: 0941-84928
F: 0941-83928
christine.seidl@seidl-partner.de

Seitz, Joachim
Dipl.-Ing. Innenarchitekt bdia
Hauptstr. 31
90522 Oberasbach
T: 0911-696687
F: 0911-6996024
achim.seitz@t-online.de

Bayern

Strasser, Robert
Dipl.-Ing. Univ., Dipl.-Ing. (FH)
Innenarchitekt bdia
Studio 303
Theresienstr. 3
83278 Traunstein
T: 0861-2097149
F: 0861-2097153
Robert@studio303.de
www.studio303.de

Ulbrich-Käferlein, Silke
Dipl.-Ing. (FH)
Innenarchitektin bdia
- RAUMTALENT -
Hanfstaenglstr. 46
80638 München
T: 089-17876018
F: 089-17876016
info@raumtalent.com
www.raumtalent.com

Vey, Ernst-Ludwig
Dipl.-Ing. (FH)
Innenarchitekt bdia
VEY innenarchitekten
Baaderstr. 57
80469 München
T: 089-20245921
mail@vey-innenarchitekten.de
www.vey-innenarchitekten.de

von Kirchbach, Ursula
Dipl.-Ing.
Innenarchitektin bdia
Ing.-Büro pep
Gärtnerstr. 1a
93059 Regensburg
T: 0941-447583
F: 0941-447593
uvkirchbach@ibpep.de
www.ibpep.de

von Moltke, Birgit
Dipl.-Ing. (FH)
Innenarchitektin bdia
Hirschgartenallee 27
80639 München
T: 089-7168084-0
F: 089-7168084-1
office@von-moltke.com
www.von-moltke.com

Wacker, Bente
Dipl.-Ing. (FH)
Innenarchitektin bdia
Thuisbrunner Str. 54
90411 Nürnberg
T: 0911-5984262
F: 0911-5984263
info@innenarchitektur-wacker.de
www.innenarchitektur-wacker.de

Wagnerberger, Sebastian
Dipl.-Ing. (FH)
Innenarchitekt bdia
w. raum Architektur +
Einrichtung
Lärchenweg 7
83339 Chieming
T: 08664-928151
F: 08664-928152
wagnerberger@wraum.de
www.wagnerberger.de

Walcher, Eleonore
Innenarchitektin bdia
Am Fladerlach 13
86316 Friedberg
T: 0821-604113
F: 0821-606572
eleonore@walcher-online.de
www.walcher-innenarchitektin.de

Wildner, Sabine
Dipl.-Ing.
Innenarchitektin bdia
Innenarchitektur Wildner
Meuschelstr. 21
90408 Nürnberg
T: 0911-214823-0
F: 0911-214823-19
info@wildner-innenarchitektur.de
www.wildner-innenarchitektur.de

Wittmann, Margrit
Dipl.-Ing. (FH)
Innenarchitektin bdia
Innenarchitekturbüro
Wittmann
Ludwigstr. 22
97070 Würzburg
T: 0931-4651380
F: 0931-4651381
wittmann.wuerzburg@t-online.de

Wittstadt, Karl-Willy
Dipl.-Ing. Innenarchitekt bdia
Wittstadt Architektur +
Innenarchitektur
Bismarckstr. 6
97318 Kitzingen
T: 09321-93960
F: 09321-939613
info@wittstadt.de
www.wittstadt.de

Wolf, Sandro
Master of Arts (M.A.)
Innenarchitekt bdia
Flugfeldstr. 14
86179 Augsburg
T: 0821-8099012
F: 0821-8099014
s.wolf@planbaronline.de

Zeilberger, Helgamaria
Dipl.-Ing. (FH)
Innenarchitektin bdia
Architekturbüro HM
Zeilberger
Anglstr. 18
94121 Salzweg
T: 0851-966170720
F: 0851-966170729
zeilberger@hm-zeilberger.de
www.hm-zeilberger.de

Zinn, Eva-Maria
Dipl.-Ing. (FH)
Innenarchitektin bdia
Planungsbüro zinn-innen-architektur
Wörthstr. 42
97318 Kitzingen
info@zinn-innenarchitektur.de
www.zinn-innenarchitektur.de

Zirnbauer, Rebekka
Bachelor of Arts (B.A.)
Innenarchitektin bdia
Ackerstr. 16
84539 Ampfing
T: 0176-70131803
r.zirnbauer@gmx.de

InnenarchitektInnen bdia, angestellt

Denzlinger, Nicole
Dipl.-Ing. (FH)
Innenarchitektin bdia
SODA Project & Design
GmbH
Kaiserstr. 168–170
90763 Fürth
T: 0911-7566437
F: 0911-7566450
denzlinger@sodanet.de
www.sodanet.de

Dreher, Sabine
Dipl.-Ing. (FH)
Innenarchitektin bdia
Cunibertstr. 2
63739 Aschaffenburg
T: 06021-1880727
eni_bass@yahoo.de

Dumitru, Johanna
Dipl.-Ing. (FH)
Innenarchitektin bdia
c/o designfunktion
Leopoldstr. 121
80804 München
F: 089-306307150
johanna.dumitru@designfunktion.de
www.designfunktion.de

Echl, Markus
Dipl.-Ing. Innenarchitekt bdia
Riesengasse 12
63739 Aschaffenburg
T: 06021-3015100
F: 06021-3015555
markus_echl@yahoo.de
www.markenmoebel-preiswerter.de

Engel, Katharina
Dipl.-Ing. (FH)
Innenarchitektin bdia
Dollingerstr. 14
93049 Regensburg
mail@enderskatharina.de

Engelhardt, Jürgen
Dipl.-Ing. (FH)
Innenarchitekt bdia
An der alten Ziegelhütte 14
90518 Altdorf
T: 09187-3993
jengel.home@gmail.com

Enz, Halmar
Innenarchitekt bdia
Hochsträss 8
88131 Lindau
T: 08382-89706

Geisler, Susanne
Dipl.-Ing. (FH)
Innenarchitektin bdia
Eduard-Schmid-Str. 13
81541 München
T: 0251-4198746
susannegeisler@web.de

Göhring, Ursula Karoline
Dipl.-Ing. (FH)
Innenarchitektin bdia
Adolf-Kolpingstr. 19a
96215 Lichtenfels
T: 09571-9493855
mail@goehring.in
www.goehring.in

Haidn, Johann
Dipl.-Ing. (FH)
Innenarchitekt bdia
Elsässer Str. 28
81667 München
T: 089-62752017
F: 089-62751209
johann.haidn@t-online.de

Harnest, Stephan
Dipl.-Ing. (FH)
Innenarchitekt bdia
Forsthausweg 9
83236 Übersee
stephan@harnest.de

Hartl, Stephanie
Dipl.-Ing. (FH)
Innenarchitektin bdia
Fritz-Meyer-Weg 24
81925 München
stephaniehartl@gmx.net

Hasenmüller, Christina
Dipl.-Ing. (FH)
Innenarchitektin bdia
Prinz-Karl-Weg 7
86159 Augsburg
T: 0821-66792830
info@wohnfuehldesign.de
www.wohnfuehldesign.de

Steelcase®

Steelcase versteht, wie Menschen arbeiten und wie intelligent gestaltete Räume Menschen dabei unterstützen, produktiver, engagierter und inspirierter zu sein.

BÜRO RENAISSANCE

Arbeitsplätze, die das körperliche, kognitive und seelische Wohlbefinden der Menschen fördern.

Um mehr darüber zu erfahren, besuchen Sie bitte **steelcase.com/buerorenaissance**

©2017 Steelcase Inc. Alle Rechte vorbehalten. Alle genannten Marken sind Eigentum von Steelcase Inc. oder der jeweiligen Eigentümer.

Bayern

Jantzen, Iris
Dipl.-Ing. (FH)
Innenarchitektin bdia
Schlierseestr. 30
81539 München
T: 089-18916359
info@raumundfunktion.com
www.raumundfunktion.com

Jupitz, Stephanie
Dipl.-Ing.
Innenarchitektin bdia
Kritzstr. 29
90480 Nürnberg
T: 0911-406724

Kadner, Larissa
Innenarchitektin bdia
Jutastr. 22
80636 München
info@laka-lab.com
www.laka-lab.com

Knonsalla, Marion
Dipl.-Ing. (FH)
Innenarchitektin bdia
id: marion knonsalla
Jean-Paul-Weg 8a
96450 Coburg
T: 09131-977600
F: 09131-977754
marion.knonsalla@gmx.de

Kohler, Cathrin
Bachelor of Arts (B.A.)
Innenarchitektin bdia
Am Hündlein 1
97346 Iphofen
cathrin.kohler@gmx.de

Kranner, Manuela
Dipl.-Ing. (FH)
Innenarchitektin bdia
Ghersburgstr. 33c
83043 Bad Aibling
T: 08061-9369214
F: 08061-9369215
manuela-kranner@t-online.de

Mahl, Sabine
Dipl.-Ing., MA Facility Management
Innenarchitektin bdia
Belgrader Str. 32
90451 Nürnberg
T: 0911-6426309
F: 0911-6492679
smahl@t-online.de

Mandl, Roger
Dipl.-Ing. Innenarchitekt bdia
Aggensteinstr. 4
86899 Landsberg
mail@roger-mandl.de
www.roger-mandl.de

Mau, Kathrin
Dipl.-Ing.
Innenarchitektin bdia
Höchberger Str. 3
97082 Würzburg
T: 0931-4173794
F: 0931-4473796
kathrin.mau@arcor.de
www.kathrin-mau.de

Menzel, Ingrid
Dipl.-Ing. (FH)
Innenarchitektin bdia
Alte Bahnhofstr. 4
86972 Altenstadt
T: 08861-20429
F: 08861-241628
ingridmenzel@web.de

Miesl, Werner
Dipl.-Ing. (FH)
Innenarchitekt bdia
Ziegelstr. 3
84416 Taufkirchen
T: 08084-413264

Noack, Johannes
Dipl.-Ing. Innenarchitekt bdia
Neumannstr. 44
90763 Fürth
T: 0911-705653
F: 0911-706508
noack@etschmann-noack.de
www.etschmann-noack.de

Plonner, Gerhard
Dipl.-Ing. (FH)
Innenarchitekt bdia
Plonner Innenarchitektur
Etting-Otostr. 17
82398 Polling
info@plonner.com
www.plonner.com

Preis, Anton
Dipl.-Ing. Innenarchitekt bdia
Am Groitlfeld 39
93497 Willmering
T: 09971-5241
F: 09971-994848

Prunkl, Steffen
Dipl.-Ing. (FH)
Waldrebenstr. 2
80935 München
prunkl.steffen@googlemail.com

Schäfer, Stefan
Dipl.-Ing. Innenarchitekt bdia
Adelgundenstr. 23
90419 Nürnberg
T: 0911-3786642
F: 0911-3786643
schaefer.innenarchitekt@gmx.de

Schmid, Julia
Dipl.-Ing. (FH)
Innenarchitektin bdia
Marlene-Dietrich-Str. 45
80636 München
mobil: 0170-2923377
mail@juliaschmid.de
www.juliaschmid.de

Schulze, Mark
Dipl.-Ing. Innenarchitekt bdia
Kommerzienrat-Meindl-Str. 1
84405 Dorfen
T: 08081-8099601
F: 08081-9367-29
mark.schulze@thalmeier.org

Starz, Claudia-Maria
Dipl.-Ing.
Innenarchitektin bdia
C.M.S. Innenarchitektur
Johann-Clanze-Str. 62
81369 München
T: 089-74141430
F: 089-74141431
cms@cms-id.de

Stellbrink, Sonja
Dipl.-Ing. (FH)
Innenarchitektin bdia
Bad Wörrishofener Str. 16
90455 Nürnberg
T: 0911-9412873
F: 0911-3945229
sonja@stellbrink-online.de

Wöhrl, Stephanie
Dipl.-Ing. (FH)
Innenarchitektin bdia
Abersberger Str. 7
85406 Zolling
T: 08167-957919
F: 08167-958985
mail@sw-innenleben.de
www.sw-innenleben.de

Wörnlein, Günther F.
Dipl.-Ing., Dipl.-Ing. (FH)
Innenarchitekt bdia
Glockenstr. 8
90765 Fürth
T: 09129-406128
F: 09129-406328
g.woernlein@aichinger.de

Mitglieder im bdia, freischaffend

Baier-Bindrum, Stephanie
Dipl.-Ing.
Wankelstr. 28
97762 Hammelburg
T: 09732-782099

Bednarik, Michael
Dipl.-Ing. (FH)
Ruedorfferstr. 2
83022 Rosenheim
T: 08031-589322
F: 08031-589326
info@m-bednarik.de
www.m-bednarik.de

Benl, Hanns Peter
Dipl.-Ing.
Burgerstr. 41
84543 Winhöring
h.p.benl@t-online.de

Beyer, Stefan Saladin
Dipl.-Ing.
Großweidenmühlstr. 21
90419 Nürnberg
T: 0911-92779882
F: 0911-92779886
ssb@hoch-2.de
www.hoch-2.de

Brandes, Bernd
Des. grad.
r+b planungsatelier gmbh
Hellmuth Hirth Weg 15
90411 Nürnberg
T: 0911-2176852
F: 0911-2176856
info@rbplanung.de
www.rbplanung.de

Buchwald, Susanna
Dipl.-Ing. (FH)
Steinweglein 6
96450 Coburg
T: 09560-982943
susanna.heinze@berlin.de

Durant, Eva
Dipl.-Ing. (FH)
c/o Tools Off. Architecture
Auguststr. 73
80333 München
T: 089-3066873
F: 089-30668740
eva.durant@tools-off.com
www.tools-off.com

Durner, Johannes
Dipl.-Ing. (FH)
Bauernstr. 70
86462 Achsheim
T: 08230-7780
F: 08230-2182
jdurner@t-online.de

Friedemann, Eberhard R.
Dipl.-Des.
Atelier für Gestaltung
Karwendelstr. 22
81369 München
T: 089-716150
atelierfriedemann@gmx.de

Goll, Susanne
Dipl.-Des. (FH)
Am Wiedenbauernfeld 16
82065 Baierbrunn
T: 089-78068540
goll@altersgerecht-umbau.de
www.altersgerecht-umbau.de

Gratzfeld, Tina
Dipl.-Des.
Gratzfeld-design
Mayerbacherstr. 82
85737 Ismaning
T: 089-6517462
F: 089-6517463
tg@gratzfeld-design.de
www.gratzfeld-design.de

Greiner-Franz, Stephanie
Dipl.-Ing. (FH)
Kleiststr. 30
85386 Eching
T: 0171-4901214
info@matthiasfranz.de
www.matthiasfranz.de

Hammerschmidt-Then, Juliane
Dipl.-Ing.
Im Weller 32
90482 Nürnberg
T: 0911-8019407
F: 0911-8019406
j.hammerschmidt-then@gmx.de

Mitglieder bdia

Herbolzheimer, Renate
Dipl.-Ing. (FH)
Heppenberg 8
63867 Johannesberg
T: 06021-480148
F: 06021-4387450
herbolzheimerr@aol.com

Hollenbach, Florian
Dipl.-Ing. (FH)
DIE RAUMPIRATEN
Schützenhausstr. 31
97828 Marktheidenfeld
T: 09391-9064578
F: 09391-9065117
fh@dieraumpiraten.de
www.dieraumpiraten.de

Huber, Nadin
Bachelor of Arts (B.A.)
Hauptstr. 11
84494 Lohkirchen
T: 08637-989680
huber.nadin@
googlemail.com

Jannetti, Margarete
Dipl.-Ing. (FH)
Kapellenweg 2
87466 Oy-Mittelberg
marganetti@yahoo.de

Königl, Christina
Steinkirchner Str. 20
81475 München
christina.koenigl@live.de

Kopielski, Matthias
Dipl.-Ing. (FH)
INNENagentur
Innenarchitektur
Erlenaustr. 15
83022 Rosenheim
T: 08031-2215623
F: 08031-2215624
info@innenagentur.de
www.innenagentur.de

Köppel, Carolin
Bachelor of Arts (B.A.)
Preysingstr. 69
81667 München
carolinkoeppel@gmx.de

Krappatsch-Kroll, Nicole
Master of Arts (M.A.)
Königsseestr. 7
83059 Kolbermoor
T: 08031-2200882
info@krappatsch-
innenarchitektur.de
www.krappatsch-
innenarchitektur.de

Langer, Veronika
Dipl.-Ing. (FH)
Karl-Breu-Weg 68
81829 München
T: 089-43578090
vl@atelier-langer.de
www.atelier-langer.de

Langhammer, Iris
Bauer Innenarchitektur
Seumestr. 19
90478 Nürnberg
info@iris-langhammer.de

Lex, Andrea
Dipl.-Ing. (FH)
Lützowstr. 19d
81245 München
andrea.lex@icloud.com

Loraj, Marina
Bachelor of Arts (B.A.)
Ahamerstr. 5
84453 Mühldorf
lmarina@hotmail.de

Lorber, Anke
Dipl.-Ing.
studio lot
Pariser Str. 42
81667 München
T: 089-55264242
F: 089-55264243
lorber@studiolot.de
www.studiolot.de

Maltzahn, Marion
Dipl.-Ing. (FH)
innen.leben
info@innenleben-planung.de
www.innenleben-planung.de

Mayer, Heike
Dipl.-Ing. (FH)
Schellingstr. 123
80798 München
T: 089-54356669
info@
heikemayermuenchen.de
www.
heikemayermuenchen.de

Merkel, Ute
Dipl.-Des.
Bannzeile 28
86911 Diessen
T: 0172-8201128
F: 08807-4241
mail@ute-merkel.de
www.ute-merkel.de

Milch, Christine
Dipl.-Ing. (FH)
Wallbergstr. 16a
83607 Holzkirchen
T: 08024-643252
c.stuhlreiter@gmx.de

Mittmann, Julia
Dipl.-Ing. (FH)
Mittmann Innenarchitektur
Auenstr. 37
80469 München
T: 089-20321573
info@juliamittmann.de
www.juliamittmann.de

Moll, Philipp
Dipl.-Ing. (FH)
Innenarchitektur - Moll
Nibelungenstr. 5b
86152 Augsburg
T: 0821-50876685
info@innenarchitektur-moll.de
www.Innenarchitektur-moll.de

Ohnheiser, Cornelia
Bachelor of Arts (B.A.)
Adlerstr. 12
86462 Langweid
T: 08230-6395994
cornelia-ohnheiser@gmx.de

Reicheneder, Isabella
Dipl.-Ing.
Edlingerstr. 10
81543 München
T: 089-62420216
mail@bellareicheneder.de

Reiter, Katja
Dipl.-Ing. (FH)
Schnieglinger Str. 187
90427 Nürnberg
T: 0911-5301512
F: 0911-5301513
mail@katjareiter.de
www.katjareiter.de

Schätzler, Petra
Dipl.-Ing. (FH)
Zum Himmelreich 13
90427 Nürnberg
T: 0911-92380152
ps@schaetzler.com

Scheler, Dietrich
Dipl.-Ing.
scheler architekt-inn-en
Theodor-Heuss-Str. 37
95213 Münchberg
T: 09251-85537
F: 09251-85567
ab.scheler@t-online.de

Steffens, Tina
Dipl.-Ing. (FH)
Hohenstaufenstr. 5
80801 München
T: 089-15892213
F: 089-15892214
info@steffens-
innenarchitektur.de
www.steffens-
innenarchitektur.de

Sternagel, Johannes
Dipl.-Ing.
Elvirastr. 19
80636 München
T: 08122-3842
F: 08122-2919
j.sternagel@gmx.de

Stöckl, Natascha
Dipl.-Ing. (FH)
Stöckl Innenarchitektur
Hans-Sachs-Str. 6a
80469 München
T: 089-23889036
F: 089-23889037
mail@nataschastoeckl.de
www.nataschastoeckl.de

Then, Wolfgang
Dipl.-Ing.
Im Weller 32
90482 Nürnberg
T: 0911-637609
F: 0911-8019406
w.thenarch@nefkom.net

von Chamier, Julia Anna
Dipl.-Ing. (FH), MLL
INNENARCHITEKTUR FREI-
RAUMPLANUNG LICHT
Ringstr. 52
82432 Walchensee
T: 08858-9299888
F: 08858-9299889
juliavonchamier@gmx.de
www.juliavonchamier.com

Vyhnal, Katharina
Master of Arts (M.A.)
Neumannstr. 25
90763 Fürth
Info@katharina-vyhnal.de
www.katharina-vyhnal.de

Walters, Inga
Master of Arts (M.A.)
Waldstr. 8 a
85667 Oberpframmern
inga.walters@gmx.de

Wetteskind, Claudia
Dipl.-Ing. (FH)
Büro für Innenarchitektur
Kettelerstr. 22
97616 Bad Neustadt
T: 09771-98964
F: 09771-996597
mail@wetteskind.info

Zimmermann, Kristina
Dipl.-Ing. (FH)
Schubertstr. 2
90491 Nürnberg
T: 0911-5889682
F: 0911-5889683
zimmermann.kristina@
gmx.com

Mitglieder im bdia,
angestellt

Bickelmann, Monika
Dipl.-Ing. (FH)
Baronin-v.-Loebbecke-Str. 6
94560 Offenberg
monbick@t-online.de

Brückner, Sarah
Dipl.-Ing. (FH)
Waldstr. 11
90607 Rückersdorf
sb@hckl.de

Bayern

Brüggemann, Philip
Bachelor of Arts (B.A.)
St. Martin-Str. 5b
83052 Bruckmühl
philipbrueggemann@yahoo.de

Dechant, Tatjana
Dipl.-Ing.
Leonrodstr. 62/2
80636 München
T: 089-54070740
t.dechant@gmx.de

Drpa, Susana
Bachelor of Arts (B.A.)
Sachranger Str. 28
81549 München
T: 0178-2127982
susana.drpa@gmx.de

Eckert, Franziska
Master of Arts (M.A.)
Schulstr. 5
96253 Untersiemau
franzy.fee@googlemail.com

Ferstl, Alexander
Bachelor of Arts (B.A.)
Obere Schulstr. 16
93413 Cham
ferstl.alex@gmx.de

Flock, Eva
Dipl.-Ing.
Dr. Gustav-Heinemann-Str. 12
91126 Schwabach
eva_flock@web.de

Fösel, Sabine
Dipl.-Ing. (FH)
Am Gauenhofener Graben 5
90455 Nürnberg
T: 0911-923182-15
info@archvisio.de

Gambichler, Nicole
Master of Arts (M.A.)
Mittlerer Hainbergweg 17
97638 Mellrichstadt
nicole.gambichler@gmx.de
www.nicole-gambichler.de

Haas, Manuela
Bachelor of Arts (B.A.)
Adejeweg 18
82008 Unterhaching
manuela@haas.email

Hahn, Kerstin
Kreuzbühlstr. 5
96215 Lichtenfels
T: 09571-946027
F: 09571-946027

Heise, Bente
Master of Arts (M.A.)
Architektur Media Management
Schönblickstr. 1
82229 Seefeld
mail@benteheise.de
www.benteheise.de

Hensch, Julian
Frühlingstr. 1
85354 Freising
julian.hensch@
googlemail.com

Hofer, Philipp
Bachelor of Arts (B.A.)
Bayernstr. 9
92339 Beilngries
T: 0170-7726557
philipp.hofer@gmx.de

Höss, Anna
Bachelor of Arts (B.A.)
Am Schandweg 13
87534 Oberstaufen
anna.hoess@gmx.de

Kaul, Martin
Dipl.-Ing.
Landtafelweg 22
97222 Rimpar
T: 09365-1351
F: 09365-882239
kaulis@t-online.de

Kochem, Melanie
Dipl.-Ing. (FH)
Nibelungenstr. 28
95444 Bayreuth
m.kochem@gmx.net

Kulla, Johannes
Dipl.-Ing.
Am Wald 1
97514 Oberaurach
T: 09522-1728
F: 09522-8404

Laußmann, Bernd
Dipl.-Ing. (FH)
Am Klettenrain 20b
97204 Höchberg
T: 0931-2706224
F: 0931-2706227
bernd.laussmann@web.de

Lück, Jessica
Bachelor of Arts (B.A.)
Lauberstr. 10
97357 Prichsenstadt
jessica.lueck@gmx.de

Maier-Holzinger, Isabelle
Dipl.-Ing. (FH) M.A.
Korbinian-Beer-Str. 28
80997 München
T: 089-839310082
isabellemaier@gmx.de

Marx, Mirjam
Dipl.-Ing. (FH)
Funkerstr. 6
80636 München
mirjam.marx@gmx.de

Merges, Arnulf
Dipl.-Ing.
Schönstr. 63
81543 München
T: 0170-5308607
arni-merges@web.de

Mitlacher, Tanja
Fleckenweg 2
96271 Grub
T: 09560-8627
t.mitlacher@gmx.net

Nastvogel, Dominik
Dipl.-Ing. (FH)
Zum Lindig 10
97514 Kirchaich
dominik.nastvogel@gmx.de

Niederhausen, Sabine
Dipl.-Ing. (FH)
Gustav-Heinemann-Ring 102
81739 München
T: 089-63497687
bine.ploetz@web.de

Panitschka, Gudrun
Bachelor of Arts (B.A.)
Frontenhauser Str. 35
84144 Geisenhausen
gudrun.loistl@web.de

Philipp, Sarah
Dipl.-Ing.
Marianne-Plehn-Str. 22
81825 München
sarahp800@yahoo.de

Planchon, Andrea
Dipl.-Ing. (FH)
Gertrud-Grunow-Str. 22
80807 München
T: 089-36035772
asallat@gmx.de

Reith, Linda
Master of Arts (M.A.)
Färbergasse 17
97816 Lohr am Main
lin.scha@gmail.com

Saemann, Laura
Master of Arts (M.A.)
Isarstr. 18
83026 Rosenheim
mail@laurasaemann.de

Schank, Prisca
Dipl.-Ing. (FH)
Neupfarrplatz 7
93047 Regensburg
prisca.schank@gmx.de

Schieber, Jörg
Dipl.-Ing. (FH)
Margaethe-Danzi-Str. 6
80639 München
T: 089-17119014
joerg.schieber@t-online.de

Schilling, Nadine
Dipl.-Ing. (FH)
Lindenstr. 17a
84030 Ergolding
T: 0871-20943059

Schlatter, Marina
Master of Arts (M.A.)
Thuillestr. 18
81247 München
T: 0163-9048914
marina.schlatter@gmx.net

Schmidt, Silvia
Dipl.-Ing. (FH)
Erlenweg 14
85609 Aschheim
T: 089-4488204
silviaschmidt22@gmail.com

Schwarzenböck, Veronika
Master of Arts (M.A.)
Methfesselstr. 2
81547 München
T: 089-45245534
veronika.schwarzenboeck@
gmx.de

Semmler, Magdalena
Dipl.-Ing. (FH)
Eulenweg 6a
91207 Lauf
T: 09123-2093513
lena.semmler@
googlemail.com
www.lenasemmler.de

Stemmler, Veronika
Bachelor of Arts (B.A.)
Samerstr. 28
83022 Rosenheim
veronikanischwitz@me.com

Stolz, Kathrin
Bachelor of Arts (B.A.)
Aberlestr. 12
81371 München
stolzkathrin@web.de

Stützlein, Franziska
Master of Arts (M.A.)
Obere Mühlstr. 2
97783 Karsbach
T: 0176-31463888
franzi.stuetzlein@gmx.de

von Staudt, Isabel
Master of Arts (M.A.)
interior concepts
Scheinerstr. 9
81679 München
T: 0151-58758173
isabel@von-staudt.com

Waitz, Diana
Bachelor of Arts (B.A.),
Dipl. Ing.
Architektin
Dinkelstr. 1
85419 Mauern
T: 08764-949513
dwaitz@gmx.de

Zobler, Gerhard
Dipl.-Ing. (FH)
Müllerweg 8
83071 Stephanskirchen
T: 08036-306190

Linq. Drehstuhl für die Konferenz - mit synchroner Neigefunktion für komfortables Zurücklehnen. Design: Jonathan Prestwich.

www.girsberger.com/linq

girsberger

Bayern

StudentInnen im bdia

Barthelmann, Anna
Bachelor of Arts (B.A.)
Von-Scheffel-Str. 7
96489 Niederfüllbach
anna.barthelmann@
hotmail.de

Ellensohn, Lena
Bachelor of Arts (B.A.)
Hübnerstr. 5
80637 München
T: 089-54871332
lenaellensohn@hotmail.com

Fasske, Laura
Bachelor of Arts (B.A.)
Jakobsplatz 30
86152 Augsburg
laura.fasske@gmx.de

Fecher, Sarah
Leipziger Str. 10
63776 Mömbris
sarah.fecher@web.de

Geißler, Nadia
Bachelor of Arts (B.A.)
Pödeldorfer Str. 120
96052 Bamberg
T: 09511-8313042
nadia.geissler@outlook.de

Horn, Julia
Bachelor of Arts (B.A.)
Fahrstr. 6
91054 Erlangen
julia.horn92@
googlemail.com

Kinstler, Larissa
Thomas-Mann-Allee 2
81679 München
innenarchitektur-lk@gmx.de

Kolm, Sebastian
An der Linde 5
96271 Grub
sebastian.kolm@lu-p.de

Körner, Manuel
Bachelor of Arts (B.A.)
Ziegelgasse 17
93444 Bad Kötzting
T: 09941-904147
derdasdesign@
googlemail.com

Lörtzing, Max
Eigenheimstr. 19
96450 Coburg
T: 0151 126849700
m.d.loertzing@gmail.com

Meyer, Nils
Stephansplatz 1
80337 München
mobil: 0178-1367816
nm-interiordesign@
outlook.com

Raidel, Cornelia
Regelsbacher Str. 32
90522 Oberasbach
T: 0911-697709
cornelia.raidel@gmail.com

Salzeder, Barbara
Hadersbergerstr. 13
84427 St. Wolfgang
barbara.salzeder@gmail.com

Salzmann, Kai
Ebersberger Str. 2
83022 Rosenheim
KSalzmann@gmx.net

Schuberth, Erika
Bachelor of Arts (B.A.)
Weiherer Str. 32
95326 Kulmbach
T: 09221-877449
popp_erika@gmx.de

Spiekermann, Corinna
Bachelor of Arts (B.A.)
Fichtenstr. 4
91334 Hemhofen
corinna.spiekermann@
t-online.de

Stephan, Jasmin
St. Martin-Str. 28
85604 Zorneding
jasmin.barbara.stephan@
gmail.com

Wurm, Sabine
Liebenstadt 28
91180 Heideck

Ziegler, Sarah
Seeackerstr. 57
90765 Fürth
T: 0176-31356623
sarahziegler@nefkom.net

Assoziierte

Gerhager, Thomas
Dipl.-Ing. (FH)
Quest Architekten GbR
Innaustr. 11
83026 Rosenheim
T: 08031-798570
F: 08031-79857-20
gerhager@
questarchitekten.de
www.questarchitekten.de

Landau, Gerhard
Dipl.-Ing.
landau+kindelbacher
Thierschstr. 17
80538 München
T: 089-2422890
F: 089-242289-42
gl@landaukindelbacher.de
www.landaukindelbacher.de

Leibold, Martina
Dipl.-Ing. (FH)
Fabrikstr. 15a
83022 Rosenheim
mobil: 0179-7041014
leibold@questarchitekten.de
www.questarchitekten.de

Maier, Alois
Dipl.-Ing. (FH)
MHP - Maier, Huber & Partner
Ansbacher Str. 4
80796 München
T: 089-89160816
F: 089-89161955
info@mhp-architekten.de
www.mhp-architekten.de

Metzger, Inge
IMLICHT GmbH
Landsbergerstr. 28
82256 Fürstenfeldbruck
T: 08141-5368491
F: 08141-5368493
info@imlicht.eu
www.imlicht.eu

Stieglmeier, Manfred
Master of Engineering (M.Eng.)
Untere Grasstr. 2
81541 München
T: 089-69804910
F: 089-69804909
ms@plan-stelle.de

Berlin / Brandenburg

Vorsitzende

Moldrzyk, Juliane
Dipl. Ing.
Innenarchitektin bdia
Wassertorstr. 2
10969 Berlin
T: 030-61652852
F: 030-61653565
bb@bdia.de
www.raumdeuter.de

StellvertreterInnen

Völcker, Uwe
Dipl.-Ing. Architekt
Innenarchitekt bdia
Alt-Köpenick 15
12555 Berlin
T: 030-2911293
F: 030-29669057
architekt@voelcker-berlin.de
www.voelcker-berlin.de

Weisser, Britta
Dipl.-Ing.
Innenarchitektin bdia
Hochsitzweg 57
14169 Berlin
T: 030-84716062
mail@brittaweisser.de

Kassenführerin

Ehmann, Christel A.
Dipl.-Architektin
Innenarchitektin bdia
Kavalierstr. 8
13187 Berlin
T: 030-48637835
F: 030-48637837
buero@ehmann-
architekten.de
www.ehmann-architekten.de

InnenarchitektInnen bdia, freischaffend

Bathke, Jörn
Dipl.-Des.
Innenarchitekt bdia
Hufelandstr. 42
10407 Berlin
T: 030-42161949
F: 030-42161950
joernbathke@snafu.de
www.joernbathke.de

Büsse, Cathrin
Dipl.-Ing. (FH)
Innenarchitektin bdia
Hamburger Str. 28b
13591 Berlin
T: 030-36705451
F: 030-36705452
info@buesse-
innenarchitektur.de
www.buesse-
innenarchitektur.de

Conje, Stefanie
Dipl.-Ing., Baubiologin IBN
Innenarchitektin bdia
Conje Innenarchitektur &
Baubiologie
Eisenbahnstr. 58
14542 Werder
T: 03327-573 06 01
F: 03327-573 06 02
info@conje-innen-
architektur.de
www.conje-innen-
architektur.de

Ehmann, Christel A.
Dipl.-Architektin
Innenarchitektin bdia
Architektur & Design Büro
Ehmann
Kavalierstr. 8
13187 Berlin
T: 030-48637835
F: 030-48637837
buero@
ehmann-architekten.de
www.ehmann-architekten.de

Ernst, Silvia
Dipl.-Ing. (FH)
Innenarchitektin bdia
Riedgrasweg 89 A
12524 Berlin
T: 030-67989621
kontakt@silvia-ernst-
innenarchitektur.de
www.silvia-ernst-
innenarchitektur.de

Mitglieder bdia

Fritzsch, Ute
Dipl.-Formgest.
Innenarchitektin bdia
Innenarchitektur + Design
Dr.-Martin-Henning-Str. 18
16831 Rheinsberg
T: 033931-80427
ufdesign@t-online.de

Haydvogel, Peter
Dipl.-Des.
Innenarchitekt bdia
SV im bdia
Dorfanger 19
15913 Märkische Heide
T: 035476-659110
F: 035476-659112
peter.haydvogel@t-online.de

Hillig, Bernd
Dipl.-Ing. Innenarchitekt bdia
Telemannweg 13a
12621 Berlin
T: 030-6764621
berndhillig656@aol.com

Kis-Fritzsche, Klaus-Jürgen
Dipl.-Formgestalter
Innenarchitekt bdia
KIS.Fritzsche Innenarchitektur
Leipziger Str. 48
10117 Berlin
T: 030-2040009
F: 030-20452799
kis-fritzsche@t-online.de

Männel, Andrea
Dipl.-Ing. (FH)
Innenarchitektin bdia
AMAE Interiors
Schlesische Str. 25
10997 Berlin
T: 0176-20324604
amaeinteriors@gmail.com

Moldrzyk, Juliane
Dipl.-Ing.
Innenarchitektin bdia
Wassertorstr. 2
10969 Berlin
T: 030-61652852
F: 030-61653565
jm@raumdeuter.de
www.raumdeuter.de

Niermann, Silke
Dipl.-Ing.
Innenarchitektin bdia
Hattenheimer Str. 28
13465 Berlin
T: 030-77006113
niermann@gmx.li
www.silkeniermann.de

Pohlmann, Ruth
Dipl.-Ing.
Innenarchitektin bdia
Innenarchitektur Pohlmann
Klosterheider Weg 42
13467 Berlin
T: 030-41939090
F: 030-41939090
ruth.pohlmann@gmail.com

Rakautz, Christian
Dipl.-Ing. (FH)
Innenarchitekt bdia
rakautz Innenarchitektur +
Möbeldesign
Ackerstr. 154
10115 Berlin
T: 030-81409242
chr@rakautz.net
www.rakautz.net

Schoger, Wencke Katharina
Dipl.-Ing.
Innenarchitektin bdia
Reuter Schoger Architekten Innenarch.
Fürstenplatz 1
14052 Berlin
T: 030-30107542
F: 030-30107543
mail@reuterschoger.de
www.reuterschoger.de

Skowronek, Hans-Jürgen
Dipl.-Ing. Innenarchitekt bdia
Straße der Jugend 114
03046 Cottbus
T: 0355-791117
F: 0355-795456
info@skowronek-innenarchitektur.com

Staake-Ansorg, Uta
Innenarchitektin bdia
Falkenberger Str. 145b
13088 Berlin
T: 030-92409760
F: 030-92409761
iad.staake-ansorg@t-online.de

Steinmetz, Petra
Dipl.-Ing.
Innenarchitektin bdia
Saskatoon-Str. 15
14513 Teltow
T: 03328-9342560
F: 030-91517206
steinmetzdesign@t-online.de

Trucks, Peter
Dipl.-Ing., Dipl.-Des.
Innenarchitekt bdia
Architekturbüro Trucks
Baseler Str. 171a
12205 Berlin
T: 030-8174534
F: 030-8179616
trucks.berlin@web.de

Völcker, Uwe
Dipl.-Ing., Architekt
Innenarchitekt bdia
Architekturbüro Völcker
Alt-Köpenick 15
12555 Berlin
T: 030-2911293
architekt@voelcker-berlin.de
www.voelcker-berlin.de

Wecke, Stefan
Dipl.-Des.
Innenarchitekt bdia
Atelier für Innenausbau und Planung
Hüttenweg 14a
14195 Berlin
T: 030-8312343
F: 030-8313920
atelier@innenarchitekt-wecke.de
www.innenarchitekt-wecke.de

Weißer, Britta
Dipl.-Ing.
Innenarchitektin bdia
Hochsitzweg 57
14169 Berlin
T: 030-52282792
mail@brittaweisser.de

Wendisch, Karlheinz
Dr. Dipl.-Arch.
Innenarchitekt bdia
Am Goldmannpark 12
12587 Berlin
T: 030-64488319/20
F: 030-64488321
dr.k.wendisch@t-online.de

InnenarchitektInnen bdia, angestellt

Bieber, Karin
Dipl.-Ing.
Innenarchitektin bdia
Waldstr. 31
10551 Berlin
T: 030-39034901
F: 030-44342195
k.bieber@kabelmail.de

Dörr, Norbert M.
Dipl.-Des.
Innenarchitekt bdia
Else-Lasker-Schüler-Str. 12
10783 Berlin
T: 030-44651950
norbertmdoerr@mac.com

Gericke, Gudrun
Innenarchitektin bdia
Irisgrund 7
14552 Michendorf
T: 033205-45000
F: 033205-45000
gundi.gericke@web.de

Waldera, Johannes
Dipl.-Ing. Innenarchitekt bdia
Regensburgerstr. 31
10777 Berlin
T: 030-61308148
F: 030-61308149
info@waldera-architektur.de
www.waldera-architektur.de

Mitglieder im bdia, freischaffend

Blümlein, Julia
Bachelor of Arts (B.A.)
Gubener Str. 9
10243 Berlin
T: 030-81304899
jb@jbidesign.de
www.jbidesign.de

Heise, Kim Appolonia
Bachelor of Arts (B.A.)
Feldberger Ring 46
12619 Berlin
T: 0160-97247779
kim.appolonia.heise@gmail.com

Kaiser, Susanne
Dipl.-Ing. (FH)
Choriner Str. 56
10435 Berlin
T: 030-85010110
F: 030-85010111
berlin@susanne-kaiser.com
www.susanne-kaiser.com

Karges, Ramon Marcel
Dipl.-Ing. (FH)
Stephanstr. 63
10559 Berlin
T: 030-60920803
mail@ramonkarges.com
www.ramonkarges.com

Kirste, Ines
Dipl.-Ing.
Lobitzweg 1-5
12557 Berlin
T: 030-65942150
F: 03222-3706727
berlin@traumdetails.de
www.traumdetails.de

Klinger, Susanne
Dipl.-Ing.
INNEN :: LEBEN Wohnberatung
Str. im Walde 39
12555 Berlin
T: 030-55127424
F: 030-55127424
info@innen--leben.de
www.innen--leben.de

Kosok, Irene
Dipl.-Ing. (FH)
Badkultur Berlin
Braunschweiger Str. 16
12055 Berlin
T: 030-74928883
F: 030-74922459
kosok@badkultur-berlin.de
www.badkultur-berlin.de

Krieg, Simone
Dipl.-Ing.
K.be.R
An der Bucht 71
10317 Berlin
T: 030-55494483
F: 030-55494486
s_krieg@kber.de
www.kber.de

177

Berlin / Brandenburg

Scheibe, Carsten
Gesellschaft für Raumfragen
Marienburger Str. 32
10405 Berlin
T: 030-32527530
F: 030-32527531
scheibe@raumfragen.de
www.raumfragen.de

Mitglieder im bdia, angestellt

Gneist, Peggy
Dipl.-Ing. (FH)
Parchimer Allee 15
12359 Berlin
peggy_gneist@web.de

Hormann, Maria
Dipl.-Ing. (FH)
Mohnweg 44
12524 Berlin

Kienast, Barbara
Dipl.-Ing. (FH)
Jablonskistr. 4 A
10405 Berlin
bakienast@yahoo.de

Klemm, Diana
Dipl.-Ing. (FH)
Fritz-Reuter-Allee 46
12359 Berlin
klemm.diana@gmx.de

Kluge, Stephanie
Bachelor of Arts (B.A.)
Friedrich-Ebert-Str. 69
14482 Potsdam
stephie_kluge@web.de

Kosog, Jana
Dipl.-Ing. (FH)
jana@kosog-konzept.de

Nitsche, Julia
Master of Arts (M.A.)
Boizenburger Str. 6
12619 Berlin
nitsche@tecton-berlin.de
www.tecton-berlin.de

Steindamm, Katharina
Badener Ring 32
12101 Berlin
k.steindamm@gmail.com

Werder, Yvonne
Dipl.-Ing. (FH)
Lenbachstr. 1
10245 Berlin
T: 030-60924309
dasypsilon@gmx.de
www.dasypsilon.de

StudentInnen im bdia

Friedrich, Isabelle
Erasmusstr. 17
10553 Berlin

Bremen / Niedersachsen

Vorsitzender

Jülke, Michael
Dipl.-Ing. (FH)
Innenarchitekt bdia
Roseneck 4
31789 Hameln
T: 05151-940785
F: 05151-940783
mjdesignia@aol.com
bremen-niedersachsen@bdia.de
www.mj-design.de

StellvertreterInnen

Stallkamp, Anne
Dipl.-Ing. (FH)
Innenarchitektin bdia
Altenbekener Damm 53
30173 Hannover
T: 0511-37018790
mail@anne-stallkamp.de
www.anne-stallkamp.de

Oltmanns, Imke
Dipl.-Ing.
Innenarchitektin bdia
Schulstr. 58
26384 Wilhelmshaven
T: 04421-366897
ioltmanns@t-online.de
www.ioltmanns.de

Kassenführer

Derks, Arnold
Dipl.-Ing. Innenarchitekt bdia
Im Mölm 13
31787 Hameln
T: 05151-560656
F: 03212-56 06 560
a.derks@web.de
www.sachverstand-derks.eu

InnenarchitektInnen bdia, freischaffend

Bakenhus, Brigitte
Dipl.-Ing.
Innenarchitektin bdia
INNENARCHITEKTUR BAKENHUS
Schulweg 1
27801 Dötlingen
T: 04432-918656
F: 04432-918657
buero@innenarchitektur-bakenhus.de
www.innenarchitektur-bakenhus.de

Benes, Uwe
Dipl.-Ing. Innenarchitekt bdia
Planungsgruppe Benes + Partner GmbH
Almker Str. 8a
38446 Wolfsburg
T: 05363-1375
F: 05363-1385
benes@benes.de
www.benes.de

Bohling, Beate
Dipl.-Ing. (FH)
Innenarchitektin bdia
Andreasstr. 15
27283 Verden
T: 04231-9709260
beate@bohling-sottrum.de
www.beatebohling.com

Bornhorst, Agnes
Dipl.-Ing. (FH)
Innenarchitektin bdia
Herrmannstr. 7
49413 Dinklage
T: 04443-9774399
F: 04443 -9776381
info@bornhorst-innenarchitektur.de

Budimir, Dragan
Dipl.-Ing. (FH)
Innenarchitekt bdia
Innenarchitektur, Szenografie
Beethovenstr. 10
30449 Hannover
T: 0511-45018745
mail@dragan-budimir.de
www.dragan-budimir.de

Filipschack, Reinhard
Dipl.-Ing. (FH)
Innenarchitekt bdia
In den Laher Höfen 6
30659 Hannover
T: 0511-220660770
F: 0511-220660777

Fitschen, Hans-Heinrich
Dipl.-Ing. Innenarchitekt bdia
Albert-Schweitzer-Str. 72
29223 Celle
T: 05141-930660
F: 05141-930662
fitschen-@t-online.de
www.design-gate.de

Fritsch, Yvonne
Innenarchitektin bdia
Holster Str. 29
49324 Melle
T: 05422-8786
F: 05422-8855

Frobusch, Karsten
Dipl.-Ing. (FH)
Innenarchitekt bdia
Frobusch GmbH
Bahnhofstr. 19
29348 Eschede
T: 05142-1061
F: 05142-1063
info@frobusch.de
www.frobusch.de

Göllner, Jens
Dipl.-Ing. Innenarchitekt bdia
Mühlenstr. 49
49377 Vechta
T: 04441-887990
F: 04441-8879911
jens.goellner@ruge-goellner.de
www.ruge-goellner.de

Grisebach, Christiane
Dipl.-Ing.
Innenarchitektin bdia
Kolbestr. 2
30926 Seelze
T: 05137-9387254
cgrisebach@arcor.de

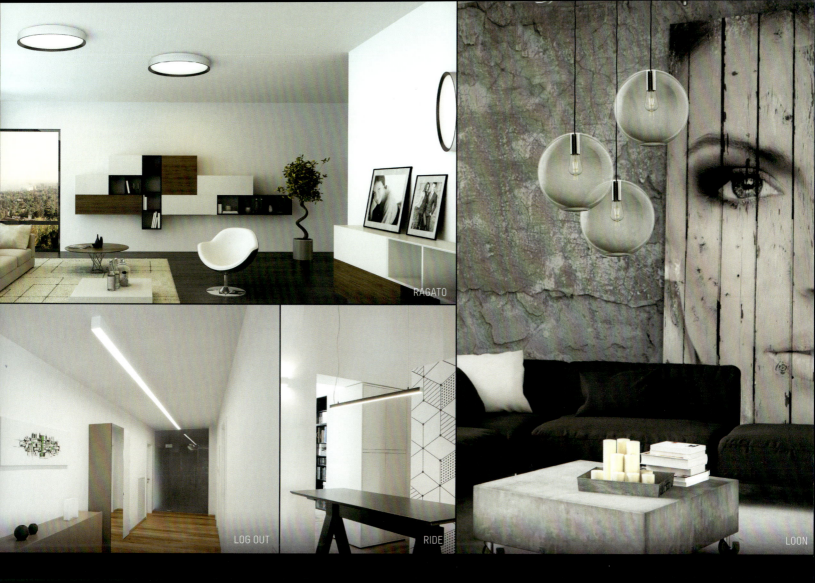

LICHT IST IN UNSERER DNA

Die menschliche DNA enthält den genetischen Code, der alle wesentlichen Erbinformationen in sich hat und genau definiert, was jeden Einzelnen von uns ausmacht. Bei Molto Luce ist das ganz ähnlich. Alles, was für eine perfekte Lichtstimmung erforderlich ist, hat Molto Luce in sich vereint. Unsere DNA hält eine Fülle relevanter Informationen bereit, die wir benötigen, um das absolut beste Licht zu schaffen. Das Kreieren einzigartiger Beleuchtungslösungen tragen wir in unserem Innersten.

MOLTO LUCE®

Wels · Wien · Weißkirchen · Graz · München · Köln · Hamburg

www.moltoluce.com

Bremen / Niedersachsen

Grüter, Michael
Dipl.-Ing. (FH)
Innenarchitekt bdia
Hainholzstr. 17
31558 Hagenburg
T: 05033-6078
F: 05033-6047
grueterdesign@t-online.de
www.grueter-
innenarchitektur.de

Güse, Hiltrud
Dipl.-Ing. (FH)
Innenarchitektin bdia
Innen-t-räume Büro für
Innenarchitektur
Bardowicker Wasserweg 22
21339 Lüneburg
T: 04131-7899441
F: 04131-7899442
innenarchitektur.h.g@
online.de
www.innen-t-räume.de

Henze, Lothar
Dipl.-Ing. Innenarchitekt bdia
Basedowstr. 14
31137 Hildesheim
T: 05121-511967
F: 05121-511967
lothar.henze@hsh-
innenarchitekten.de

Höfer, Tabea
Bachelor of Arts (B.A.)
ESTHET - Höfer Höhns
Wagener
Kötnerholzweg 49
30451 Hannover
T: 0176-84853715
hoefer@esthet.de
www.esthet.de

Hohenstein, Monika
Innenarchitektin bdia
Planstudio für Innenarchitektur
Im Steerte 6a
49078 Osnabrück
T: 0541-442713
F: 0541-442853
monika-hohenstein@
planstudio-hohenstein.de
www.planstudio-
hohenstein.de

Holste, Prof. Carl
Dipl.-Des.
Innenarchitekt bdia
Atelier Holste
Hannoversche Str. 79
30916 Isernhagen
T: 0511-901640
F: 0511-9016420
atehol@htp-tel.de
www.atelier-holste.de

Jülke, Michael
Dipl.-Ing. (FH)
Innenarchitekt bdia
mj design
Roseneck 4
31789 Hameln
T: 05151-940785
F: 05151-940783
mjdesignia@aol.com
www.mj-design.de

Kasubke, Kristina
Bachelor of Arts (B.A.)
Innenarchitektin bdia
Raumwärts - Langenberg &
Kasubke PartGmbB
Hanomaghof 2
30449 Hannover
T: 0511-60014380
kk@raumwaerts.de
www.raumwaerts.de

Klausing, Katja
Dipl.-Ing.
Innenarchitektin bdia
Architekturbüro Katja
Klausing
Bismarckstr. 101
28203 Bremen
T: 0421-498064
F: 0421-498065
kk@architektur-klausing.de

Klöpper, Marion
Dipl.-Ing.
Innenarchitektin bdia
Am Mühlenkamp 10
31249 Hohenhameln
T: 05128-4833
info@mk-raumgestalt.de

Kolde, Christian
Dipl.-Ing. (FH)
Innenarchitekt bdia
Rittergut Osthoff 3
49124 Georgsmarienhütte
T: 05401-842140
F: 05401-8421411
buero@kolde.com
www.kolde.com

Kriesche-Radtke, Rainer
Dipl.-Ing. (FH)
Innenarchitekt bdia
Am Wall 87/88
28195 Bremen
T: 0421-4348680
rk@kriesche-plan.de
www.kriesche-plan.de

Krüger-Uhlemann, Susanne
Dipl.-Ing.
Innenarchitektin bdia
Am Ahornring 42
31036 Eime
T: 05182-960056
F: 05182-960058
innenarchitektur@
susanne-uhlemann.de
www.Susanne-Uhlemann.de

Leunig, Dorothea
Dipl.-Ing. (FH)
Innenarchitektin bdia
An St. Johannes 5
37115 Duderstadt
T: 05529-919044
F: 05529-919045

Marquardt, Brunhilde
Dipl.-Des.
Innenarchitektin bdia
Innenarchitekturbüro Mar-
quardt
Neue Str. 24
31582 Nienburg
T: 05021-66864
F: 05021-64913

Messerschmidt, Alfred
Dipl.-Ing. Innenarchitekt bdia
Messerschmidt GmbH
Stemmerstr. 6a
30926 Seelze
T: 05137-909510
F: 05137-9590114
alfred@messerschmidt-die-
wohnfuehlquelle.de
www.messerschmidt-die-
wohnfuehlquelle.de

Meyer, Carsten
Dipl.-Ing. (FH)
Innenarchitekt bdia
Hanomaghof 2
30449 Hannover
T: 0511-451636
F: 0511-2151845
sv.carstenmeyer@htp-tel.de
www.planungsbuero-m2.de

Oltmanns, Imke
Dipl.-Ing.
Innenarchitektin bdia
Schulstr. 58
26384 Wilhelmshaven
T: 04421-366897
F: 04421-366920
ioltmanns@t-online.de
www.ioltmanns.de

Plambeck, Manfred
Dipl.-Ing. Innenarchitekt bdia
Plambeck INNENarchitektur
Chaukenhügel 6f
28759 Bremen
T: 0172-4839242
F: 0421-627471
mp@innenarchitekt-
plambeck.de
www.innenarchitekt-
plambeck.de

Praetze, Hubert
Dipl.-Ing. Innenarchitekt bdia
An der Sporthalle 7
31171 Nordstemmen
T: 05044-880700
F: 05044-880721
h.praetze-innenarchitektur@
web.de

Reinig-Hühne, Ulrike
Dipl.-Ing.
Innenarchitektin bdia
Oderweg 25
38124 Braunschweig
T: 05341-241818
F: 05341-241819
info@ia-bs.de
www.ia-bs.de

Remke, Tanja
Dipl.-Ing. (FH)
Innenarchitektin bdia
REMKE PARTNER INNEN-
ARCHITEKTEN mbB
Hofstr. 4a
30890 Barsinghausen
T: 05105-779945
F: 05105-779946
tr@remke-partner.de
www.remke-partner.de

Riekhof, Anke
Dipl.-Ing. (FH)
Innenarchitektin bdia
Alexanderstr. 14
49808 Lingen
T: 0591-9151549
F: 0591-6104640
mail@riekhof-
innenarchitektur.de

Ronshausen, Sybille
M.A., Dipl.-Ing. (FH), M.A.
Innenarchitektin bdia
qbus architektur
Schulstr. 9
30938 Kleinburgwedel
T: 0511-2606810
F: 0511-2606811
schroetke@qbus-
architektur.de
www.qbus-architektur.de

Rothauscher, Olav
Dipl.-Ing. Innenarchitekt bdia
Hosüne 1
26160 Bad Zwischenahn
T: 04403-64537
o.rothauscher@web.de

Ruge, Marcus
Dipl.-Ing. Innenarchitekt bdia
Ruge & Göllner Raumconcept
GmbH
Mühlenstr. 49
49377 Vechta
T: 04441-887990
F: 04441-8879911
marcus.ruge@ruge-
goellner.de
www.ruge-goellner.de

Scheffler, Edith
Dipl.-Ing.
Innenarchitektin bdia
Rastenburger Str. 3
31141 Hildesheim
T: 05121-867088
F: 05121-868100
scheffler.design@t-online.de

Schewe, Johannes
Dipl.-Ing. Innenarchitekt bdia
Innenarchitekturbüro
Schewe
Burgstr. 57a
49413 Dinklage
T: 04443-4110
F: 04443-3479
joh.schewe@ewetel.net
www.schewe-architektur.de

Scholten, Andrea
Dipl.-Ing. (FH)
Innenarchitektin bdia
Uferstr. 27 A
31515 Wunstorf
kontakt@andrea-
scholten.de

Mitglieder bdia

Singer-Henze, Marion
Dipl.-Ing. (FH)
Innenarchitektin bdia
Henze/Singer-Henze/GBR
Basedowstr. 14
31137 Hildesheim
T: 05121-511967
F: 05121-511967
marion.singer-henze@
hsh-innenarchitekten.de

Stallkamp, Anne
Dipl.-Ing. (FH)
Innenarchitektin bdia
Anne Stallkamp
Innenarchitektur
Altenbekener Damm 53
30173 Hannover
T: 0511-37018790
F: 0511-37018791
mail@anne-stallkamp.de
www.anne-stallkamp.de

Suherman, Roseciana
Dipl.-Ing. (FH)
Innenarchitektin bdia
Online Feng Shui
An der Ilmenau 12
21407 Deutsch Evern
T: 04131-977311
F: 04131-977373
rs@fengshui.de
www.o-fengshui.de

Wagener, Annika
Bachelor of Arts (B.A.)
ESTHET - Höfer Höhns
Wagener GbR
Kötnerholzweg 49
30451 Hannover
T: 0511-94088021
wagener@esthet.de
www.esthet.de

Wedemeyer, Nicole
Dipl.-Ing. (FH)
Innenarchitektin bdia
Kranckestr. 6
30161 Hannover
T: 0511-3576003
nicole.we@gmx.de
www.nicolewedemeyer.com

InnenarchitektInnen bdia, angestellt

Auschra, Cornelia
Dipl.-Ing. Innenarchitekt bdia
Adam-Stegerwald-Str. 47
28329 Bremen
T: 0421-47606401
auschra@gmx.de

Bach, Melanie
Dipl.-Ing.
Innenarchitektin bdia
Bremer Str. 39
21244 Buchholz
T: 04181-380482

Deeken-Henke, Melanie
Dipl.-Ing. (FH)
Innenarchitektin bdia
DID Architekten & Innen-
architekten
Mamburger Weg 6
26427 Esens
T: 04971-9249667
deeken@did-concept.de
www.did-concept.de

Derks, Arnold
Dipl.-Ing. Innenarchitekt bdia
Im Mölm 13
31787 Hameln
T: 05151-560656
F: 03212-5606560
a.derks@web.de
www.i-sv.de/a.derks

Ebbinghaus, Sandra
Master of Arts (M.A.)
Innenarchitektin bdia
Weinstr. 6
30171 Hannover
T: 0511-4753821
sandraebbinghaus@web.de
www.sandraebbinghaus.de

Feuerstein, Christina
Dipl.-Ing.
Innenarchitektin bdia
Innenarchitekturbüro
Feuerstein
Hägewiesen 14
30916 Isernhagen
T: 0511-323141
F: 0511-3008236
feurstein@gmx.de

Glandorf, Renate
Dipl.-Ing. (FH)
Innenarchitektin bdia
Sanderstr. 11
49413 Dinklage
T: 04443-1837
F: 04443-51286
renate.glandorf@ewetel.net

Häseler, Mathilde
Dipl.-Ing. (FH)
Innenarchitektin bdia
stil X - Innenarchitektur
Kleine Leonhardstr. 6
38102 Braunschweig
T: 0531-70728589
haeseler@stilx.de
www.stilx.de

Hedemann, Axel
Dipl.-Ing. Innenarchitekt bdia
Alter Kirchweg 21b
28717 Bremen
T: 0421-70882601
a.hedemann@online.de

Köhne, Simone
Dipl.-Ing.
Innenarchitektin bdia
Uhlenhorster Weg 41
22085 Hamburg
T: 040-22696725
simonekoehne@web.de

Laukart, Ulrike
Dipl.-Ing.
Innenarchitektin bdia
Madamenweg 171
38118 Braunschweig
ulrike.laukart@web.de

Lenz, Uwe
Dipl.-Ing. Innenarchitekt bdia
Am Schuhkamp 29
27283 Verden
T: 04231-96630
F: 04231-966366
info@lenz-objektform.de
www.lenz-objektform.de

Schramböhmer, Wolf R.
Prof. Dipl.-Ing.
Innenarchitekt bdia
Kurze Str. 8
30629 Hannover
T: 0511-70035201-2
F: 0511-70035203

Strasser, Josef
Prof. Dipl.-Ing.
Innenarchitekt bdia
Große Venedig 7
31134 Hildesheim
T: 05121-263266

Werner, Christiane
Dipl.-Ing.
Innenarchitektin bdia
Astrid-Lindgren-Str. 7
28215 Bremen
T: 0421-352598
c.werner@ullmann.de

Wiebe, Dirk
Dipl.-Ing. Innenarchitekt bdia
Diers Wisch 9
27356 Rotenburg
wiebe.plan@web.de

Mitglieder im bdia, freischaffend

Bauer, Tina
Master of Arts (M.A.)
Bachstr. 12
30851 Langenhagen
T: 0511-5683750
F: 0511-5683750
tina_bauer85@yahoo.de

Bock-Klenk, Carl-Ulrich
Dipl.-Ing. (FH)
Unterm Hollerbusch 30
30974 Wennigsen

Bödefeld, Nina
Dipl.-Ing. (FH)
Birkenweg 3
29643 Neuenkirchen
T: 05195-375
n.boedefeld@gmx.net

Bunger, Annika-Christina
Dipl.-Ing. (FH)
Amselweg 10
28844 Weyhe
annika_bunger@gmx.de

Czullay, Ronja Kristina
Master of Arts (M.A.)
Alter Kirchweg 11 D
21217 Seevetal
T: 040-7682594
ronjaczullay@yahoo.de

Dubbert, Katja
Dipl.-Ing.
Uhlandstr. 4
21218 Seevetal
kdldub@gmail.com

Hörmann, Christian
Master of Arts (M.A.)
Gretescher Weg 56
49084 Osnabrück
T: 0176-61033554
c.hoermann@me.com

Hoske, Stefan
Dipl.-Ing.
Bäckerstr. 5
21394 Kirchgellersen
stefan.hoske@t-online.de

Karcher, Holger
Dipl.-Ing. (FH)
Otto-Laufer-Str. 30
37077 Göttingen
T: 0551-28049239
hkarcher@gmx.de

Klaassen, Lydia
Bachelor of Arts (B.A.)
Knappsbrink 14–16
49080 Osnabrück
lydia.m.klaassen@gmail.com

Kreft, Matthias
Dipl.-Ing.
Eickmannshof 4
30900 Wedemark
m.kreft@kreft.de

Kröger, Esther-Marie
Königsworther Str. 33
30167 Hannover
esther-marie_kroeger@web.de

Kunath, Ulrike
Dipl.-Ing. (FH)
Ellerstr. 110 B
49088 Osnabrück
T: 0541-802710
ulrikekunath@t-online.de

Lammers, Anneke
Dipl.-Ing. (FH)
Matthiaswiese 11
31139 Hildesheim
T: 05121-2811851
alammers@g-und-m.de
www.g-und-m-
interiordesign.de

Bremen / Niedersachsen

Lindemann, Birgit
Dipl.-Ing., VAG VAHJEN
ARCHITEKTEN GMBH
Steinbrecherstr. 17
38106 Braunschweig
T: 0531-390750
architekten@vahjen.de
www.vahjen.de

Morg, Hans-Peter
Bachelor of Arts (B.A.)
Kiebitzweg 4
38458 Velpke
hans-peter.morg@gmx.de

Riebesel, Sandra
Dipl.-Ing. (FH)
Haxloh-Feld 10
27389 Fintel
s.riebesel@googlemail.com

Rötemeier, Susanne
Master of Arts (M.A.)
Beethovenstr. 11
38442 Wolfsburg

Schulenburg, Kirstin
Dipl.-Ing. (FH)
Friedrichstr. 30
21244 Buchholz
T: 04181-360558
k.schulenburg@web.de

Stolpe, Julia
Master of Arts (M.A.)
Bösen 24
29459 Clenze
julia-stolpe@web.de

Tovar, Susanne
Dipl.-Ing. (FH)
Rauhehorst 114
26127 Oldenburg
T: 0441-7770332
sltovar@kabelmail.de
www.tovar-innenarchitektur.de

Trömel, Sabine
Dipl.-Ing. (FH)
Gartenwinkel 1
49124 Georgsmarienhütte
T: 05401-8204-0
F: 05401-8204-22

von der Decken, Margarete
Dipl.-Ing. (FH)
Atelier Ritterhof,
Wechtern 3
21732 Krummendeich
T: 04779-275
F: 04779-1298
margdecken@googlemail.com

Winderlich, Michael
Dipl.-Ing.
Kotheide 19a
49744 Geeste
michael.winderlich@ewetel.net

Zwingmann, Markus
Ungerstr. 19
30451 Hannover
T: 0511-211570

Mitglieder im bdia,
angestellt

Algermissel, Karl-Heinz
Dipl.-Ing. (FH)
Trift 15
31180 Giesen
T: 05066-989777
F: 05066-989779

Diekmann, Michael
Dipl.-Ing. (FH)
team mquadrat
Schulallee 60
49152 Bad Essen
T: 05472-9499696
info@team-mquadrat.de
www.team-mquadrat.de

Henckel, Svenja
Dipl.-Ing.
In der Süßen Heide 27
21335 Lüneburg
T: 04131-9995693
F: 03212-7441971
mail@svenja-henckel.de
www.svenja-henckel.de

Jordan, Ursula
Dipl.-Ing.
Designkonzept Jordan e.K.
Eschenweg 2
30880 Laatzen
T: 0511-8999842
F: 0511-99843
office@ujordan.com
www.jordan.com

Kappler, Kristin
Dipl.-Ing. (FH)
Zeiss-Str. 83
30519 Hannover
T: 0170-4000201
F: 03212-4030201
info@kristinkappler.de
www.kristinkappler.de

Keil, Melanie
Dipl.-Ing.
Innenarchitektin bdia
INNENARCHITEKTUR
HOCHZWEI
Laischaftstr. 50
49080 Osnabrück
T: 0541-75049105
m.keil@hochzwei.org
www.hochzwei.org

Kugler-Neumann, Nadja
Michelsenstr. 9
31134 Hildesheim
T: 05121-519772
F: 05121-510613
kugler-neumann@t-online.de

Lörke, Silka
Dipl.-Ing.
Friedhofsweg 9a
26121 Oldenburg
T: 0441-5090606
F: 0441-5090607
planung@loerke-innenarchitektur.de

Recker, Silke
Dipl.-Ing. (FH)
Kreuzstr. 24
49393 Lohne
T: 04442-802488
silke.recker@yahoo.de
www.silkerecker.de

Richter, Astrid
Dipl.-Ing. (FH)
Am Urnenfeld 4
30453 Hannover
a.richter-design@web.de

Rödder, Oliver
Dipl.-Ing.
entwerfen & planen GbR
Am Pfennigsberg 19
21614 Buxtehude
T: 04161-713035
F: 04161-713036
info@entwerfenundplanen.de
www.entwerfenundplanen.de

Schauer, Sandra
Dipl.-Ing. (FH)
Windmühlenstr. 23
31675 Bückeburg
info@sandra-schauer.de
www.sandra-schauer.de

Seefuß, Sonja
Dipl.-Ing. (FH)
Breslauerstr. 3
21629 Neu Wulmstorf
T: 040-52889556

Stamm, Corinna
Dipl.-Ing.
Wersener Landstr. 15
49076 Osnabrück
T: 0541-3504343
F: 0541-3504344
info@innenplus.de

Stratmann, Kerstin
Wilhelm-Raabe-Str. 18
30880 Laatzen

Tilch, Sven
Dipl.-Ing.
Tilch Verwaltungsgesellschaft mbH
Sultmerberg 2
37154 Northeim

Volkmann, Uta
Dipl.-Ing. (FH)
architectural design
Am Hundesand 16
49809 Lingen
T: 0591-61073817
F: 03212-24305073
kontakt@utavolkmann.de
www.utavolkmann.de

Weerts, Heike
Dipl.-Ing.
Zum Bauernholz 8
21279 Drestedt
T: 04186-5248
heikeweerts@online.de

StudentInnen
im bdia

Basche, Silvia
Rüsterweg 2a
26624 Südbrookmerland
T: 0151-65158302
silviabasche92@yahoo.de

Bein, Lina
Grüne Str. 86
31613 Wietzen
T: 01520-6394677
lina.bein@web.de

Doclaf, Erika
Wunstorfer Str. 46
30453 Hannover
T: 0511-22800496
erika_doclaf@freenet.de

Epp, Helena
Richartzstr. 6
30519 Hannover
helena.epp@gmx.de

Hecht, Julia
Fundstr. 3a
30161 Hannover
juliashecht@gmx.de

Hernández Pineda, Clara
Ihmeplatz 8
30449 Hannover
T: 01515-0724594
clarahp@gmx.de

Kiehlborn, Mandy
Bachelor of Arts (B.A.)
Siedlung Höhenluft 10 a
30890 Barsinghausen
T: 0152-29847696
kiehlborn@gmx.de

Slabon, Michelle
Martin-Luther-Str. 1
32756 Detmold
mellislabon@gmail.com

Wachsmann, Daniela
Kestnerstr. 37
30159 Hannover
daniela-wachsmann@gmx.de

Warncke, Anika
Pepperworth 8a
31134 Hildesheim
anika.warncke@googlemail.com

Warning, Carlotta
Edenstr. 13
30161 Hannover
carlotta.warning@googlemail.com

Wendel, Jessika Nadine
Elzer Str. 76
31137 Hildesheim
info@xact-concepts.de
www.xact-concepts.de

Wijgers, Andine
Dipl.-Ing.(FH)
Schackstr. 22a
30175 Hannover
T: 0511-72755897
andine@andinemosa.de

Mitglieder bdia

Hamburg / Schleswig-Holstein / Mecklenburg-Vorpommern

Vorsitzender

Börn, Andreas Nikolaus
Dipl.-Ing. (FH)
Innenarchitekt bdia
Dockenhudener Str. 12a
22587 Hamburg
T: 040-87080133
F: 040-87080156
bdia@hennings-boern.de
kueste@bdia.de
www.hennings-boern.de

StellvertreterInnen

Kastl, Peggy
Dipl.-Ing. (FH) Architektin + Innenarchitektin bdia
An der Viergelindenbrücke 1
18055 Rostock
T: 0381-37575320
F: 0381-375753216
pk@baustudio-rostock.de
www.baustudio-rostock.de

Wittmann, Silke
Dipl.-Ing. (FH)
Innenarchitektin bdia
Elsässer Str. 41
22049 Hamburg
T: 040-64568930
F: 03212-1062252
info@room-and-space.de
www.room-and-space.de

Kassenführerin

Sachsse, Miriam
Dipl.-Ing. (FH)
Innenarchitektin bdia
Himmelstr. 26
22299 Hamburg
miriam.sachsse@gmx.de

InnenarchitektInnen bdia, freischaffend

Aimo, Aimo
Innenarchitekt bdia
Aimo Plus GmbH
Bogenstr. 43
20144 Hamburg
T: 0172-7003456
F: 040-4103908
aimo@aimoplus.de
www.aimoplus.de

Anselm, Herbert
Des. grad.
Innenarchitekt bdia
Schulkamp 1a
23795 Bad Segeberg
T: 04551-8568659
mende-anselm@web.de

Augustin, Carola
Dipl.-Des. (FH)
Innenarchitektin bdia
Carola Augustin
Innenarchitekten
Bredengrund 15
21149 Hamburg
T: 040-87933799
F: 040-87933797
augustin@carola-augustin.de
www.carola-augustin.de

Bach, Anita
Prof. Dr.-Ing.
Innenarchitektin bdia
Schäfer-Ast-Weg 12
18375 Ostseebad Prerow
T: 0382-3360228

Bahls, Jürgen
Innenarchitekt bdia
Hof Brüggemann 12
18519 Sundhagen
T: 038351-536699
bahlsostsee@gmail.com

Barteit, Britta
Dipl.-Ing. (FH)
Innenarchitektin bdia
raumKONFEKT INNENARCHITEKTUR
Neuenbrooker Str. 30a
25361 Krempe
T: 04824-3006124
post@raumkonfekt.de
https://raumkonfekt.wordpress.com/

Becker, Henrike
Dipl.-Ing.
Innenarchitektin bdia
Adolfstr. 22
23568 Lübeck
T: 0451-6933590
F: 0451-6933591
becker@henrike-becker.de
www.henrike-becker.de

Börn, Andreas Nikolaus
Dipl.-Ing. (FH)
Innenarchitekt bdia
Hennings Börn Interiors
Dockenhudener Str. 12a
22587 Hamburg
T: 040-87080133
F: 040-87080156
boern@hennings-boern.de
www.hennings-boern.de

Brendel, Wiebke
Dipl.-Ing. (FH)
die raumplaner
Große Str. 4
24937 Flensburg
T: 0461-40881305
wiebke.brendel@
dieraumplaner.de
www.dieraumplaner.de

Chappuzeau, Philipp
Innenarchitekt bdia
CHAPPUZEAU INNENARCHITEKTUR
Kegelhofstr. 8
20251 Hamburg
mail@chappuzeau.eu
www.chappuzeau.eu

Dobbertin, Katharina
Dipl.-Ing. (FH)
Innenarchitektin bdia
Maria-Louisen-Str. 103
22301 Hamburg
T: 040-27809809
F: 040-27873753
info@katharinadobbertin.de
www.katharinadobbertin.de

Dürr, Axel
Dipl.-Ing. Innenarchitekt bdia
Marlowring 19
22525 Hamburg
T: 040-707080612
F: 040-707080650
a.duerr@sdw-design.de
www.sdw-design.de

Embert, Annette E.
Dipl.-Ing. (FH)
Innenarchitektin bdia
RAUMKONZEPT
INNENARCHITEKTUR
Dompfaffenweg 8
22145 Hamburg
T: 040-6443476
F: 040-64428201
info@embert-raumkonzept.de
www.embert-raumkonzept.de

Gerigk, Natalia Maria
Dipl.-Ing. (FH)
Innenarchitektin bdia
Bleicherstr. 17
22767 Hamburg
T: 0163-7186319
ng@nataliagerigk.de
www.nataliagerigk.de

Gernemann, Uwe
Dipl.-Ing. Innenarchitekt bdia
Gernemann Interior Design
Gerhofstr. 2
20354 Hamburg
T: 040-30703696
F: 040-30703698
gernemann@gernemann-interiors.de

Gnadler, Ekkehard
Dipl.-Ing. (FH)
Innenarchitekt bdia
gmw planungsgesellschaft mbH
Alter Markt 4
18439 Stralsund
T: 03831-6770010
F: 03831-6770025
gnadler@gmw-architekten.de
www.gmw-architekten.de

Gröpper, Peter
Dipl.-Des.
Innenarchitekt bdia
Architekturbüro
Oeverdieker Weg 2
23669 Timmendorfer Strand
T: 04503-881680
F: 04503-881688
ph.groepper@t-online.de
www.groepper.de

Hamburg / Schleswig-Holstein / Mecklenburg-Vorpommern

Habermann, Yvonne
Dipl.-Ing. (FH)
Innenarchitektin bdia
Auf der Höhe 43
21109 Hamburg
T: 040-18086935
info@innenarchitekturinsel.de
www.innenarchitekturinsel.de

Jebens, Kerrin
Dipl.-Ing. (FH)
Innenarchitektin bdia
De Wohnwarksteed
Auf dem Donn 5
25785 Nordhastedt
info@de-wohnwarksteed.de
www.de-wohnwarksteed.de

Jeppener, Jan
Dipl.-Ing. Innenarchitekt bdia
Muusbarg 19a
22397 Hamburg
T: 040-6080049
F: 040-6089440
jan.jeppener@t-online.de

Joehnk, Peter
Dipl.-Des.
Innenarchitekt bdia
JOI-Design GmbH Innenarchitekten
Barmbeker Str. 6a
22303 Hamburg
T: 040-6894210
F: 040-68942130
joehnk@joi-design.com
www.joi-design.com

Kastl, Peggy
Dipl.-Ing. (FH)
Innenarchitektin bdia
Architektin baustudio kastl
An der Viergelindenbrücke 1
18055 Rostock
T: 0381-37575320
F: 0381-375753216
pk@baustudio-rostock.de
www.baustudio-rostock.de

Köhnemann, Wilfried
Innenarchitekt bdia
Sarenweg 38
22397 Hamburg
w.koehnemann@awk-architektur.de
www.awk-architektur.de

Kruse, Gerhard
Dipl.-Ing. (FH)
Innenarchitekt bdia
Friedensallee 14–16
22765 Hamburg
T: 040-3805954
F: 040-3892505
post@gerd-kruse.de

Lietzke, Anke
Dipl.-Des.
Innenarchitektin bdia
Oktaviostr. 29
22043 Hamburg
T: 040-69644559
anke.lietzke@t-online.de
www.ankelietzke.de

Lobisch, Agnes
Dipl.-Ing.
Innenarchitektin bdia
Kempgens Lobisch Innenarchitekten
Lattenkamp 84
22299 Hamburg
T: 040-67382454
F: 040-67382456
al@kempgens-lobisch.de
www.kempgens-lobisch.de

Lübs, Katrin
Dipl.-Ing.
Innenarchitektin bdia
die raumplaner-Atelier für Bau + Design
Paulstr. 44
18055 Rostock
T: 0381-44431188
F: 0381-44431189
info@dieraumplaner.de
www.dieraumplaner.de

Mahlau, Rüdiger
Innenarchitekt bdia
Mahlau Architektur-Innenarchitektur GbR
Brahmsallee 27
20144 Hamburg
T: 040-4454023
F: 040-445701
mahlau@buero-mahlau.de

Mutschmann, Karl Heinz
Dipl.-Des.
Innenarchitekt bdia
Ehm-Welk-Str. 28
18209 Bad Doberan
T: 038203-12155

Ohlwein, Jürgen
Dipl.-Des.
Innenarchitekt bdia
Heuberg 2
24977 Langballig
T: 04636-1260
F: 04636-976512
j.w.ohlwein@arcor.de

Pfeffer, Annette Chr.
Dipl.-Ing.
Innenarchitektin bdia
Raumkreis Innenarchitektur, Grafik
Möltenorter Weg 12
24226 Heikendorf
T: 0431-3003034
F: 0431-5836751
info@raumkreis.de
www.raumkreis.de

Schad, Nathalie
Dipl.-Ing.
Innenarchitektin bdia
BKSN-architektur innenarchitektur
Wehlbrook 44
22143 Hamburg
T: 040-30730609
F: 040-30733640
n.schad@bksn-architekten.de
www.bksn-architekten.de

Schneider, Jens
Dipl.-Ing. Innenarchitekt bdia
CUBIK 3 Innenarchitekten
Altonaer Poststr. 9 b
22767 Hamburg
T: 040-25490174
F: 040-25496161
schneider@cubik3.de
www.cubik3.de

Struve, Michael
Dipl.-Ing. Innenarchitekt bdia
Kleine Hörn 4
25377 Kollmar
T: 04128-941718
F: 04128-941719
info@michaelstruve.de
www.michaelstruve.de

Wittmann, Silke
Dipl.-Ing. (FH)
Innenarchitektin bdia
room & space
Elsässer Str. 41
22049 Hamburg
T: 040-64568930
F: 03212-1062252
info@room-and-space.de
www.room-and-space.de

Wrusch, Ines
Dipl.-Ing.
Innenarchitektin bdia
Beim Schlump 13a
20144 Hamburg
T: 040-43271555
email@ines-wrusch.de
www.ines-wrusch.de

InnenarchitektInnen bdia, angestellt

Bührig, Daniela
Dipl.-Ing. (FH)
Innenarchitektin bdia
COCORIOR Büro für Innenarchitektur
Moorfurtweg 4
22301 Hamburg
T: 040-55616151
info@cocorior.com
www.cocorior.com

Heilmann, Kathrin
Dipl.-Ing. (FH)
Innenarchitektin bdia
Hoherade 5
20257 Hamburg
T: 040-84890127
kathrinheilmann@gmx.de

Klempau, Petra
Dipl.-Ing.
Innenarchitektin bdia
Bergstedter Chaussee 129
22395 Hamburg
T: 040-53304993
F: 040-53304990
p.klempau@solution-labs.de
www.solution-labs.de

Knögel, Rolf
Innenarchitekt bdia
Waldherrenallee 22
22359 Hamburg
T: 040-5279268

van Laak, Jacqueline
Dipl.-Des.
Innenarchitektin bdia
Eichkoppelweg 70
24119 Kronshagen
T: 0431-544287
F: 0431-544288
jvlaak@watersafety.net

Meyer, Achim
Dipl.-Ing. (FH)
Innenarchitekt bdia
Veilchenweg 30a
22529 Hamburg
T: 0151-62519740
meyer@m-projekt-hamburg.de
www.m-projekt-hamburg.de

Meyer, Prof. Hans
Dipl.-Formgest.
Innenarchitekt bdia
Eickhöfer Weg 2
18209 Bad Doberan
T: 038203-62533
prof.hansmeyer@alice-dsl.net

Quint, Sibylle
Dipl.-Ing.
Innenarchitektin bdia
Lantziusstr. 53
24114 Kiel
T: 0431-6687690
sibylle.quint@gmail.com
www.quintessence-interior.com

Sachsse, Miriam
Dipl.-Ing. (FH)
Innenarchitektin bdia
Himmelstr. 26
22299 Hamburg
miriam.sachsse@gmx.de

Wiggering, Michael
Master of Arts (M.A.)
Lohkoppelweg 34
22529 Hamburg
T: 0175-3653341
michael.wiggering@web.de

www.ton.eu

hand-crafted for generations

alba collection
designed by Alexander Gufler IT/AT

Hamburg / Schleswig-Holstein / Mecklenburg-Vorpommern

Mitglieder im bdia, freischaffend

Ding Yong, Liu
Dipl.-Ing.
Övelgönne 5
22605 Hamburg
T: 040-88128128
info@dyliu.de

Hennings, Gerald
Dipl.-Ing.
Hennings Börn Interiors
Dockenhudener Str. 12a
22587 Hamburg
T: 040-87080138
F: 040-87080133
hennings@hennings-boern.de
www.hennings-boern.de

Hertig, Gerhard
Dipl.-Ing.
Virchowstr. 20
22767 Hamburg
T: 040-38038888
F: 040-38038889
hertig-hh@t-online.de
www.hertig.hh.de

Lübke, Maria
Dipl.-Ing.
kräling-lübke
Schillerstr. 29
22767 Hamburg
T: 040-39808495
F: 040-39808498
mail@kraeling-luebke.de

Matheis, Manon
Dipl.-Ing.
Brahmsallee 13
20144 Hamburg
T: 040-54803926
F: 040-54803927
manon-matheis@web.de

Mehnert, Petra
Dipl.-Ing. (FH)
Brahmsstr. 30
18069 Rostock
T: 0381-21057784
F: 0381-2037448
petra.mehnert@gmx.de
www.petramehnert.de

Pilz-Ertl, Manuela
Dipl.-Ing.
mpe innenarchitektur
Steinblockstr. 3
22453 Hamburg
T: 040-46777022
mail@interior-signs.de
www.interior-signs.de

Seel, Gunnar
Dipl.-Ing.
sbp Seel Bobsin Partner
Rostocker Str. 16
20099 Hamburg
T: 040-25494554
F: 040-25494555
seel@sbpdesign.de
www.sbpdesign.de

Stahmann, Sylke
Dipl.-Ing.
Borchlingweg 31
22605 Hamburg
T: 040-85197381
F: 040-85197382
info@stahmann-design.de
www.stahmann-design.de

Weimann, Verena
Dipl.-Ing. (FH)
Walderseestr. 46
22605 Hamburg
verena.weimann@gmx.de

Mitglieder im bdia, angestellt

Bobsin, Kim Marc
Dipl.-Ing.
SEEL BOBSIN PARTNER
Butenfeld 38
22529 Hamburg
F: 040-25494555
bobsin@sbpdesign.de
www.sbpdesign.de

Carstens-Waltje, Ann
Dipl.-Ing.
Schulkoppel 35
24976 Handewitt

Kostmann, Janine
Master of Arts (M.A.)
Lindenallee 7a
21465 Reinbek
jkostmann@web.de

Ramsthaler-Asboth, Nina
Dipl.-Ing. (FH)
Treptower Str. 147
22147 Hamburg
nina.ramsthaler@web.de
www.ninaramsthaler.de

Scholz, Mareike
Bachelor of Arts (B.A.)
Moorreye 48
22415 Hamburg
T: 0151-43254213
m.scholz_id@web.de

Schultz, Alexander
Dipl.-Ing.
Op'n Hainholt 105c
22589 Hamburg
T: 040-86626900
alex.schultz@gmx.de

Stecklina, Sandra
Dipl.-Ing. (FH)
sid interior design
Susannenstr. 21a
20357 Hamburg
T: 040-38676423

Stöfen, Katrin
Dipl.-Ing. (FH)
Langbehnstr. 13 g
22761 Hamburg
T: 040-70701140
k.stoefen@gmx.de

Vollmann-Diedrichsen, Heike
Dipl.-Ing.
Fossredder 55
22359 Hamburg
T: 040/6781020
F: 040/6782020
vollmann.diedrichsen@gmail.com
www.diedrichsen-innenausbau.de

StudentInnen im bdia

Clasen, Anika
Kärntner Str. 3
18069 Rostock
anikaweimann@gmx.de

Haase, Aline
Wendenrund 7
23617 Stockelsdorf
aline.haase@web.de

Hessen

Vorsitzende

Slomski, Monika
Dipl.-Ing. (FH)
Innenarchitektin bdia
Zollhausstr. 4
64646 Heppenheim
T: 06252-93080
F: 06252-9308-80
innenarchitektin@slomski.net
hessen@bdia.de
www.slomski-innenarchitektin.de

StellvertreterInnen

Jüschke, Simone
Dipl.-Ing. (FH) Architektin + Innenarchitektin bdia
Konrad-Broßwitz-Str. 6
60487 Frankfurt am Main
T: 069-59605547
F: 069-57807963
simone@jueschke-innenarchitektur.de
hessen@bdia.de
www.jueschke-innenarchitektur.de

Vonofakos, Jana
Dipl.-Ing. (FH)
Innenarchitektin bdia
Gartenstr. 4
60594 Frankfurt am Main
T: 069-66563295
vonofakos@vrai.de
hessen@bdia.de
www.vrai.de

Kassenführer

Essel, Horst
Dipl.-Ing. (FH) Architekt + Innenarchitekt bdia
Emmerich-Josef-Str. 46
65929 Frankfurt am Main
T: 069-3087019
F: 06172-459088
horst.essel@t-online.de
hessen@bdia.de

Mitglieder bdia

InnenarchitektInnen bdia, freischaffend

Bauer, Stefan Knut
Dipl.-Ing. (FH)
Innenarchitekt bdia
Simone-Veil-Str. 3
65197 Wiesbaden
mobil: 0172-6447102
mail@stefanknutbauer.de
www.stefanknutbauer.de

Bergmann-Weigand, Annette
Dipl.-Des.
Innenarchitektin bdia
Duo Plan
Textorstr. 51
60594 Frankfurt
T: 069-613021
F: 069-616757
buero@duo-plan.de

Blachnik, Jürgen
Dipl.-Ing. (FH)
Innenarchitekt bdia
Heideweg 16
36119 Neuhof
T: 06655-910354
F: 06655-910355
blachnik.innenarchitektur@web.de

Blum, Miriam
Dipl.-Ing. (FH)
Innenarchitektin bdia
Lieblings I büro für Raum & Design
Lahnstr. 63
60326 Frankfurt
blum@lieblingsbuero.de
www.lieblingsbuero.de

Bock, Reinhold
Dipl.-Des.
Innenarchitekt bdia
Atelier f. Innenarchitektur+ Design
Am Mühlberg 6
64401 Groß Bieberau
T: 06162-9684390
F: 06162-9684390
rb@aid-bock.de

Bonato, Irene
Innenarchitektin bdia
Georg-Treser-Str. 55
60599 Frankfurt
T: 069-655205

Buttlar, Christof
Dipl.-Ing. (FH)
Innenarchitekt bdia
Architekt
Stanleystr. 18
65189 Wiesbaden
T: 0611-721423
cbuttlar1@aol.com
www.cb-innenarchitekt.de

Döll, Pia A.
Dipl.-Ing. (FH)
Innenarchitektin bdia
Alte Falterstr. 1
65933 Frankfurt
T: 0173-8232811
Innenarchitekturbuero@doell.info
www.doell.info

Essel, Horst
Dipl.-Ing. Innenarchitekt bdia
Emmerich-Josef-Str. 46
65929 Frankfurt
T: 069-3087019
horst.essel@t-online.de

Füssner, Rita Anna
Dipl.-Ing.
Innenarchitektin bdia
Kaiser-Friedrich-Ring 19
65185 Wiesbaden
T: 0611-4060292
F: 0611-9406053
info@fuessner.com
www.fuessner.com

Glater, Cornelia
Dipl.-Ing.
Innenarchitektin bdia
kreative raum konzepte
Gluckstr. 40
60318 Frankfurt
T: 069-59675657
glater@kreativeraumkonzepte.de
www.kreativeraumkonzepte.de

Gnädinger, Klaus
Dipl.-Des.
Innenarchitekt bdia
Raum + Planung
Gluckstr. 12
65193 Wiesbaden
T: 0611-526017
F: 0611-526019
raum-und-planung@t-online.de

Grauel, Michaela
Dipl.-Ing. (FH)
Innenarchitektin bdia
Hochstr. 3
63628 Bad Soden-Salmünster
T: 06056-1792
F: 06056-911896
mp.grauel@t-online.de
mplan-innenarchitektur.de

Habermann, Gerhard
Des. grad. Innenarchitekt bdia
Europaring 44
64589 Stockstadt
T: 06158-85833
F: 06158-86540
info@atelier-habermann.com

Hammesfahr, Felix
Innenarchitekt bdia
Lessingstr. 7
65189 Wiesbaden
T: 0611-370808
F: 0611-370808
felixhammesfahr@gmx.de

Harroider, Peter
Dipl.-Ing. Innenarchitekt bdia
Büro für Innenarchitektur
Eisenbahnstr. 8
63303 Dreieich
T: 06103-977185
F: 06103-981723
mail@harroider.de
www.harroider.de

Heuser, Edith
Dipl.-Ing.
Innenarchitektin bdia
Innenarchitektur Heuser
Alt Schwanheim 18
60529 Frankfurt/M.
T: 069-359325
F: 069-356260
mail@innenarchitektur-heuser.de
www.innenarchitektur-heuser.de

Jüschke, Simone
Dipl.-Ing. (FH)
Innenarchitektin bdia
INNEN I ARCHITEKTUR
Konrad-Broßwitz-Str. 6
60487 Frankfurt
T: 069-59605547
F: 069-57807963
simone@jueschke-innenarchitektur.de
www.jueschke-innenarchitektur.de

Kalok, Marie
Dipl.-Ing. (FH)
Innenarchitektin bdia
Kalok Innenarchitektur
Pestalozzistr. 23
65760 Eschborn
T: 06196-7763196
F: 06196-5241371
info@mariekalok.de
www.mariekalok.de

Kandora, Birgit
Dipl.-Ing.
Innenarchitektin bdia
Kandora+Meyer Arch.Innen architekten
Waldschmidtstr. 2
60316 Frankfurt
T: 069-281136
F: 069-280763
architekten@kandorameyer.de
www.kandorameyer.de

Kempf, Gabriele
Dipl.-Ing. (FH)
Innenarchitektin bdia
KEMPF Architekten
Vogelsbergstr. 36
60316 Frankfurt
gk@kempf-architekten.de
www.kempf-architekten.de

Kern, Norbert
Dipl.-Ing. Innenarchitekt bdia
Design-Center Kern Innen architekten
Walter-Kolb-Str. 9-11
60594 Frankfurt
T: 069-7895433
F: 069-7895483
info@kern-de-sign.de
www.kern-de-sign.de

Leithäuser, Jan
Dipl.-Ing. (FH)
Innenarchitekt bdia
JL Innenarchitektur Palazzo Cubico
Burgstr. 60
60316 Frankfurt
mobil: 0171-7801188
jl@janleithaeuser.de
www.janleithaeuser.de

Lorey, Eva
Dipl.-Ing. (FH)
Innenarchitektin bdia
lorey innenarchitektur
Eppsteiner Str. 47
60323 Frankfurt
mobil: 0174-3210300
F: 069-71588700
info@evalorey.de
www.evalorey.de

Lückfeldt, Sarah
Dipl.-Ing. (FH)
Innenarchitektin bdia
SLInnenarchitektur
Baunsbergstr. 65
34131 Kassel
F: 0561-3168676
sarah@sl-innenarchitektur.de
www.sl-innenarchitektur.de

Mehring, Annekatrin
Dipl.-Ing. (FH)
Innenarchitektin bdia
Architektur, Innenarchi tektur
Landwehrstr. 1
64293 Darmstadt
T: 06151-599214
F: 06151-599215
mail@anne-mehring.de
www.anne-mehring.de

Merz-Schulze, Marion
Dipl.-Ing.
Innenarchitektin bdia
interior-architecture-garden
Am Pfahlgraben 20
63674 Altenstadt
T: 06047-950161
F: 06047-950163
merz-schulze@online.de
www.ito-planungsgruppe.de

Ortwein, Hiltrud
Dipl.-Ing. (FH)
Innenarchitektin bdia
Weiherstr. 1
35460 Staufenberg
T: 06406-834750
F: 06406-834545
h.ortwein@innenarchitektur-ortwein.de
www.innenarchitektur-ortwein.de

Hessen

Otberg, Kathrin
Dipl.-Ing.
Innenarchitektin bdia
Wiesenstr. 11a
64367 Mühltal
T: 06151-606290
F: 06151-606292
otberg.reuther@t-online.de

Petters, Gabriele
Dipl.-Des. (FH)
Innenarchitektin bdia
Poststr. 12
65439 Flörsheim
T: 06145-5447957
F: 06145-5447958
gabriele.petters@gmx.de

Planker, Marco Arno
Dipl.-Ing. Innenarchitekt bdia
Architekturbüro Planker
Bernardstr. 13
63067 Offenbach
T: 069-823169
F: 069-82379097
marco.planker@gmx.de

Poerschke, Andrea
Dipl.-Ing. (FH)
Innenarchitektin bdia
Innenarchitekturbüro Poerschke
Schöne Aussicht 20
61476 Kronberg
T: 06173-321474
F: 06173-321475
andrea.poerschke@t-online.de
www.innenarchitektur-poerschke.de

Poetgens, Bettina
Dipl.-Des. (FH)
Innenarchitektin bdia
Kiesbergstr. 57
64285 Darmstadt
T: 06151-65805
F: 06151-65804
b.poetgens@t-online.de
www.bettinapoetgens.de

Pusch, Andrea
Dipl.-Ing. (FH)
Innenarchitektin bdia
Innenarchitektur - innen und außen
Brüder-Grimm-Str. 130
36396 Steinau
T: 06663-5148
F: 06663-9110997
a.pusch@fotomerz.de
www.andreapusch.de

Schmidt, Dieter
Dipl.-Ing. (FH)
Innenarchitekt bdia
schmidt holzinger innenarchitekten
Landwehrstr. 11
63110 Rodgau
T: 06106-851446
F: 06106-851440
info@schmidtholzinger.de
www.schmidtholzinger.de

Seger, Arno
Dipl.-Ing. Architekt
Innenarchitekt bdia
Seger Architektur + Innenarchitektur
Bahnhofstr. 59
63128 Dietzenbach
T: 06074-7296527
F: 06074-7296529
info@arno-seger.de
www.arno-seger.de

Skuderis, Dagmar
Dipl.-Des.
Innenarchitektin bdia
skuderis / office consulting + design
Erich-Ollenhauer-Str. 245a
65199 Wiesbaden
info@skuderis-ocd.de

Slomski, Monika
Dipl.-Ing.
Innenarchitektin bdia
Das Innenarchitekturbüro Monika Slomski
Zollhausstr. 4
64646 Heppenheim
T: 06252-93080
F: 06252-930880
innenarchitektin@slomski.net
www.slomski-innenarchitektin.de

Stark-Albert, Ute
Dipl.-Des. + Dipl.-Kfm.
Innenarchitektin bdia
Alt Griesheim 6
65933 Frankfurt
T: 069-387717
F: 069-38997119
starkalbert@aol.com

Tiemann, Ulrike
Dipl.-Ing.
Innenarchitektin bdia
Cronauer + Romani Innenarchitekten GmbH
Ernst-Ludwig-Promenade 16
64625 Bensheim
T: 06251-960655
F: 06251-960610
info@c-r-i.de
www.c-r-i.de

Völker, Birgit
Dipl.-Des.
Innenarchitektin bdia
Yorckstr. 8
65195 Wiesbaden
T: 0611-9406500
F: 0611-9450811
buerovoelker@t-online.de

Vollmer, Nicola
Innenarchitekt bdia
Waidmannstr. 47
60596 Frankfurt
T: 069-499106
F: 069-490548

Vonofakos, Jana
Dipl.-Ing. (FH)
Innenarchitektin bdia
Gartenstr. 4
60594 Frankfurt/M.
T: 0176-80027110
vonofakos@vrai.de
www.vrai.de

Weinmann, Christine
Dipl.-Ing. (FH)
Innenarchitektin bdia
in_design architektur
Strahlenberger Weg 16
60599 Frankfurt
T: 069-60628720
F: 069-606287211
info@indesign-architekten.de
www.indesign-architekten.de

Zimmermann, Kirsten
Dipl.-Ing.
Innenarchitektin bdia
Nordweststr. 44
63128 Dietzenbach
T: 06074-800079
F: 06074-4860379
zimmermann.kirsten@t-online.de

InnenarchitektInnen bdia, angestellt

Agel, Nadine
Dipl.-Ing. (FH)
Innenarchitektin bdia
Schwalbacherstr. 56
60326 Frankfurt
T: 069-68099599
nadine.agel@web.de

Aumann, Franziska
Dipl.-Ing. (FH)
Innenarchitektin bdia
Am Kirschenberg 47
61239 Ober-Mörlen

Bücksteeg, Simone
Dipl.-Ing.
Innenarchitektin bdia
RBS Projekt Management GmbH
Bornstr. 48
65719 Hofheim
T: 0611-600787
F: 0611-600913
simone.buecksteeg@rbs1.com

Faust, Anja
Dipl.-Ing.
Innenarchitektin bdia
Ostpreußenstr. 23
65719 Hofheim
T: 06192-203197
F: 06192-203197
anja_faust@web.de

Ferrari, Simone
Dipl.-Ing. (FH)
Innenarchitektin bdia
Am Tannenberg 5
64342 Seeheim-Jugenheim
T: 06257-9980068
mail@simoneferrari.de
www.simoneferrari.de

Hackmann, Ulrike
Dipl.-Ing. (FH)
Innenarchitektin bdia
Gabelsbornstr. 40
65187 Wiesbaden
T: 0611-809262
F: 0611-843888
u.hackmann@t-online.de

Hahn, Walter
Dipl.-Ing. (FH)
Innenarchitekt bdia
Heinestr. 44
64295 Darmstadt
T: 06151-8507184
w.hahn@hotmail.de

Herzog, Gabriele
Dipl.-Ing.
Innenarchitektin bdia
Heilmannstr. 15
60439 Frankfurt
T: 069-585617
gabriele-herzog@gmx.de

Heymann, Annette Chr.
Dipl.-Des.
Innenarchitektin bdia
Niebergallweg 30
64285 Darmstadt
T: 06151-1593194
F: 06151-1593235
annetteheymann@gmx.de

Körner, Elke C.
Dipl.-Ing.
Innenarchitektin bdia
Bermondstr. 38
63263 Neu-Isenburg
T: 06102-549366
ecneitzel@web.de

Lenhart, Mareike
Dipl.-Ing. (FH)
Innenarchitektin bdia
An den Geiselwiesen 49
60488 Frankfurt
mareike.lenhart@web.de

Mc Kinney, Bettina
Dipl.-Ing. (FH)
Innenarchitektin bdia
Sandeldamm 16
63450 Hanau
T: 06181-26206
bettina.mckinney@gmx.de

Momberger, Maud
Dipl.-Ing.
Innenarchitektin bdia
PURPUR GmbH
Neue Mainzer Str. 1
60311 Frankfurt
T: 069-96219411
F: 069-96219422
mwm@purpur.de
www.purpur.de

MATERIALIEN FÜR EINZIGARTIGE ERLEBNISWELTEN.

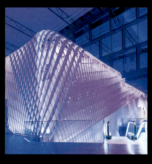   

INNENEINRICHTUNG. DESIGN. LADENBAU. DISPLAYS. MÖBEL.

Markenwerte und das damit verbundene Lebensgefühl weltweit und langfristig zu transportieren ist ein Erfolgsfaktor für einzigartige Erlebniswelten. Mit diesem Ziel entwickelt, produziert und vermarktet die 3A Composites GmbH qualitativ-hochwertige Materialien für Shop- und Innendesign, Möbelbau, Produktregale, Preisschilder, Wegweiser oder Kabinenbeschilderung.

Als Marktführer legen wir großen Wert auf Nachhaltigkeit in unseren Produktionsprozessen und Materialien, die konform sind mit geltenden Umweltrichtlinien. Wir arbeiten eng mit Ladenbauern zusammen und haben so ein umfassendes Angebot an Produkten für die Gestaltung von Erlebniswelten entwickelt: von Alu-Verbundmaterialien, Kunststoff-, Papier- und Holzplatten bis hin zu transparenten und transluzenten Platten. DIBOND®, FOREX®, SMART-X®, KAPA®, DISPA®, BANOVA® und LUMEX® sowie das komplette POLYCASA® Produktsortiment stehen für langanhaltende Farbtreue und Farbbrillanz, sehr gute Dimensionsstabilität sowie einfache Verarbeitung bei geringen Kosten. Eine Produktpalette mit viel Spielraum zur Umsetzung Ihrer kreativen Ideen!

DIBOND® FOREX® SMART-X® FOAMALITE® KAPA® DISPA® BANOVA® LUMEX®

WWW.DISPLAY.3ACOMPOSITES.COM
WWW.POLYCASA.COM

● CRYLUX™   ● CRYLON®   ● AKRYLON®   ● PC   ● APET   ● PETG   ● LENTICULAR

 POLYCASA

YOUR HOME
FOR PLASTICS
AND COMPOSITES

Hessen

Pierenkemper, Monika
Dipl.-Ing.
Innenarchitektin bdia
Lindenkopfstr. 8
65817 Eppstein
T: 06198-5759860
F: 06198-5889004
mpierenkemper@arcor.de

Rothacker, Herta
Dipl.-Ing.
Innenarchitektin bdia
Oberlindau 67
60323 Frankfurt
T: 06039-483126
herta.rothacker@t-online.de

Weber, Sascha
Dipl.-Ing. (FH)
Innenarchitekt bdia
Eichbergstr. 13
36088 Hünfeld
T: 06652-6081400
sascha@weberseite.info

Mitglieder im bdia,
freischaffend

Behr, Ulrike
Dipl.-Ing. (FH)
Behr Raumkonzepte
Am Breitwiesenberg 23
64287 Darmstadt
T: 06151-1363818
F: 06151-1363819
kontakt@behr-
raumkonzepte.de
www.behr-raumkonzepte.de

Bernshausen, Claudia
Dipl.-Ing. (FH)
Schlossborner Str. 64
60326 Frankfurt
T: 069-66965300
claudiwitte@gmx.de

Christ, Yvonne
Dipl.-Ing. (FH)
CHRIST badkonzepte
Werner-Bockelmann-Str. 21
65934 Frankfurt
mobil: 01522-3535376
y.christ@christ-
badkonzepte.de
www.christ-badkonzepte.de

Dudek, Valeska
Dipl.-Ing. (FH)
Am Weingarten 1
60487 Frankfurt
mobil: 0176-62906459
valeska.dudek@freenet.de

Eisel, Saskia
Dipl.-Ing.
Seehofstr. 12 H
60594 Frankfurt
T: 069-95502900
F: 069-95502901
saskia.eisel@web.de

Faust, Heike
Dipl.-Ing.
Innenarchitektur
Am Eichenbühl 54
63322 Rödermark
T: 06074-843598
info@heike-faust.de
www.heike-faust.de

Fischer-Neumann, Judith
Dipl.-Ing. (FH)
Darmstädter Landstr. 384
60598 Frankfurt/M.
T: 069-97763374
jfischer-neumann@freenet.de

Geiger, Jusken
Dipl.-Ing. (FH)
Klarenthaler Str. 101b
65197 Wiesbaden
T: 0611-7242744
F: 0611-7242743
jusken@t-online.de

Groß, Ina
Dipl.-Ing. (FH)
3d visions interior.architecture.design
Münchener Str. 45
60329 Frankfurt/M.
T: 069-48000791
F: 069-15344668
i.gross@3dvisions.eu
www.3dvisions.eu

Herold, Stephan
Dipl.-Ing. (FH)
orthentisch
Schiersteiner Str. 3
65187 Wiesbaden
T: 0611-97454400
herold@orthentisch.de
www.orthentisch.de

Hillgärtner, Christian
Master of Engineering
(M.Eng.), Dipl.-Ing. (FH)
Brunnenstr. 40
35460 Staufenberg
T: 0641-5817240
hillgaertner@gmail.com

Kloss, Julia
Dipl.-Ing. (FH)
Bergstr. 30b
63517 Rodenbach
T: 06184-9059656
F: 06184-990815
mail@juliakloss.de
www.juliakloss.de

Liguori, Vincenza
Dipl.-Ing. (FH)
Habsburgerallee 9
60385 Frankfurt
T: 069-24240890
vl@liguori-gloger.de
www.liguori-gloger.de

Mende-Kohnen, Susanne
Dipl.-Ing. (FH)
Planungsbüro - Innovative
Raumkonzepte
Am Kloster Klarenthal 1a
65195 Wiesbaden
T: 0611-7249977
F: 0611-7249985
info@planungsbuero-
mende-kohnen.de
www.planungsbuero-
mende-kohnen.de

Merten, Connie
Dipl.-Ing.
Am Mühlkanal 23
60599 Frankfurt
T: 069-58609996
conniemerten@web.de

Möbus, Christina
Dipl.-Ing. (FH)
wohnen möbel raumkonzept
Wingert Str. 25
63654 Büdingen
T: 06042-9750197
chmoebus@t-online.de

Niklaus-Thomae, Meike
Dipl.-Ing. (FH)
Thorwaldsenanlage 57
65195 Wiesbaden
T: 0611-304364
F: 0611-5650083
post@niklaus-thomae.de

Picard, Friederike
Master of Arts (M.A.)
Müllerstr. 34
64289 Darmstadt
nuernberg.f@googlemail.com

Platt, Sabine
Dipl.-Ing.
Elisabeth-Selbert-Str. 8
36341 Lauterbach
T: 06641-919707
F: 06641-7177
sabine_platt@freenet.de

Pontius, Sandra
Dipl.-Ing. (FH)
Gänseblümchenweg 3
65201 Wiesbaden
s.pontius@gmx.de
www.sandrapontius.de

Schäfer-Kolberg, Heike
Dipl.-Des. (FH)
Innenarchitektur + Ausstellungsdesign
Veilchenweg 7
64646 Heppenheim
T: 06252-75724
F: 06252-75724
heike@schaefer-kolberg.de
www.schaefer-kolberg.de

Schmidt-Bürgel, Petra
Dipl.-Ing. (FH)
hausmischung Raumkonzepte
Wildunger Str. 10
60487 Frankfurt
T: 069-35351693
info@hausmischung.de
www.hausmischung.de

Schmitt, Katharina
Dipl.-Ing. (FH)
Adolfsallee 7
65185 Wiesbaden
T: 0611-1377163
schmika1@gmx.de

Schnute, Simon
Master of Arts (M.A.)
Eschersheimer Landstr. 270
60320 Frankfurt
simon-schnute@gmx.de
www.simonschnute.com

Schraverus, Alexa
Dipl.-Ing. (FH)
Eichenweg 2
63322 Rödermark
T: 06074-875725
alexa@schraverus.de
www.schraverus.de

Shang, Ying Ping
Hügelstr. 7
65191 Wiesbaden
yingpingshang@yahoo.de

Stoehr, Martin
Dipl.-Ing. (FH)
Carl-Maria-von-Weber-Str. 11
63069 Offenbach
T: 0611-8120516
F: 0611-8120360
martin@hs02.de

Ströbel, Verena
Dipl.-Ing. (FH)
Lieblings I büro für Raum &
Design
Büdesheimer Str. 4
61118 Bad Vilbel
stroebel@lieblingsbuero.de
www.lieblingsbuero.de

Textor, Martina Ulrike
Dipl.-Ing. (FH)
Frick Inneneinrichtungen
Kaiserstr. 28
60311 Frankfurt
T: 069-285131
mt@frick.de
www.frick.de

Wagner, Karen-Antje
Dipl.-Ing. (FH)
Mainzer Landstr. 9
65589 Niederhadamar
T: 06433-509005
antje_wagner@gmx.de

Wartegger, Stefan
Dipl.-Ing. (FH)
Innenarchitektur + Design
Moosbergstr. 48
64285 Darmstadt
T: 06151-2742811
info@wartegger.de
www.wartegger.de

Wehner, Stephanie
Dipl.-Ing. (FH)
Thaidener Str. 11
36115 Hilders
wehner.stephanie@
googlemail.com

Wolf, Marie-Christine
Master of Arts (M.A.)
Gutenbergstr. 21
64289 Darmstadt
T: 0178-6881829
marie-ch.wolf@gmx.de

Nordrhein-Westfalen

Mitglieder bdia

Mitglieder im bdia, angestellt

Bouillon, Kristin
Master of Arts (M.A.)
Eulenhorst 4
56112 Lahnstein
T: 0174-2111522
kristinbouillon@web.de

Engel, Sascha
Dipl.-Ing.
Weißkirchenerstr. 65
61440 Oberursel
T: 06171-2798280
sascha.engel@unitybox.de

Ferdinand, Jennifer
Master of Arts (M.A.)
Schwarzwaldstr. 38
60528 Frankfurt
jennyferdinand@aol.com

Grothe, Oliver
Dipl.-Ing. (FH)
Rat-Beil-Str. 67
60318 Frankfurt
T: 069-94942560
o.grothe@d-o-x.de

Kim, Jin Ah
Bachelor of Arts (B.A.)
Staufenstr. 47
65843 Sulzbach
mobil: 0176-32266055
jinahkim.design@gmail.com

Kohlhaussen, Lina
Dipl.-Ing. (FH)
Marshallstr. 17
35394 Gießen
lina_k83@web.de

Körner, Nina
Dipl.-Ing. (FH)
Hinter den Obergärten 20
60388 Frankfurt
koerner.n@gmx.net

Langendorf, Sven
Dipl.-Ing. (FH), Dipl.-Ing. Arch.
Orketalstr. 8
34516 Vöhl
sven.langendorf@t-online.de

Leva, Sabeth
Im Brühl 3
67150 Niederkirchen
sabeth.leva@gmx.de
www.sabeth-leva.allyou.net

Lux, Joshua
Master of Arts (M.A.)
Platterstr. 168a
65193 Wiesbaden
mobil: 0151-14839632
joshua@coform.at

Maier, Irene
Mosbacher Str. 61
65187 Wiesbaden
i-maier@gmx.de

Mair, Christine
Dipl.-Ing.
Rudolf-Höhn-Str. 5
65307 Bad Schwalbach
T: 06124-725002
ch.mair@gmx.de

Marquardt, Veroniki
Dipl.-Ing.
Nansenstr. 20
64293 Darmstadt
T: 06151-957676
v.r.marquardt@web.de

Rotsch, Markus
Dipl.-Ing.
Mosburgstr. 14
65203 Wiesbaden
T: 0611-609420

Schneider-Gruszka, Jutta
Dipl.-Ing.
Walluferstr. 9b
65197 Wiesbaden
T: 0611-5808676
ju-sch@freenet.de

Schuerg, Claudia
Bachelor of Arts (B.A.)
Liebigstr. 35A
64293 Darmstadt
T: 06151-9502597
c.schuerg@gmx.de

Theis, Tabea
Dipl.-Ing. (FH)
Schützenpfad 5
35745 Herborn
T: 02772-571199
info@tabeatheis.de

Thoma, Hildegard
Dipl.-Ing. (FH)
Seckbacher Landstr. 74
60389 Frankfurt
T: 069-46308088
hille.thoma@gmx.de

von Lonski, Loana
Dipl.-Ing. (FH)
Utenhof Alte Mühle im Werth
61279 Grävenwiesbach
loana.vonlonski@gmx.de

Widder, Marion
Dipl.-Ing. (FH)
Bachstr. 10
64853 Otzberg
T: 06162-982644
marion.widder@gmx.de

StudentInnen im bdia

Anger, Julia
Fiedlerweg 3
64287 Darmstadt
julia.anger24@gmx.de

Muschket, Isabel
Zum Borngraben 14
64853 Otzberg
T: 06151-1300480
isabel.muschket@gmx.de

Ohlberger, Mona
Bachelor of Arts (B.A.)
An der Wasserburg 10
63526 Erlensee
monaohlberger@web.de

Schmidt, Madleine
Bachelor of Arts (B.A.)
Riegerplatz 7
64289 Darmstadt
madleine.schmidt@gmail.com

Schmitt, Liane
Master of Arts (M.A.)
Westerwaldstr. 2
65195 Wiesbaden
schmittliane@gmail.com

Uhland, Johanna
Feldbergstr. 34a
64293 Darmstadt
T: 0172-7634332
johanna@uhland.de

Wille, Carolin
c/o Beck
Rheinstr. 12c
64283 Darmstadt
carolinwille.vienna@web.de

Vorsitzender

Otte, Jürgen
Dipl.-Ing. (FH)
Innenarchitekt bdia
Schanzenstr. 13
46535 Dinslaken
T: 02064-777117
F: 02064-777118
nrw@bdia.de
www.bdia-nrw.de

Stellvertreterin

Hillen, Jutta
Dipl.-Ing. (FH)
Innenarchitektin bdia
Am Henselsgraben 7
41470 Neuss
T: 02137-9330119
nrw@bdia.de
www.bdia-nrw.de

Kassenführerin

Michels, Karin
Dipl.-Ing.
Innenarchitektin bdia
Drosselweg 58
53859 Niederkassel
T: 02208-74729
F: 02208-74928
nrw@bdia.de
www.bdia-nrw.de

InnenarchitektInnen bdia, freischaffend

Argay, Oliver
Dipl.-Des.
Innenarchitekt bdia
Bauplanungs- und Innenarchitekturbüro
An der Elisabethkirche 38
53113 Bonn
T: 0228-2496113
F: 03212-2496113
argay@web.de
www.argay.de

Bärhausen, Karina-Morena
Dipl.-Ing. (FH)
Innenarchitektin bdia
Breitscheider Str. 26
53819 Neunkirchen-Seelscheid
karina.baerhausen@web.de

Bartels, Gritt
Dipl.-Ing. (FH)
Innenarchitektin bdia
Bartels & Klang GbR Innenarchitektur
Ludwig-Erhard-Str. 5
45891 Gelsenkirchen
T: 0209-8182106
F: 0209-3861850
kontakt@bartelsundklang.de
www.bartelsundklang.de

Bartkowiak, Anja
Dipl.-Ing.
Innenarchitektin bdia
Anton-Bauer Weg 6
45657 Recklinghausen
T: 02361-3060810
F: 02361-306812
bartkowiak.anja@t-online.de
www.ab-innenarchitektur.de

Beilstein, Philipp
Dipl.-Ing. (FH)
Innenarchitekt bdia
Goltsteinstr. 52
50968 Köln
T: 0221-80107780
F: 02204-919749
mail@beilstein-innenarchitektur.de
www.beilstein-innenarchitektur.de

Nordrhein-Westfalen

Berkermann-Pechhold, Gudula
Dipl.-Ing.
Innenarchitektin bdia
Brinkerstr. 10
45549 Sprockhövel
T: 02324-916021
gudula@be-pechhold.de
www.be-pechhold.de

Bernshausen, Hermann
Dipl.-Ing. Innenarchitekt bdia
Höhenweg 8
57334 Bad Laasphe
T: 02752-6053
F: 02752-475030
bernshausen@
bernshausen-partner.de

Berthold, Gerhard
Dipl.-Ing. (FH)
Innenarchitekt bdia
Denkmalstr. 112
53783 Eitorf
T: 0172-6533840
gerhardberthold@gmx.de

Blankenhorn, Hans
Innenarchitekt bdia
Fridolinstr. 38
50823 Köln
T: 0221-553355
h.blankenhorn25@gmx.de

Boisseree, Michael
Dipl.-Ing. Innenarchitekt bdia
Leichtensternstr. 13
50937 Köln
T: 0221-7123287
F: 0221-7125693
michael@boisseree.info

Borgschulze-Brinkis, Margret
Dipl.-Ing.
Innenarchitektin bdia
Hahnenfußweg 3
59071 Hamm
T: 02385-2326
F: 02385-913831
m.borgschulze-brinkis@
web.de

Brandherm, Susanne
Dipl.-Ing. (FH)
Innenarchitektin bdia
Aachener Str. 23
50674 Köln
T: 0221-9321036
s.brandherm@b-k-i.de

Bügers, Alexa
Dipl.-Ing. (FH)
Innenarchitektin bdia
room & ehre gmbh
Luegplatz 2
40545 Düsseldorf
T: 0211-5667274
F: 0211- 5667276
alexa.buegers@room-und-ehre.de
www.room-und-ehre.de

Büsing, Anette
Dipl.-Ing.
Innenarchitektin bdia
solonero GbR
Wacholderweg 4
41468 Neuss
T: 02131-1536343
F: 02131-1536344
anette.buesing@solonero.de
www.solonero.de

Camphausen, Christiane
Dipl.-Des.
Innenarchitektin bdia
Pixmühle 4
41199 Mönchengladbach
T: 02166-604587
F: 02166-603928

Cordes, Christiane
Dipl.-Ing.
Innenarchitektin bdia
Cordes Innenarchitektur
Fasanenweg 16
58285 Gevelsberg
T: 02332-757832
F: 02332-757833
info@cordes-innenarchitektur.de
www.cordes-innenarchitektur.de

Deventer, Reinhard
Innenarchitekt bdia
Rüdenbergstr. 14
59909 Bestwig
T: 02904-1420
F: 02904-3252
reinharddeventer@
t-online.de

Dielen, Werner
Dipl.-Ing. Innenarchitekt bdia
DIELEN INNENARCHITEKTEN
Dammer Str. 152
41066 Mönchengladbach
T: 02161-665613
F: 02161-662754
mail@innenarchitekt-dielen.de
www.innenarchitekt-dielen.de

Döring, Niels
Dipl.-Ing. Innenarchitekt bdia
Schülerstr. 22
32756 Detmold
T: 05231-20547
F: 05231-34773
mail@xtraplan.de
www.xtraplan.de

Dreist, Thomas
Dipl.-Ing. Innenarchitekt bdia
Ottostr. 2
40625 Düsseldorf
T: 0211-9215272
F: 0211-9215273
info@dreist-architektur.de
www.rheinlicht.com

Ebbing, Jörg
Dipl.-Ing. (FH)
Innenarchitekt bdia
Rottstiege 6
48356 Nordwalde
T: 02573-9589394
ebbing@kunsthaus-nordwalde.de

Eitner, Barbara
Dipl.-Ing. (FH)
Innenarchitektin bdia
c/o null2elf interior design/marketing
Duisburger Str. 44
40477 Düsseldorf
T: 0211-4160452
F: 0211-4160459
barbara.eitner@null2elf.de
www.null2elf.de

Elmpt, Bruno
Innenarchitekt bdia
Thomas-Mann-Str. 11
40670 Meerbusch
T: 02159-2218

Engelbert, Martin
Dipl.-Ing. Innenarchitekt bdia
Engelbert Einrichtungskonzepte GmbH
Niederdorf 6
49545 Tecklenburg
T: 05455-9607-0
F: 05455-9607-27
martin@engelbert.de
www.engelbert.de

Engels-Teriet, Dagmar
Dipl.-Ing. (FH)
Innenarchitektin bdia
Elisabethstr. 4
40217 Düsseldorf
T: 0211-626565
F: 0211-626569
engels-teriet@t-online.de
www.in-terior.de

Ernst, Ronny
Dipl.-Ing. (FH)
Innenarchitekt bdia
Benedikt-Schmittmann-Str. 22
40479 Düsseldorf
T: 0211-2392391
F: 0211-2392395
ernst@p18-architektur.de
www.p18-architektur.de

Fahr, Josef
Dipl.-Ing. Innenarchitekt bdia
Frommeskothen 18
40882 Ratingen
T: 02102-82160
F: 02102-5359929

Falkenberg, Heike-Christin
Dipl.-Ing.
Innenarchitektin bdia
FALKENBERG INNENARCHITEKTUR
Benrodestr. 18
40597 Düsseldorf
T: 0211-77929990
falkenberg@falkenberg.de.com
www.falkenberg.de.com

Fliessner, Rainer
Dipl.-Ing. Innenarchitekt bdia
Innenarchitekturbüro Fliessner
Donarstr. 38b
44359 Dortmund
T: 0231-4757271
F: 0231-4757272
architekt@fliessner-r.de
www.fliessner-r.de

Flottmann, Johannes
Dipl.-Ing. (FH)
Innenarchitekt bdia
Herkentruperstr. 30
48329 Havixbeck
johannes@flottmann.biz

Fluck, Anne-Doris
Dipl.-Ing. (FH)
Innenarchitektin bdia
Clouth-Werke, Tor 2
Niehler Str. 102-116
50733 Köln
T: 0221-2004788
F: 0221-2004789
plan@annefluck.de
www.annefluck.de

Franke, Andreas
Dipl.-Ing. Innenarchitekt bdia
FRANKE Architektur/Innenarchitektur
Monschauer Landstr. 2
52355 Düren
T: 02421-2230300
F: 02421-2230303
franke@frankearchitektur.de
www.frankearchitektur.de

Franken, Heike
Dipl.-Ing. (FH)
Innenarchitektin bdia
Hatzfelder Str. 69
33104 Paderborn
T: 05254-9579906
info@heike-franken.de
www.heike-franken.de

Freudiger, Wieland
Dipl.-Ing. Innenarchitekt bdia
archimotion-Architektur-Innenarchitektur
Platanenstr. 2
40233 Düsseldorf
T: 0211-5150360
F: 0211-5150370
info@archimotion.de
www.archimotion.de

Frieb, Thomas
Dipl.-Ing. Innenarchitekt bdia
tf+ innenarchitektur
Bultkamp 22
33611 Bielefeld
T: 0521-3058227
F: 0521-3058249
thomas.frieb@gmx.de

Friedrich-Wellmann, Karin
Dipl.-Ing.
Innenarchitektin bdia
Lönsweg 10
33617 Bielefeld
T: 0521-966606
F: 0521-9666070
info@friedrich-wellmann.de
www.friedrich-wellmann.de

SIGL**LICHT**

Die Münchner Lichtmanufaktur

Seit über dreißig Jahren ist SiglLicht eine renommierte Adresse für alle, denen Licht mehr bedeutet als zweckmäßige Helligkeit. Wir entwerfen, entwickeln und installieren Designerleuchten, die sowohl in Puncto Ästhetik als auch in technischer Hinsicht einzigartig sind. Dazu haben wir uns mit spektakulären Lichtplanungen und der technischen Raffinesse unserer Designerleuchten einen Namen gemacht, der weit über die Grenzen Münchens hinaus bekannt ist. Erleben Sie Beleuchtung als ganzheitliches Konzept. Und als wohltuende und bereichernde Komponenten architektonischer und planerischer Entwürfe für besondere Räume. Licht als gestaltendes Element für alle Sinne – das ist Sigllicht, die Lichtmanufaktur aus München.

Special Mention des German Design Award 2017

DOLORINUA: Ausgezeichnet mit dem Bayerischen Staatspreis für besondere gestalterische und technische Spitzenleistungen im Handwerk 2013

www.sigllicht.de

Nordrhein-Westfalen

Fuhren, Marcus
Dipl.-Ing. Innenarchitekt bdia
KBF Architekten; Kunhaus
Betting Fuhren
Frankenstr. 88
45134 Essen
T: 0201-47950012
F: 20147950014
info@architekt-fuhren.de

Fürst, Christiane
Dipl.-Ing. (FH)
Innenarchitektin bdia
Fürst Innenarchitektur
Derschlager Str. 7
51674 Wiehl
T: 02262-729940
F: 02262-729941
kontakt@fuerst-
innenarchitektur.de
www.fuerst-
innenarchitektur.de

Gärtner, Horst Erich
Innenarchitekt bdia
Margeritenring 20
59348 Lüdinghausen
T: 02591-22813

Gebhard, Andrea
Dipl.-Ing.
Innenarchitektin bdia
Am Stoot 3
45481 Mülheim
T: 02054-125857
info@andrea-gebhard.de
www.andrea-gebhard.de

Geppert, Kerstin
Dipl.-Ing.
Innenarchitektin bdia
Anna-Böckmann-Str. 12
33334 Gütersloh
T: 05241-2339630
F: 05241-2339631
innen.architektur@web.de

Gette, Helene
Dipl.-Ing.
Innenarchitektin bdia
Esterfelder Deich 33
49716 Meppen
mobil: 0179-7462989
info@gette-
innenarchitektur.de
www.gette-
innenarchitektur.de

Glabach, Thomas
Dipl.-Ing. (FH)
Innenarchitekt bdia
Unter den Eichen 4
32469 Petershagen
glabach@forum-4.de
www.forum-4.de

Glahn, Johannes
Dipl.-Ing. Innenarchitekt bdia
Germanenstr. 9
33106 Paderborn
T: 05254-65031
F: 05254-68815
info@glahn-wohnbau.de
www.glahn-wohnbau.de

Glashagen, Marco
Innenarchitekt bdia
glashagen innenarchitektur
Düsseldorfer Str. 90
40545 Düsseldorf
T: 0211-59826566
F: 0211-59826569
info@marcoglashagen.de
www.marcoglashagen.de

Göbel, Jeannette
Dipl.-Ing. (FH)
Innenarchitektin bdia
Ecke Widdersdorfer Str.
Oskar-Jäger-Str. 155
50825 Köln
T: 0221-30147312
F: 0221-30147311
info@innen-leben.eu
www.innen-leben.eu

Göke, Hartwig
Dipl.-Ing. Innenarchitekt bdia
Praxiskonzepte
Collenbachstr. 45
40476 Düsseldorf
T: 0211-8628688
F: 0211-8628699
goeke@goeke-
praxiskonzepte.de
www.goeke-
praxiskonzepte.de

Görge, Klaus-Peter
Prof. Innenarchitekt bdia
Diestedder Str. 18
59302 Oelde
T: 02520-396
F: 02520-8091
klaus.goerge@gmx.de

Götz, Ulla
Dipl.-Des.
Innenarchitektin bdia
InnenArchitektur + Design
Feltenstr. 21
50827 Köln
T: 0221-56977488
kontakt@ullagoetz.de
www.ullagoetz.de

Haacke, Gisbert
Dipl.-Ing. Innenarchitekt bdia
Haacke Innenarchitekten
und Designer
Dortmunder Landstr. 30
58313 Herdecke
T: 02330-74853
F: 02330-74854
info@haacke-
innenarchitekten.de
www.haacke-
innenarchitekten.de

Hahne, Heinfried
Dipl.-Ing. Innenarchitekt bdia
Schneidemühler Str. 35
48157 Münster
T: 0251-161556
F: 0251-161557

Hallstein, Nicole
Dipl.-Ing. (FH)
Innenarchitektin bdia
Steinhagen 21
45525 Hattingen
T: 02324-9101072
info@hallstein-risse.de
www.hallstein-risse.de

Hansen, Birgit
Dipl.-Ing. (FH)
Innenarchitektin bdia
hansen innenarchitektur +
materialberatung
Geisselstr. 44
50823 Köln
T: 0221-5465052
F: 0221-5462199
mail@hansen-
innenarchitektur.de
www.hansen-
innenarchitektur.de

Hansert, Angela
Dipl.-Ing. (FH)
Innenarchitektin bdia
Hansert Architektur + Innenarchitektur
Düsselstr. 20
40219 Düsseldorf
T: 0211-59813298
F: 0211-59813296
post@hansert-
innenarchitektur.de
www.hansert-
innenarchitektur.de

Hasenbein, Udo
Dipl.-Ing. Innenarchitekt bdia
Kantstr. 3
40723 Hilden
T: 02103-2523244
F: 02103-2523246
hasenbein@udohasenbein.de
www.udohasenbein.de

Hauschopp, Angelika
Dipl.-Ing.
Innenarchitektin bdia
Hauschopp InnenArchitektur
Münsterstr. 166
44534 Lünen
T: 02306-755822
F: 02306-755821
www.hauschopp.de

Haverkamp, Manfred Felix
Dipl.-Ing. Innenarchitekt bdia
Kreishausstr. 11
32051 Herford
T: 05221-102180
F: 05221-102181

Henke, Eberhard
Dipl.-Ing. Innenarchitekt bdia
Innenarchitekturbüro Henke
Am Mühlenloh 30
59872 Meschede
T: 0291-9023943
F: 0291-9024633
post@innenarchitekt-henke.de
www.innnenarchitekt-
henke.de

Henn, Marcus
Dipl.-Ing. IA + Architekt
Innenarchitekt bdia
pagelhenn, architektinnenarchitekt
Kolpingstr. 11
40721 Hilden
T: 02103-417630
F: 02103-4176329
henn@pagelhenn.de
www.pagelhenn.de

Heringhaus, Heike
Dipl.-Ing.
Innenarchitektin bdia
Innenarchitekturbüro H.
Lindenstr. 181
40233 Düsseldorf
T: 0211-6993222
F: 0211-96659180
heike.heringhaus@h-dot.de
www.h-dot.de

Hildebrandt, Lars
Dipl.-Ing. Innenarchitekt bdia
KREBS KONZEPTE
Wilhelm-Schuh-Weg 4
50935 Köln
T: 0221-4305263
F: 0221-4305264
konzepte@4dsl.de
www.krebskonzepte.de

Hillen, Jutta
Dipl.-Ing.
Innenarchitektin bdia
Am Henselgraben 7
41470 Neuss
T: 02137-9330119
info@juttahillen.de
www.juttahillen.de

Hilse, Gisela
Dipl.-Ing.
Innenarchitektin bdia
Dammstr. 6
32105 Bad Salzuflen
T: 05222-8038038
F: 05222-8038036
mail@g-hilse.de
www.g-hilse.de

Höferlin, Michael
Dipl.-Ing. Innenarchitekt bdia
Höferlin & Höferlin
Planungsteam
Stettiner Str. 1
32756 Detmold
T: 05231-616670
F: 05231-6166729
info@hoeferlinundhoeferlin.de
www.hoeferlinundhoeferlin.de

Hoffjann, Hermann-Josef
Innenarchitekt bdia
Dreckerhook 6
46348 Raesfeld
T: 02865-603713
F: 02865-603709
hoffjann@wml.de

Mitglieder bdia

Horzen, Helena
Master of Arts (M.A.) Innenarchitektin bdia
Herder Str. 36
40721 Hilden
T: 02103-330909
F: 02103-32892
contact@helenahorzen.de
www.helenahorzen.de

Hultsch, Peter
Dipl.-Des.
Innenarchitekt bdia
Borngassse 64
51469 Bergisch Gladbach
T: 02202-52206
F: 02202-52206
iphultsch@t-online.de

Hüttemann, Brigitta
Dipl.-Ing.
Innenarchitektin bdia
Planungsbüro Hüttemann,
Ausbau, Umbau
Schülerstr. 16
32139 Spenge
T: 05225-871614
F: 05225-863805
planungsbuero.
huettemann@web.de
www.planungsbüro-
hüttemann.de

Jäger, Barbara
Dipl.-Ing. (FH)
Innenarchitektin bdia
Gartenstr. 31
53773 Hennef
T: 0224-29358891
mail@raumvarianten.de
www.raumvarianten.de

Jammers, Ralph
Dipl.-Ing. (FH)
Innenarchitekt bdia
schwinning + jammers
Carl-Sonnenschein-Hof 3
41747 Viersen
T: 02161-4633383
F: 02161-4633385
jammers@web.de
www.schwinning-
jammers.de

Jansen, Nikolaus
Dipl.-Ing. Innenarchitekt bdia
Kranichweg 21
46145 Oberhausen
T: 0208-6290042
F: 0208-6290043
mail@nikolaus-jansen.de
www.nikolaus-jansen.de

Jurtschat, Fritz
Innenarchitekt bdia
Elseyer Str. 10
58119 Hagen
T: 02334-9583-0
F: 02334-9583-22
post1@svjurtschat.de
www.tischler.de/jurtschat

Kaballo, Klaus
Dipl.-Ing. Innenarchitekt bdia
Baadenberger Str. 104
50825 Köln
T: 0221-557025
F: 0221-557025

Kaiser-Dappers, Dagmar
Dipl.-Des.
Innenarchitektin bdia
Clarenbachstr. 154
50931 Köln
T: 0221-9402950

Kaltwasser, Gerhard
Dipl.-Ing. (FH)
Innenarchitekt bdia
Kaltwasser Innenarchitektur
Gastronomie
Schlachthofstr. 27
44866 Bochum
T: 02327-61131
F: 02327-903677
g.kaltw@googlemail.com
www.kaltwasser-
innenarchitektur.de

Keggenhoff, Sabine
Prof. Dipl.-Ing.
Innenarchitektin bdia
Architektin AKNW, KEGGENHOFF | PARTNER Innenarchitektur
Karlstr. 10
59755 Arnsberg
T: 02932-902866-0
F: 02932-902866-6
s.keggenhoff@keggenhoff.de
www.keggenhoff.de

Kemper, Meike
Dipl.-Ing. (FH)
Innenarchitektin bdia
INNENDESIGNER Kemper & Düchting GmbH
Merowingerstr. 20 d
40223 Düsseldorf
T: 0211-73278770
F: 0211-73278777
kemper@innendesigner.de
www.innendesigner.de

Klang, Tanja Magdalena
Dipl.-Ing. (FH)
Innenarchitektin bdia
Bartels & Klang GbR
Ludwig-Erhard-Str. 5
45891 Gelsenkirchen
T: 0209-3861750
F: 0209-3861850
t.klang@bartelsundklang.de
www.bartelsundklang.de

Klomp, Johannes
Dipl.-Ing. Innenarchitekt bdia
Klomp und Partner
Waldweg 1
41812 Erkelenz
T: 02431-76404
F: 02431-76884
info@johannes-klomp.de
www.johannes-klomp.de

Kolde, Heiner
Dipl.-Ing. Innenarchitekt bdia
bkp Kolde Kollegen GmbH
Schanzenstr. 6-8
40549 Düsseldorf
T: 0211-55797600
F: 0211-55797601
info@b-k-p.net
www.b-k-p.net

Konrad, Ludger
Dipl.-Ing. Innenarchitekt bdia
Planungsbüro Konrad GmbH
u. Co. KG
Rezepterstr. 7
48703 Stadtlohn
T: 02563-97744
F: 02563-97746
konrad@plan-konrad.de
www.plan-konrad.de

Korthauer, Markus
Dipl.-Ing. Innenarchitekt bdia
Korthauer InnenArchitekten
Lange Str. 34
45529 Hattingen
T: 02324-9022890
F: 02324-9022899
info@korthauer.eu
www.korthauer.eu

Koschinowski, Jan
Dipl.-Ing. (FH)
Innenarchitekt bdia
Koschinowski Innenarchitektur
Baumgarten 12
48477 Hörstel
T: 05459-9068872
F: 05459-9068873
post@k-innenarchitektur.de
www.k-innenarchitektur.de

Kraft, Wilhelm
Innenarchitekt bdia
Carl-Orff-Str. 145
51503 Rösrath
T: 02205-914100

Krüger, Andreas T.C.
Dipl.-Ing. Innenarchitekt bdia
Planungsbüro A. T. C. Krüger
Karl-Halle-Str. 33
58097 Hagen
T: 02331-86688
F: 02331-843455
archiak@t-online.de
www.archiak.de

Kuhlmann, Karoline
Dipl.-Ing.
Innenarchitektin bdia
Innenarchitektur Kuhlmann
Narjesstr. 7
45257 Essen
T: 0201-7495536
F: 0201-7495537
kuhlmann@bka-
innenarchitektur.de
www.bka-
innenarchitektur.de

Lamster, Eike Burkhard
Master of Arts (M.A.), Dipl.-Ing.
Innenarchitekt bdia
Langemarkstr. 18-20
46045 Oberhausen
T: 0208-2056924
F: 0208-2056925
info@lamster-
innenarchitektur.de
www.lamster.eu

Laudage-Fleckner, Regina
Dipl.-Ing. (FH)
Innenarchitektin bdia
Schwemberg 82
34414 Warburg
T: 05642-7754
F: 05642-948714
innenarchitektur.laudage-
fleckner@gmx.de
www.innenarchitektur-in-
warburg.de

Lauscher, Cornelia
Dipl.-Ing. (FH)
Innenarchitektin bdia
Innenarchitektur + Kunst
Tondernstr. 9
48149 Münster
T: 0251-8571286
F: 0251-8571385
lauscher@lauscher-fork.de
www.lauscher-fork.de

Lenz, Vera Bettina
Dipl.-Ing.
Innenarchitektin bdia
Noldenkothen 32a
40882 Ratingen
T: 02102-843625
F: 02102-873680
v.b.lenz@gmx.de
www.lenz-
innenarchitektur.de

Lepel, Monika
Dipl.-Ing. (FH)
Innenarchitektin bdia
LEPEL & LEPEL
Eupener Str. 74
50933 Köln
T: 0221-94991600
F: 0221-94991616
m.lepel@lepel-lepel.de
www.lepel-lepel.de

Leydecker, Sylvia
Dipl.-Ing.
Innenarchitektin bdia
100% interior
Stammheimerstr. 113
50735 Köln
T: 0221-5708000
sylvia.leydecker@
100interior.de
www.100interior.de

Lilienthal, Ruth
Dipl.-Ing.
Innenarchitektin bdia
Innenarchitektur Lilienthal
Bergische Landstr. 40
51375 Leverkusen
T: 0214-8692230
F: 0214-8692236
office@ruth-lilienthal.de
www.ruth-lilienthal.de

Matheis, Alice
Dipl.-Ing.
Innenarchitektin bdia
Innenarchitekturbüro
Matheis
Frankenweg 32
53604 Bad Honnef
T: 02224-76338
F: 02224-779636
info@innenarchitektin-
matheis.de
www.innenarchitektin-
matheis.de

Nordrhein-Westfalen

Michels, Karin
Dipl.-Ing.
Innenarchitektin bdia
Drosselweg 58
53859 Niederkassel
T: 02208-74729
F: 02208-74928
planm@netcologne.de
www.innenarchitektur-
plan-m.de

Moorkamp, Marcus
Dipl.-Ing. Innenarchitekt bdia
Morsbroicher Str. 5
51375 Leverkusen
T: 0214-9600640
F: 0214-96006424
info@marcusmoorkamp.de
www.marcusmoorkamp.de

Morguet, Agnes
Dipl.-Ing. (FH)
Innenarchitektin bdia
Zeughausstr. 10
50667 Köln
T: 0221-16826877
info@agnes-morguet.com
www.agnes-morguet.com

Müller, Martin
Dipl.-Ing. Innenarchitekt bdia
Planungsgruppe Müller +
Assoziierte
Lüttinghofallee 5a
45896 Gelsenkirchen
T: 0209-6001634
F: 0209-6001637
mail@mfm-plan.de
www.mfm-plan.de

Müller, Thomas
Dr.-Ing. Innenarchitekt bdia
designs for life
Schillerstr. 6
50968 Köln
T: 0221-5463391
info@tmcbonn.de
www.thomas-mueller-
concept.de

Musch, Claudia
Dipl.-Ing. (FH)
Innenarchitektin bdia
Wohnwert Innenarchitektur
Altenberger-Dom-Str. 169
51467 Bergisch Gladbach
T: 02202-81166
info@mehr-wohnwert.de

Neumann, Andreas
Dipl.-Ing. (FH)
Innenarchitekt bdia
n 3 architekten
Im Lindental 48
58135 Hagen
T: 02331-624591
F: 02331-624593
neumann@n3-architektur.de
www.n3-architektur.de

Nonhoff, Elisabeth
Dipl.-Ing. (FH)
Innenarchitektin bdia
Nonhoff Innenarchitektur
Auf der Hofreith 41
40489 Düsseldorf
T: 0178-2177531
elisabeth.nonhoff@web.de

Oberwinster, Ulrich
Dipl.-Ing. Innenarchitekt bdia
Am Potekamp 45
40885 Ratingen
T: 02102-893888
F: 02102-893848

Olk, Caroline
Dipl.-Ing. (FH)
Innenarchitektin bdia
Innenarchitektur
Osterfelder Str. 86a
46236 Bottrop
T: 02041-7715336
F: 02041-7715338
info@olk-innenarchitektur.de
www.olk-innenarchitektur.de

Ortwein, Uta
Dipl.-Ing. (FH)
Innenarchitektin bdia
Heinrich-Sträter-Str. 31
44229 Dortmund
T: 0231-1873927
F: 0231-1873926
info@purbuero.de
www.purbuero.de

Ott, Nikolaus
Dipl.-Des.
Innenarchitekt bdia
Goebenstr. 13
32052 Herford
T: 05221-2820020
F: 05221-2820021
info@ott-design.de
www.ott-design.de

Otte, Jürgen
Dipl.-Ing. Innenarchitekt bdia
otte & innenarchitektur
Schanzenstr. 13
46535 Dinslaken
T: 02064-777117
F: 02064-777118
j.otte@otte-und.de
www.otte-und.de

Pahmeier-Rossa, Ute
Dipl.-Ing.
Innenarchitektin bdia
Frankenweg 1a
53604 Bad Honnef
T: 02224-76279
F: 02224-76285
uparo@t-online.de
www.uparo.de

Pappa, Silvia
Dipl.-Ing.
Innenarchitektin bdia
Im Innenhof
Paulusstr. 10
40237 Düsseldorf
T: 0211-9959877
F: 0211-9959878
s.pappa@silvia-pappa.de

Preywisch, Anke
Dipl.-Ing. (FH)
Innenarchitektin bdia
Raumkleid
Oskar-Jäger-Str. 137
50825 Köln
T: 0221-16856668
F: 0221-16856667
service@ankepreywisch.de
www.raumkleid.de

Quadt, Werner Rudi
Dipl.-Ing. (FH)
Innenarchitekt bdia
Berrenrather Str. 188a
50937 Köln
T: 0221-943969-0
F: 0221-943969-1
werner.quadt@quadt-
koeln.de
www.quadt-koeln.de

Radermacher, Hermann
Dipl.-Ing. Innenarchitekt bdia
Am Limperichsberg 33
53639 Königswinter
T: 0228-4227797
F: 0228-96397661
hr@pq-bonn.de
www.planquadrat-
architekten.de

Rauert, Hans-Henning
Dipl.-Des.
Innenarchitekt bdia
Ölweg 13
33154 Salzkotten
T: 05258-9756907
henning@rauertrauert.de

Rauert, Hildegard
Dipl.-Des.
Innenarchitektin bdia
Ölweg 13
33154 Salzkotten
T: 05258-9756907
F: 05258-9756908
henning@rauertrauert.de

Rautert, Michael
Dipl.-Ing. Innenarchitekt bdia
Alte Weberei
Bachstr. 2c - 13
42781 Haan
T: 02129-347800
F: 02129-347806
rautertarchitect@t-online.de

Rieseberg, Berit M.
Dipl.-Ing.
Innenarchitektin bdia
Raumkonzept Rieseberg
Berenberger Mark 10
45133 Essen
T: 0201-743206
F: 0201-7495477
br@raumkonzept-
rieseberg.de
www.raumkonzept-
rieseberg.de

Rösner, Jochen
Dipl.-Ing. Innenarchitekt bdia
JR CONCEPT Innen-Archi-
tektur
Buckaustr. 83
41515 Grevenbroich
T: 02181-4937870
F: 02181-4937837
roesner@jrconcept.de
www.jrconcept.de

Schade, Gudrun
Dipl.-Ing. (FH)
Innenarchitektin bdia
Josefstr. 6
46284 Dorsten
T: 02362-954555
F: 02362-954556
info@g-schade.de
www.g-schade.de

Schaffeld, Silke
Dipl.-Ing. Innenarchitekt bdia
Berliner Allee 55
32756 Detmold
T: 05231-944120
F: 05231-944121
silke@schaffeld.info

Schilgen, Meike
Dipl.-Ing. (FH)
Innenarchitektin bdia
Rurseeallee 18
50859 Köln
mail@meike-schilgen.de
www.meike-schilgen.de

Schindler, Frank
Dipl.-Ing. (FH)
Innenarchitekt bdia
RAUMLIEBE Innenarchitektur
Design
Linkstr. 27c
59519 Möhnesee
T: 02932-899122
F: 02932-899470
info@raumliebe.com
www.raumliebe.com

Schmitz, Vera
Dipl.-Ing.
Innenarchitektin bdia
efficientia
Wilhelmstr. 18
46145 Oberhausen
T: 0208-63539393
F: 0208-63539392
mail@efficientia.de

Schneider, Heinz Jürgen
Dipl.-Ing. Innenarchitekt bdia
Büscherstr. 10
53783 Eitorf
T: 02243-912955
F: 02243-912956
info@ia-schneider.de
www.ia-schneider.de

Scholz, Manuela
Dipl.-Ing. (FH)
Innenarchitektin bdia
Scholz Innenarchitekten
GmbH
Benrather Schlossallee 43a
40597 Düsseldorf
T: 0211-5066936
m.scholz@scholzundko.de
www.scholzundko.de

Corpus

Klassische Formgebung – individuelle Gestaltungsfreiheit

Mehr über unsere Deckensysteme erfahren Sie auf: **www.owa.de**

Odenwald Faserplattenwerk GmbH
Dr.-F.-A.-Freundt-Straße 3 | 63916 Amorbach
tel +49 93 73 . 2 01-0 | info@owa.de

Nordrhein-Westfalen

Schöpf, Brigitte
Dipl.-Ing.
Innenarchitektin bdia
Schöpf + Partner
Kaiser-Wilhelm-Allee 19
42117 Wuppertal
T: 0202-6954850
F: 0202-69548510
brigitte.schoepf@
schoepf-partner.de
www.schoepf-partner.de

Schulschenk, Axel
Dipl.-Ing. Innenarchitekt bdia
Architektur Innen ...
Auf der Gathe 11
45259 Essen
T: 0201-468810
F: 0201-4688110
buero@schulschenk-berlin.de

Schulschenk, Ulrike
Dipl.-Ing.
Innenarchitektin bdia
Auf der Gathe 11
45259 Essen
T: 0201-468810
F: 0201-4688110
buero@schulschenk-essen.de

Schwarzkopf, Birgit
Dipl.-Ing. Dipl.-Wirt.Ing.
Innenarchitektin bdia
Schwarzkopf innenarchitektur
Annastr. 31
40477 Düsseldorf
T: 0211-490739
F: 0211-4981075
mail@schwarzkopf-innenarchitektur.de
www.schwarzkopf-innenarchitektur.de

Schwienhorst, Andreas
Dipl.-Ing. Innenarchitekt bdia
Goorweg 20
59075 Hamm
T: 02381-63635
F: 02381-63625
info@schwienhorst-innenausbau.de

Segerath, Birgit
Dipl.-Ing.
Innenarchitektin bdia
Dittfeldstr. 78
47179 Duisburg
T: 0203-4846990
F: 0203-4846994
info@innenarchitektur-st.de
www.innenarchitektur-st.de

Seidl, Brigitte
Dipl.-Ing. (FH)
Innenarchitektin bdia
Seidl Innenarchitektur
Alteburger Str. 39
50678 Köln
T: 0221-27239247
F: 0221-27239248
info@seidl-innenarchitektur.de
www.seidl-innenarchitektur.de

Sethe, Wolfgang
Dipl.-Des.
Innenarchitekt bdia
Zum Börnchen 31
51645 Gummersbach
T: 02261-55408
F: 02261-58645

Sicking, Alfred
Dipl.-Ing. Innenarchitekt bdia
Bahnhofstr. 80
48653 Coesfeld
T: 02541-6401
F: 02541-85599
studio@m-sicking.de
www.m-sicking.de

Späh, Alfred
Innenarchitekt bdia
Auf der Gathe 14
45259 Essen
T: 0201-467001

Stender-Tünte, Monika
Dipl.-Des.
Innenarchitektin bdia
STENDER+TUENTE INNENARCHITEKTEN
Dückerstr. 7
46348 Raesfeld
T: 02865-2020060
F: 02865-6197
stender-tuente@t-online.de

Stengle, Ursula
Dipl.-Ing.
Innenarchitektin bdia
Konsens Innen + Architekten
Josef-Bayer-Str. 12
50733 Köln
T: 0221-7200700
F: 0221-7200725
info@konsens-stengle.de
www.konsens-stengle.de

Sülzen-Küster, Gabriele
Dipl.-Ing.
Innenarchitektin bdia
CONZEPT 02 BLICK FÜR RÄUME
Arnoldstr. 15
53225 Bonn
T: 0228-3774843
F: 0228-3774844
gaby.suelzen@concept02.de
www.concept02.de

Tepasse, Gabriele
Dipl.-Ing.
Innenarchitektin bdia
Vardingholter Str. 37
46397 Bocholt
T: 02871-2417314
F: 02871-2417315
info@innenarchitektur-st.de
www.innenarchitektur-st.de

Thiebes, Hanne
Dipl.-Ing.
Innenarchitektin bdia
Hospitalstr. 30
53840 Troisdorf
T: 02241-806082
F: 02241-881320
info@hanne-thiebes.de
www.hanne-thiebes.de

Trebse, Beate
Dipl.-Ing. (FH)
Innenarchitektin bdia
Hasselbeckstr. 34
40625 Düsseldorf
T: 0211-17831745
trebse@cas-architecturals.de

Trötschel, Marit
Dipl.-Ing. (FH)
Innenarchitektin bdia
Wildsteig 16
42113 Wuppertal
T: 0202-4959755
troetschel@t-online.de
www.Innsbesondere.de

Unzen, Heinz
Dipl.-Des.
Innenarchitekt bdia
Unzen GmbH &Co KG.
Architektur, Objekt
Göckelsweg 90-92
41068 Mönchengladbach
T: 02161-595030
F: 02161-5950340
info@unzen.de
www.unzen.de

Usinger, Jochen
Dipl.-Ing. Innenarchitekt bdia
Baackesweg 77
47804 Krefeld
T: 02151-3250350
F: 02151-32503535
ukw@
ukw-innenarchitekten.de
www.ukw-innenarchitekten.de

van der Vis, Peter
Dipl.-Ing. Innenarchitekt bdia
Planungsbüro für Innenarchitektur
Grillostr. 2
44799 Bochum
T: 0234-97356876
F: 0234-97356851
peter@vandervis.de
www.vandervis.de

Vogelsberg, Martin
Dipl.-Ing. Innenarchitekt bdia
Trierer Str. 50-52
53894 Mechernich
T: 02484-95020
F: 02484-950210

Wadsack, Christian
Dipl.-Ing. Innenarchitekt bdia
HOFMANN + WADSACK
INNENARCHITEKTUR
Memeler Str. 11
32547 Bad Oeynhausen
T: 05731-4961432
F: 05731-4961438
mail@hofmann-wadsack.de
www.hofmann-wadsack.de

Wahlen, Anne
Dipl.-Ing. (FH)
Innenarchitektin bdia
anne wahlen-innenarchitektur
Finkenweg 31
53359 Rheinbach
T: 02226-158798
F: 02226-158799
wahlen@aw-innenarchitektur.de
www.aw-innenarchitektur.de

Weber, Sabine
Dipl.-Ing. (FH)
Innenarchitektin bdia
Von-Quadt-Str. 34
51069 Köln
T: 0221-16829930
F: 0221-16829931
s.weber@lotos-innenarchitektur.de
www.lotos-innenarchitektur8.de

Weise, Klaus-Peter
Dipl.-Ing. (FH)
Innenarchitekt bdia
bau:werk InnenArchitektur
Geraer Weg 5
40627 Düsseldorf
T: 0211-272780
F: 0211-272780

Weitz, Andrea
Dipl.-Ing. (FH)
Innenarchitektin bdia
Schwarzbachstr. 19
40625 Düsseldorf
T: 0211-486967
F: 0211-486230
andrea.weitz@
raumkontor.com
www.raumkontor.de

Wendland, Jens
Prof. Dipl.-Ing.
Innenarchitekt bdia
raumkontor innenarchitektur
Oberrather Str. 12
40472 Düsseldorf
T: 0211-486967
F: 0211-486230
jens.wendland@
raumkontor.com
www.raumkontor.com

Werger, Franz
Dipl.-Ing. Innenarchitekt bdia
Bernhard-Holtmann-Str. 2
48366 Laer
T: 02554-8917
F: 02554-6176
plan@werger.de

Wienkamp, Marie-Louise
Des. grad.
Innenarchitektin bdia
Lasbeck 14
48329 Havixbeck
T: 02507-7671
F: 02507-571042
mlwienkamp@gmx.de
www.wienkamp-innenarchitektin.de

Mitglieder bdia

Willms, Max Georg
Dipl.-Ing. (FH)
Innenarchitekt bdia
Willms GmbH & Co. KG
Graf-Gerhard-Str. 40
41849 Wassenberg
T: 02432-3676
F: 02432-934529

Wirths, Andreas
Dipl.-Ing. Innenarchitekt bdia
Mühlenweg 1
51597 Morsbach
T: 02294-90255
F: 02294-991294
wirths-architekten@
t-online.de
www.wirths-architekten.de

Wustmann, Jürgen
Dipl.-Ing. Innenarchitekt bdia
design by innen & architektur
Honsberger Str. 2
42477 Radevormwald
T: 02195-931345
F: 02195-931346
info@design-by.de
www.design-by.de

Zimmermanns, Frank
Dipl.-Ing. Innenarchitekt bdia
Rheindahlener Str. 14-16
41189 Mönchengladbach
T: 02166-57492
F: 02166-54292
frank57492@aol.com
www.moebel-
zimmermanns.de

Zschau, Anette
Dipl.-Ing.
Innenarchitektin bdia
Henriettenstr. 17 b
33613 Bielefeld
T: 0521-894202
innen.architektur@zschau.one

Zürner, Silja
Dipl.-Ing. (FH)
Innenarchitektin bdia
An der Brücke 36
51491 Overath
T: 02206-8529245
F: 02206-8529244
siljazuerner@yahoo.de
www.raum-inhalt.de

InnenarchitektInnen bdia, angestellt

Althöfer, Dietmar
Dipl.-Ing. Innenarchitekt bdia
Quadenhofstr. 72
40625 Düsseldorf
T: 0221-6799471
herrdietmar@web.de

Ansorge-Adamodu, Sabrina
Bachelor of Arts (B.A.)
Innenarchitektin bdia
Schillingstr. 251a
52355 Düren
T: 02421-6953247
sabrina.ansorge@gmx.de

Aulbur, Monika
Dipl.-Ing.
Innenarchitektin bdia
Andreas-Schlüter-Str. 27b
53639 Königswinter
m.aulbur@gmx.de

Berg, Rena van den
Bachelor of Arts (B.A.)
Innenarchitektin bdia
Lortzingstr. 47
50931 Köln
rena_vdb@web.de

Bertels, Thorsten
Dipl.-Ing. (FH)
Innenarchitekt bdia
Kolpingstr. 30
48485 Neuenkirchen
T: 0251-6749987-2
thorsten.bertels@web.de
www.raumfabrik-ms.de

Blankenhorn, Dirk
Dipl.-Ing. Innenarchitekt bdia
Brüsseler Str. 122
50171 Kerpen
T: 02237-656892
F: 02237-656891
d.blankenhorn@gmx.de

Christenhusz, Thomas
Dipl.-Des.
Innenarchitekt bdia
Christenhusz Einrichtungen GmbH
Eichelhäherweg 8
48155 Münster
T: 0251-7038700
F: 0251-70387021
tc@christenhusz.de
www.christenhusz.de

Danckwortt, Caroline
Dipl.-Des.
Innenarchitektin bdia
Am Kümpel 16
53127 Bonn
T: 0221-80142314
F: 0221-80142320
cda@projektrheinland.de

Dohn, Petra
Dipl.-Ing. (FH)
Innenarchitektin bdia
Florastr. 70
40217 Düsseldorf
T: 0211-1395332
petra.dohn@gmx.de

Fabian, Alexandra
Dipl.-Ing. (FH)
Innenarchitektin bdia
Gerhart-Hauptmann-Str. 32
45657 Recklinghausen
T: 02361-109372
mail@innenarchitektur-fabian.de

Fahl, Andrea
Dipl.-Ing. (FH)
Innenarchitektin bdia
Lümernweg 41
33378 Rheda-Wiedenbrück
T: 05242-9805011

Fellerhoff, Elisabeth
Dipl.-Ing.
Innenarchitektin bdia
Fürst-zu-Salm-Horstmarstr. 5
46354 Südmühlen
T: 02862-6247

Fischer, Birgit
Dipl.-Ing.
Innenarchitektin bdia
Alsweder Str. 35
32312 Lübbecke
T: 05741-34100
F: 05741-341020
info@fischer-4.de

Föcking, Clemens
Dipl.-Ing. Innenarchitekt bdia
Bahnhofstr. 17
46354 Südlohn
T: 02862-89080
clemens.foecking@t-online.de

Franke, Marina
Dipl.-Ing. (FH)
Innenarchitektin bdia
Remscheider Str. 11a
40215 Düsseldorf
T: 0241-40107213
marina.franke@
braunwagner.de
www.braunwagner.de

Friese, Anja
Dipl.-Ing.
Innenarchitektin bdia
Morsbroicher Str. 52
51375 Leverkusen
T: 0214-5008188
friese-a@t-online.de

Geppert, Thomas
Dipl.-Ing. Innenarchitekt bdia
Anna-Böckmann-Str. 12
33334 Gütersloh
T: 05241-2339630
F: 05241-2339631
innen.architektur@web.de

Gießmann, Gabriele
Dipl.-Ing. (FH)
Innenarchitektin bdia
Alte Kalkumer Str. 37
40489 Düsseldorf
T: 0211-4371111
ggiessmann@aol.com

Grau, Dietmar
Dipl.-Ing. Innenarchitekt bdia
Am Spukpesch 3
41749 Viersen
T: 02162-352036

Hebrok, Anja
Dipl.-Ing. (FH)
Innenarchitektin bdia
Fehringshof 10
33719 Bielefeld
T: 0521-333200
anja@hebrok.de

Hensen, Eva
Master of Arts (M.A.)
Innenarchitektin bdia
Mathiaskirchplatz 20
50968 Köln
mail@evahensen.de

Hübers-Liesner, Dorothea
Dipl.-Ing.
Innenarchitektin bdia
Buchenstr. 11
48691 Vreden
T: 02564-398588
F: 02561-97998842
ch.liesner@t-online.de

Hübner, Martin
Dipl.-Ing. Innenarchitekt bdia
Am Wendelpfad 6
58507 Lüdenscheid
T: 02351-60282
F: 02351-63216

Hundt, Herbert
Dipl.-Ing. Innenarchitekt bdia
Haspeler Ring 98a
59581 Warstein
T: 02902-57085
herberthundt@arcor.de

Jutz, Stefanie
Dipl.-Ing. (FH)
Innenarchitektin bdia
Horster Allee 3
40721 Hilden
F: 02103-2793369
steffi.jutz@gmx.de

Klos, Ralf
Dipl.-Ing. Innenarchitekt bdia
Wohnkonzepte Klos
Hansaallee 17
48429 Rheine
T: 05971-64436
F: 05971-805704
klos.ralf@osnanet.de
www.ralfklos.net

Knauf, Anke
Dipl.-Ing. (FH)
Innenarchitektin bdia
Lothringer Str. 12
50677 Köln
T: 0221-5949861
anke-knauf@web.de

Koslowski, Ulrich
Dipl.-Ing. (FH)
Innenarchitekt bdia
Poppenbrede 7
32756 Detmold
T: 05231-300910
F: 05321-300912
u.info@koslowski.org

Nordrhein-Westfalen

Köster, Thomas
Dipl.-Ing. Innenarchitekt bdia
Industriestr. 19b
32108 Bad Salzuflen
T: 05222-21753
info@holzline-koester.de

Kouker, Hans-Georg
Dipl.-Ing. Innenarchitekt bdia
Devensstr. 85
45899 Gelsenkirchen
T: 0209-55649
F: 0209-55809

Kratz, Bettina
Dipl.-Ing. (FH)
Innenarchitektin bdia
Pinienstr. 2
40233 Düsseldorf
T: 0211-69501850
F: 0211-69501869
b.kratz@kplus-konzept.de
www.kplus-konzept.de

Krause, Gabriele
Dipl.-Des.
Innenarchitektin bdia
Brückstr. 47
41812 Erkelenz
T: 02431-76974
gabriele.a.krause@arcor.de

Kuban, Sylvia
Dipl.-Ing. (FH)
Innenarchitektin bdia
Eickhoffstr. 8
59071 Hamm
T: 0511-70815579
sylvia.kuban@gmx.de

Mai, Stefan
Dipl.-Ing. Innenarchitekt bdia
Meisfeldstr. 51
47877 Willich
T: 02156-41341
F: 02156-41341
stema67@gmx.de

Maniscalco, Angela
Bachelor of Arts (B.A.)
Innenarchitektin bdia
Mindenerstr. 66
32602 Vlotho
T: 05733-9934046
angela@maniscalco.eu

Mertens, Rainer
Dipl.-Ing. Innenarchitekt bdia
Am Weinberg 2
59494 Soest
T: 02921-1640

Milkowski, Merten
Dipl.-Des.
Innenarchitekt bdia
Ludwig-Niedieck-Str. 11
59302 Oelde
T: 02529-948164
F: 02529-948165
merten@milkowski.de

Pomberg, Beatrix
Dipl.-Ing. (FH)
Innenarchitektin bdia
Thomas-Mann-Str. 16
44141 Dortmund
beatrix@pomberg.de

Prott, Martin Theo
Dipl.-Ing. Innenarchitekt bdia
Brakeler Str. 25-35
33014 Bad Driburg
T: 05253-933090
F: 05253-3857
info@prott.org
www.prott.org

Rählmann, Norbert
Dipl.-Ing. Innenarchitekt bdia
Langer Weg 23
49497 Mettingen
T: 05452-5621
F: 05451-97090
norbert.raehlmann@
t-online.de

Reinhold, Jörg
Dipl.-Ing. (FH)
Innenarchitekt bdia
Böhmerstr. 3
45144 Essen
T: 0151-16754250
innenarchitekt62@gmx.de

Rogowsky, Claudia
Dipl.-Ing.
Innenarchitektin bdia
Im kleinen Stadthaus
Irenenstr. 88a
40468 Düsseldorf
info@claudia-rogowsky.de
www.claudia-rogowsky.de

Schackers, Klaus
Dipl.-Ing. Innenarchitekt bdia
Kastanienweg 11
52353 Düren
T: 0241-9134127
F: 0241-9134427
klaus.schackers@tilke.de

Scheliga, Sabine
Dipl.-Ing. (FH)
Innenarchitektin bdia
Röttgensweg 69
51107 Köln
T: 0221-16825353
scheliga@netcologne.de

Schranz-Hülskemper, Andrea
Dipl.-Ing. (FH)
Innenarchitektin bdia
Vikariestr. 13
46117 Oberhausen
T: 0208-9690765
F: 0208-9690767
mail@huelskemper.de
www.huelskemper.de

Schröer-Hülskemper, Anja
Dipl.-Ing.
Innenarchitektin bdia
Rumbachtal 34
45470 Mülheim
T: 0208/6262432
mail@huelskemper.de
www.huelskemper.de

Sigfanz, Ulrich
Dipl.-Ing. Innenarchitekt bdia
Haarstrangweg 8
58093 Hagen
T: 02307-26140
F: 02307-2614299
ulrich.sigfanz@objektid.de
www.objektid.de

Sprenger-Hübner, Anne
Dipl.-Ing.
Innenarchitektin bdia
Am Wendelpfad 6
58507 Lüdenscheid
T: 02351-60282

Steinmeier, Anke
Dipl.-Ing.
Innenarchitektin bdia
Luisenstr. 17
32257 Bünde
anke.steinmeier@t-online.de

Sührig, Edda
Dipl.-Ing. (FH)
Innenarchitektin bdia
Schiffahrter Damm 529
48157 Münster
T: 0251-2849513
F: 0251-2849529
suehrig@pauer-muenster.de
www.pauer-muenster.de

Tenten, Frank
Dipl.-Ing. Innenarchitekt bdia
Am Schild 42
51467 Bergisch Gladbach
T: 02202-982764
F: 02202-982765
tenten-walterscheid@
t-online.de

Tolksdorf, Helga
Dipl.-Des.
Innenarchitektin bdia
Seidenweg 43
40593 Düsseldorf
T: 0211-7118578
F: 0211-7118578

Ufermann, Elke
Dipl.-Ing.
Innenarchitektin bdia
Porzer Str. 70
51107 Köln
T: 0221-9862678
F: 0221-865779

Vorderwülbecke, Jürgen
Dipl.-Ing. Innenarchitekt bdia
Morgenwiese 7
59939 Olsberg
T: 02904-704610
info@vorderwuelbecke-online.eu

Wenig, Carsten
Dipl.-Ing. (FH)
Innenarchitekt bdia
Glückaufsegenstr. 118
44265 Dortmund
T: 0231-716496

Wittenberg, Bianca
Dipl.-Ing.
Innenarchitektin bdia
August-Thyssen-Str. 90 a
45481 Mülheim
bw@mawee.de

Mitglieder im bdia, freischaffend

Berger, Greta
Dipl.-Ing. (FH)
Merkurstr. 44
40223 Düsseldorf
T: 0211-6008106
gb-kunstunddesign@
t-online.de

Berghaus, Stephanie
Dipl.-Ing. (FH)
LAGE 101 - Innenarchitektur
Lagerstr. 101
48477 Hörstel
T: 05454-906830
F: 05454-904620
info@lage101.de
www.lage101.de

Beyer, Lisa
Bachelor of Arts (B.A.)
Beyer Roth Weis GBR
Sankt Vither Str. 8
50933 Köln
lisa@beyer-roth-weis.de
www.beyer-roth-weis.de

Bicher, Nicole
Dipl.-Ing. (FH)
Bicher home & office
Im Trift 41
34431 Marsberg
T: 02992-9748353
info@bicher-home.de
www.bicher-home.de

Döring, Alina
Dipl.-Ing. (FH)
INNENARCHITEKTUR + VISUALISIERUNG
Stammheimer Str. 50
50735 Köln
alina.doering@mail.de

Gärtner, Nicole
Dipl.-Ing. (FH)
Schellingweg 2
33659 Bielefeld
T: 0521-9503686
F: 0521-9503687
n.gaertner@gaeplant.de
www.gäplant.de

Goldemann-Sabbak, Marleen
Dipl.-Ing. (FH)
raum.atelier
Irmerstr. 1
40474 Düsseldorf
T: 0211-2483236
F: 0211-2483237
info@raumatelier.de
www.raumatelier.de

Beeindruckend

Digital bedruckte Wandbeläge aus **AIRTEX® magic FR duo (grey back)** erschaffen Bildwelten bis zu 350 Quadratmetern* ohne Rapport und Stoß.

Abbildungen: Interior Print Project by EXPOSIZE – Large Format Printing

AIRTEX® magic FR duo ist ein Digitaldruckgewebe mit einem Gewicht von nur 350 g/m², rückseitig hellgrau beschichtet. Dies macht das Substrat nahezu opak. Wände brauchen nicht vorbehandelt zu werden, bestehende Flecken, Kratzer, Fugen oder sonstige Verunreinigungen scheinen nicht durch.
Die Kunststoffbeschichtung ist sehr robust und macht die Oberfläche kratzfest, schmutzunempfindlich und hygienisch. Deshalb eignet sich **AIRTEX® magic FR duo** neben Shop- und Gastronomie-Dekoration besonders für Wandbeläge in keimarmen Umgebungen wie Arztpraxen und Krankenhäusern.

* Bahnenbreite 5 Meter mal 70 Meter Lauflänge

www.mehgies.com

Nordrhein-Westfalen

Hasiewicz, Verena
Dipl.-Ing. (FH)
raum.atelier
Irmerstr. 1
40474 Düsseldorf
T: 0211-2483236
F: 0211-2483237
info@raumatelier.de
www.raumatelier.de

Hembach, Alois
Dipl.-Des.
Auf dem Forst 2a
51375 Leverkusen
T: 0214-31609409
a.hembach@posteo.de

Hermann, Katharina
Dipl.-Ing. (FH)
Bockhorststr. 149
48165 Münster
T: 02501-9783756
k.hermann@
kai-raumdesign.de

Horstmann, Dirk
Pastoratsweide 7
59387 Ascheberg
T: 02593-928578

Imholze, Joern Frederik
Dipl.-Ing. (FH)
Schwarzenraben 9
59558 Lippstadt
T: 02941-22737
F: 02941-15587
frederik.imholze@email.de

Keizers, Martin
Dipl.-Ing. (FH)
Gutenbergstr. 6a
48691 Vreden
T: 02564-98990
F: 02564-9899099
m-keizers@tueren-konzepte.de
www.tueren-konzepte.de

Koenig, Nils
Dipl.-Ing. (FH)
Haverkamp 37
33334 Gütersloh
T: 05241-6494
F: 05241-68094
nils.koenig@
kuechenkoenig.de
www.kuechenkoenig.de

Lück, Susan
Dipl.-Ing.
c/o Walter Lück GmbH
Mühlenstr. 8
51674 Wiehl
T: 02262-76200
lueck.gmbh@t-online.de

Manthey, Volker
Dipl.-Ing. (FH)
Lindenstr. 184
40233 Düsseldorf
T: 02871-15356

Mersch, Svenja
Dipl.-Ing. (FH)
Koblenzerstr. 54a
33613 Bielefeld
T: 0521-5604685
svenja.mersch@gmail.com

Novak-Bastert, Kim Corinna
Dipl.-Ing. (FH)
Planungsbüro Kim Novak
Ebberghöhe 16
33659 Bielefeld
T: 0521-7701487
F: 0521-7701497
kn@kim-novak.de
www.kim-novak.de

Ostermann, Alexander
Im Samtfelde 11
33098 Paderborn
T: 05251-8787456
info@a-ostermann.de
www.a-ostermann.de

Pöting, Nina
Dipl.-Ing. (FH)
Engelstr. 1
51149 Köln
nina.poeting@gmx.de

Reinelt, Oliver
Dipl.-Ing.
Düesbergweg 74
48153 Münster
T: 0251-5347688
F: 0251-5389646
reinelt-muenster@t-online.de

Rieck, Wiebke
Dipl.-Ing. (FH)
HOME STAGING - RUHR
Bebbelsdorf 74
58454 Witten
T: 02302-9717147
F: 02305-34261
info@homestaging-ruhr.de
www.homestaging-ruhr.de

Rottmann, Birgit E.
Dipl.-Ing.
INNEN - AUSSEN - ARCHITEKTUR - PLANUNGSBÜRO
Werksstr. 15
45527 Hattingen
T: 02324-6849250
F: 02324-6849250
birgit_e.rottmann@web.de
www.innen.aussen.architektur.de

Sanders, Iris
Dipl.-Ing. (FH)
Büro ncolo
Karlstr. 20
32756 Detmold
T: 05231-6161895
F: 05231-6161899
i.sanders@ncolo.de
www.ncolo.de

Schmiedeknecht, Ingo
Dipl.-Ing. Architekt
Sachverständigenbüro
Mauritiusstr. 31
44789 Bochum
T: 0234-9372812
F: 0234-9372872
dipl-ing@ingo-schmiedeknecht.de
www.ingo-schmiedeknecht.de

Schmitz, Maria Luise
Dipl.-Ing.
Buschstr. 7
52525 Heinsberg
T: 02453-383700
F: 02453-383711
schmitz@innenarchitektur-schmitz.de
www.innenarchitektur-schmitz.de

Schröer, Bernhard
Dipl.-Ing. Holztechnik B.A. IA
Uentroper Str. 3
59229 Ahlen
T: 02388-2458
F: 02388-648
schroeer.bernhard@gmx.de

Steppat, Petra
Dipl.-Ing. (FH)
Maastrichter Str. 23
50670 Köln
T: 0221-2582606
petrasteppat@yahoo.de

Stienen, Matthias
Dipl.-Ing.
Raumanzug GmbH
Auf der Bovenhorst 22
46282 Dorsten
T: 02362-7878948
F: 02362-7878949
info@raum-anzug.de
www.raum-anzug.de

Strauch, Ralf
Dipl.-Ing. (FH)
Planungsbüro STRAUCH
innenraum-concept
Ronsieksfeld 32
33619 Bielefeld
T: 05203-884277
F: 05203-884278
info@innenraum-concept.de
www.innenraum-concept.de

Trakies, Bettina
Dipl.-Ing. (FH)
Kuckucksweg 64
33607 Bielefeld
T: 0521-290031
F: 0521-290034
info@t-raumkonzepte.de
www.t-raumkonzepte.de

Volmerich, Yvonne
Dipl.-Ing. (FH)
Saarlandstr. 83
44139 Dortmund
T: 0231-18998767
F: 0231-2063709
yvolmerich@
raumtrifftinhalt.de
www.raumtrifftinhalt.de

von Welck, Birgit
Dipl.-Ing.
lebens(T)raum-konzepte
Marienburger Str. 5
50968 Köln
T: 0211-387844
mail@birgitvonwelck.de
www.lebenstraum-konzepte.de

Wagner, Katja
Dipl.-Ing. (FH)
light11.de GmbH
Bozener Str. 13
44229 Dortmund
T: 0231-5345812
k.wagner@light11.de
www.kw-innenarchitektur.de

Wagner, Monika
Bachelor of Arts (B.A.)
Gereonswall 128
50670 Köln
mobil: 0152-06215530
mail@monikawagner-design.de

Warchold, Silke
Dipl.-Ing.
gruppe RE interior + produktdesign
Alteburger Str. 53
50678 Köln
F: 0221-3104022
sw@gruppe-re.com
www.gruppe-re.com

Weber, Nicole
Dipl.-Ing. (FH)
Düsseldorferstr. 190
40545 Düsseldorf
T: 0211-55028934
nw.interiordesign@gmx.de
www.nw-innenarchitektur.de

Wehmeyer, Jens
Dipl.-Ing. (FH)
Gartenstr. 11
49477 Ibbenbüren
T: 05451-936360
F: 05451-936361
info@wehmeyer-ibbenbueren.de

Mitglieder im bdia, angestellt

Albinus, Friederike
Dipl.-Ing. (FH)
Hauerweg 12
32429 Minden
T: 0571-8892899
fi_albinus@yahoo.com
www.fi-albinus.net

Behrendt, Anke
Dipl.-Ing. (FH)
Azorenstr. 10c
33729 Bielefeld
T: 0521-2089089
behrendtanke@aol.com

Bering-Bächli, Daniela
Dipl.-Ing. (FH)
Kastanienallee 24
32049 Herford
bering_daniela@hotmail.com

Mitglieder bdia

Brüning, Antje
Dipl.-Ing. (FH)
Kobergstr. 7
48249 Dülmen

Economou, Sophia
Dipl.-Ing.
Hoffeldstr. 10
40235 Düsseldorf
T: 0211-377965

Gerstenberg, Mark
Master of Arts (M.A.)
Weststr. 33
59065 Hamm
markgerstenberg@gmx.de

Graf, Sonja
Master of Arts (M.A.)
Sonnenstr. 83
40227 Düsseldorf
graf-sonja@gmx.de

Hommel, Christian
Bachelor of Arts (B.A.)
Siegfriedstr. 10
50678 Köln
christianhommel07@google-mail.com

Karenfort, Rena
Dipl.-Ing.
Johannistal 26
33617 Bielefeld
T: 0521-91177190
F: 0521-91177191
info@rena-karenfort.de

Khalajhedayati, Sahar
Master of Arts (M.A.)
Hiddeserstr. 29a
32758 Detmold
T: 0162-8384988
hedayati.sahar@googlemail.com

Kindler, Matthias
Dipl.-Ing. (FH)
Martin-Buber-Str. 9
51109 Köln
kindler1@gmx.de

Klostermann, Kerstin
Dipl.-Ing.
Ludgeristr. 51
48727 Billerbeck
T: 02543-238716
kerstin.klostermann@web.de

Kollodzey, Katrin
Master of Arts (M.A.)
Elisabethstr. 56
32756 Detmold
T: 05231-8799240
katrin.kollodzey@gmx.de

Lodo, Annika
Master of Arts (M.A.)
Illerweg 17
51063 Köln
F: 0173-2508603
a.lodo@gmx.de

Merschmann, Nicole
Dipl.-Ing. (FH)
Dr.-Zahn-Str. 27
59555 Lippstadt
nicole.merschmann@gmx.de

Meyer-Braak, Christina
Dipl.-Ing. (FH)
DIE BAUFREUNDE gemeinsam planen u. bauen
Spiekerhof 31
48143 Münster
T: 0251-97449131
c.meyer-braak@die-baufreunde.de
www.die-baufreunde.de

Ommer, Gerd
Dipl.-Ing.
Neudieringhauser Str. 6
51645 Gummersbach
T: 0171-6108599

Pardun, Hubert
Dipl.-Ing. (FH)
Hankerfeld 19
59602 Rüthen
T: 02952-1454
F: 02952-1743
info@pardun-online.de
www.pardun-online.de

Pöpping, Lin
Dipl.-Ing. (FH)
Arclite Lichtvertrieb GmbH
Derendorfer Str. 32
40479 Düsseldorf
mobil: 0157-50145654
lindesign@t-online.de

Rühl, Anja
Dipl.-Ing. (FH)
Hohe Flur 20
32457 Porta Westfalica
T: 05706-941444
stockwerk.ruehl@t-online.de

Scherließ, Iris
Dipl.-Ing. (FH)
Spiegelberg 88
32657 Lemgo
T: 05231-3049455
iris@scherliess.de

Schlösser, Harald
Dipl.-Ing. (FH)
Gladbacherstr. 267
50189 Elsdorf
T: 0221-4069205
holzschloesser@web.de

Schneider, Anna Marie
Bachelor of Arts (B.A.)
Rathausstr. 33
46519 Alpen
T: 0162-4383019
anna.marie.schneider@icloud.com

Schulschenk, Christina
Master of Arts (M.A.)
Auf der Gathe 11
45259 Essen
T: 0201-4688110
F: 0201-4688110
christina.schulschenk@web.de
www.cis-fotodesign.de

Szarafinski, Matthias
Dipl.-Ing.
Werdener Str. 24
59348 Lüdinghausen
T: 02505-690
F: 02505-699
entwurf@koester-moebel.de
www.koester-moebel.de

Thomann, Werner
Dipl.-Des.
Im Schaufsfeld 7
40764 Langenfeld
T: 02173-23303
thomann.langenfeld@t-online.de

Unzen, Christoph
Dipl.-Ing. (FH)
Göckelsweg 90-92
41068 Mönchengladbach
F: 02161-593653
christoph_unzen@gmx.de
www.unzen.de

Wiese, Lisa
Bachelor of Arts (B.A.)
Villa-Bunzener-Weg 7
57258 Freudenberg
lisa.wiese@mail.de

Zilkens-Boden, Simone
Dipl.-Ing.
Kölner Str. 14
41334 Nettetal
T: 02157-87060
F: 02157-870666
www.boden-einrichtungshaus.de

StudentInnen im bdia

Berlemann, Hanna
Master of Arts (M.A.)
Tecklenburger Str. 45
49492 Westerkappeln
h.berlemann@gmx.net

Dillmann, Marijana
Drosselweg 4
51709 Marienheide
marijanadillmann@googlemail.com

Assoziierte

Dustmann, Heinz-Herbert
Dula-Werke Dustmann & Co. GmbH
Karlsbader Str. 1a
44225 Dortmund
T: 0231-71000
F: 0231-7100349
info@dula.de
www.dula.de

Lindemann, Hans
Dipl.-Des.
Lindemann . Interior . Design
Steensweg 12
47626 Kevelaer
T: 02832-799252
F: 02832-799253
lindemanndesign@aol.com
www.lindemanndesign.de

Rheinland-Pfalz / Saarland

Vorsitzende

Sachs-Rollmann, Daniela
Dipl.-Des.
Innenarchitektin bdia
Cappelallee 4
66424 Homburg
T: 06841-7030700
F: 06841-7030536
d.rollmann@architekten-prof-rollmann.de
rps@bdia.de
www.architekten-prof-rollmann.de

Stellvertreterin

Simon, Nina
Dipl.-Ing. (FH) Architektin +
Innenarchitektin bdia
Hagenstr. 9
67583 Guntersblum
simonnina_bdia@yahoo.de

Kassenführer

Gruen, Pierre P.
Dipl.-Des.
Innenarchitekt bdia
Guerickestr. 65
66123 Saarbrücken
T: 0681-9386432
F: 0681-9386434
pierregruen@t-online.de
www.pierregruen.de

InnenarchitektInnen bdia, freischaffend

Bohland, Peter
Dipl.-Ing. Innenarchitekt bdia
Andreas-Streicher-Str. 3
67071 Ludwigshafen
T: 0621-689846
F: 0621-689840

De Giuli, Jürgen
Dipl.-Des.
Innenarchitekt bdia
Kaiserstr. 70
66386 St. Ingbert
T: 06894-381256
F: 06894-383503
degiuli-aks@web.de

Friedrich, Horst
Innenarchitekt bdia/
Architekt
Friedrich Association
Kiefernweg 26
55543 Bad Kreuznach
T: 0671-88828-0
F: 0671-88828-27
generalplanung@i-b.de
www.generalplanung.com

Gitzen, Alois
Innenarchitekt bdia
Hainbuchenweg 7
54568 Gerolstein

Görg, Reinhard
Dipl.-Des.
Innenarchitekt bdia
Tannenweg 1
56410 Montabaur
T: 02602-18716
F: 02602-18166
info@innenarchitekt-goerg.de
www.innenarchitekt-goerg.de

Graeber, Ulrich
Prof. Innenarchitekt bdia
Lassallestr. 20
67663 Kaiserslautern
T: 0631-23745
F: 0631-3728399
ulrich@graeber.de

Gruber, Heiko
Dipl.-Ing. Innenarchitekt bdia
planungsbüro i 21
Nahestr. 16
55593 Rüdesheim
T: 0671-2987572
F: 0671-2987573
info@innenarchitektur21.de
www.innenarchitektur21.de

Gruen, Pierre P.
Dipl.-Des.
Innenarchitekt bdia
Gruen Innen-Architekten
Guerickestr. 65
66123 Saarbrücken
T: 0681-9386432
F: 0681-9386434
pierregruen@t-online.de
www.pierregruen.de

Herzberger, Martin
Dipl.-Ing. (FH), M.Eng.
Archit./Innenarchitekt bdia
Bahnhofstr. 4
55268 Nieder-Olm
T: 06136-9940550
F: 06136-9940552
info@architekt-herzberger.de
www.architekt-herzberger.de

Hess, Michael
Dipl.-Ing. Innenarchitekt bdia
Hess Merzweiler
Hoppstädter Weg 6
67746 Merzweiler
T: 06788-942066
F: 06788-942067
hess-merzweiler@t-online.de

Hill, Jürgen A.
Dipl.-Des.
Innenarchitekt bdia
PGM-Architekten.Innenarchitekten/J.Hill
Gonsbachgärten 9
55122 Mainz
T: 06131-672518
F: 06131-678738
j.hill@pgm-architekten.de
www.pgm-Innenarchitekten.de

Jacob, Juergen
Dipl.-Des.
Innenarchitekt bdia
Welschgasse 4
67677 Enkenbach-Alsenborn
T: 06303-2310
F: 06303-2563
info@innenausbau-jacob.de
www.innenausbau-jacob.de

Konrad, Gerhard
Prof. Innenarchitekt bdia
Morlauterer Str. 15
67657 Kaiserslautern
T: 0631-70896
F: 0631-73375

Leonhardt, Michael
Dipl.-Ing. (FH)
Innenarchitekt bdia
Architektur & Denkmalpflege
Fleischstr. 7
54290 Trier
T: 0651-4636908
F: 0651-4636909
mail@leonhardt-architektur.de
www.leonhardt-architektur.de

Luy-Rommelfangen, Marlies
Dipl.-Ing. (FH)
Innenarchitektin bdia
BALLINIPIT architectes urbanistes
Schulstr. 18
54441 Mannebach
T: 00352-453101-1
F: 00352-454070
m.lr@ballinipitt.lu
www.ballinipitt.lu

Matheis, Susanne
Dipl.-Des. (FH)
Innenarchitektin bdia
Dudweilerstr. 2
66111 Saarbrücken
T: 0681-9102139
F: 0681-9102285
s.matheis@2m-innenarchitekten.de
www.2m-innenarchitekten.de

Ney, Horst
Dipl.-Des. (FH)
Innenarchitekt bdia
Ahornweg 1
56288 Kastellaun
T: 06762-8000
F: 06762-2800

Reines, Judith
Dipl.-Ing. (FH)
Innenarchitektin bdia
Sachverständige f. Immobilienbewertung
Grabenstr. 31
56130 Bad Ems
T: 0179-1200071
judith@reines.de
www.reines-design.de

Rollmann, Hans
Prof. Dipl.-Des.
Innenarchitekt bdia
Prof. Rollmann + Partner
Cappelallee 4
66424 Homburg
T: 06841-7030700
F: 06841-7030536
h.rollmann@architekten-prof-rollmann.de
www.architekten-prof-rollmann.de

Sachs Rollmann, Daniela
Dipl.-Des.
Innenarchitektin bdia
Prof. Rollmann + Partner
Cappelallee 4
66424 Homburg
T: 06841-7030700
F: 06841-7030536
d.rollmann@architekten-prof-rollmann.de
www.architekten-prof-rollmann.de

Strobl, Wolfgang
Prof. Dipl.-Ing.
Innenarchitekt bdia
Poststr. 1
54486 Mülheim
T: 06534-949134
F: 06534-949135
bs@bastgen-strobl.de
www.bastgen-strobl.de

Waschbüsch, Sabine
Dipl.-Ing. (FH)
Innenarchitektin bdia
Donatusstr.23
66822 Lebach
T: 06881-1053
F: 06881-91541
sabine.waschbuesch@t-online.de
www.ahochi.de

Welle, Anja-Maria
Dipl.-Ing.
Innenarchitektin bdia
Goethestr. 4
66424 Homburg
T: 06841-1878953
F: 06841-1878954
welle@anjawelle.com
www.anjawelle.com

Gute Innenarchitektur.
Nur einen Fingertip entfernt.
www.atlas.bdia.de

Rheinland-Pfalz / Saarland

Weyrich, Henni
Dipl.-Ing. (FH)
Innenarchitektin bdia
Innenarchitektur Weyrich
Albanusstr. 19
55128 Mainz
T: 06131-3332349
F: 06131-366348
henni.weyrich@t-online.de

Zenner, Norbert
Prof. Dipl.-Ing.
Innenarchitekt bdia
HEPP+ZENNER ING. GESELL-
SCHAFT mbH
Charlottenstr. 17
66119 Saarbrücken
T: 0681-954300
F: 0681-9543015
prof.n.zenner@
heppzenner-architekten.de
www.heppzenner-
architekten.de

InnenarchitektInnen
bdia, angestellt

Baur, Elisabeth
Dipl.-Ing.
Innenarchitektin bdia
Boffertsweg 16
53489 Sinzig
T: 02642-43822
elisabeth.baur@eb-tek.com

Herrmann, Judith
Dipl.-Ing. (FH)
Innenarchitektin bdia
Eichbornstr. 9
76829 Landau
T: 06341-381434
judith-herrmann@gmx.de

Kasjanenko, Irene
Master of Arts (M.A.)
Innenarchitektin bdia
Zur Heide 16
54636 Sülm
irena.kasjanenko@gmail.com

Klein, Verena
Dipl.-Ing. (FH)
Innenarchitektin bdia
In den Hochstücken 11
76833 Walsheim
T: 06341-9381470
klein-v@outlook.de

Putschli, Susanne
Dipl.-Des. (FH)
Innenarchitektin bdia
Ingenieurbüro Putschli
Conrad-Voelcker-Str. 12
67480 Edenkoben
T: 06323-9892410
F: 06323-9892415
putschli@t-online.de
www.putschli.com

Mitglieder im bdia,
freischaffend

Balthasar, Georg
Dipl.-Ing. (FH)
Gartenstr. 32
67305 Ramsen
T: 06351-989807
info@georgbalthasar.de
www.georgbalthasar.de

Becker, Ralf
Dipl.-Ing.
Becker Interiors
Erlenstr. 6
56281 Emmelshausen
mobil: 0152-31098127
ralf.becker@becker-
innenarchitektur.de
www.becker-
innenarchitektur.de

Garth, Leonie
Dipl.-Ing. (FH)
67661 Kaiserslautern
mobil: 0176-99594605
Kontakt@leoniegarth.de
www.leoniegarth.de

Gottschalk-Roschy, Birgit
Dipl.-Des.
Kapellenstr. 55
67714 Waldfischbach-
Burgalben
T: 06333-7391
F: 06333-279265

Hager, Sarah
Dipl.-Ing. (FH)
Planungsbüro 2raum ID
Am Neunkircher Weg 5
66459 Kirkel
T: 06894-920669
F: 06894-920668
info@raumid.net
www.raumid.net

Hopf, André
Bachelor of Arts (B.A.)
Pingenweg 2
57520 Steinebach
T: 02747-911175
F: 02747-911176
andre.hopf@me.com

Kiekenbeck, Claudia
Dipl.-Ing.
Sauerbruchstr. 23
55126 Mainz
T: 06131-6224245
F: 06131-6228124
innen-raum.kiekenbeck@
t-online.de
www.ck-innen-raum.de

Klein, Björn
Dipl.-Ing. (FH)
Graf-Simon-Str. 27
55481 Kirchberg
T: 06763-3035060
F: 06763-30350629
info@image-konzept.de
www.image-konzept.de

Klein, Kristina
Master of Arts (M.A.)
Betzelsstr. 8-10
55116 Mainz
T: 06131-1437737
kristinaklein@web.de

Peuker, Anne
Dipl.-Ing. (FH)
Klöppelsberg 1
56648 Saffig

Satlow, Stefanie
Dipl.-Ing.
Simone-de-Beauvoir-Str. 17
54294 Trier
T: 0651-4362849
kickerts@yahoo.de

Schmitt, Gabriele
Dipl.-Des.
Quetschenberg 17
54516 Wittlich
T: 06571-27308
F: 06571-93222
gabyschmitt@onlinehome.de

Schollek, Marie-Christine
DIP ISD Interior Designer
Postfach 1208
56748 Polch
marie.schollek@gmx.de

Stuhr, Karin
Dipl.-Ing.
Am Heerberg 47
55413 Weiler
T: 06721-993299
F: 06721-993297
karin.stuhr@t-online.de

Winkler, Maria
Dipl.-Ing. (FH)
Schulstr. 3a
66907 Glan-Münchweiler
T: 06383-3189517
rieke.ariane@gmx.de

Zitt, Annette
Master of Arts (M.A.)
Eisenbahnstr. 56
66386 St. Ingbert
T: 06894-52904
annezit@yahoo.de

Mitglieder im bdia,
angestellt

Becker, Markus
Dipl.-Ing.
Friedrich-Gerlach-Str. 21
56076 Koblenz
T: 0261-3907478
marbec1@aol.com

Büchler, Meike
Dipl.-Ing. (FH)
Im Andorf 12
56170 Bendorf
T: 02622-9229029
meike.wittrock@web.de

Dann, Nina
Master of Arts (M.A.)
Graebestr. 14
67063 Ludwigshafen
T: 0621-95349286
nina.dann@web.de

Hühnergarth, Nicole
Master of Arts (M.A.)
Raupelsweg 6
55118 Mainz
nicole.huehnergarth@gmx.de

Keiper, Jürgen
Dipl.-Ing.
Schenkendorfstr. 8
56068 Koblenz
T: 02603-93380
F: 02603-6830

Kitte, Daniela
Master of Arts (M.A.)
Marktstr. 17
76831 Billigheim-Ingenheim
danielakitte@gmx.de

Maucher, Ina
Dipl.-Ing. (FH)
Im Bornergrund 60a
55127 Mainz
mobil: 0176-83428690
design.maucher@gmail.com

Radenheimer, Christina
Dipl.-Ing. (FH)
Martin-Luther-Str. 10
67304 Eisenberg
T: 06351-2640

Waschhauser-Kolb, Andrea
Dipl.-Ing. (FH)
Pfädchengasse 1
55127 Mainz
T: 06131-40505

StudentInnen
im bdia

Böhnert, Stefanie
Rummelstr. 7
67655 Kaiserslautern
T: 0631-37344038
stbo0008@stud.fh-kl.de

Heim, Alexandra
Bachelor of Arts (B.A.)
Auf Drei Eichen 61
66571 Eppelborn
mobil: 0171-4442511
heim.alexandra@web.de

Martini, Nicole
Haldenstr. 24
66352 Grossrosseln
nicolemartini1@web.de

Schmitz, Julia Carmen
Vor Kassels 16
54344 Kenn
T: 0651-99453783
schmitju@fh-trier.de

Tschang, Vanessa
Bachelor of Arts (B.A.)
In der Fürth 3
67098 Bad Dürkheim
T: 06322-64769
F: 06322-64769
vxtschang@web.de

Sachsen / Sachsen-Anhalt

Mitglieder bdia

Welle, Christian
Schulstr. 8
67112 Mutterstadt
T: 06363-5845
christian_welle@yahoo.de

Wilhelm, Julia
Bachelor of Arts (B.A.)
Schaumbergstr. 8
66636 Theley
mobil: 0171-6579928
julia.wilhelm@gmx.net

Zawada, Alexandra
Bachelor of Arts (B.A.)
Hinter den Gärten 23
66424 Homburg
T: 06841-120794
F: 06841-6889230
alexandra.zawada@gmx.de

Vorsitzender

Krippstädt, Alexander
Dipl.-Ing. Innenarchitekt bdia
Wettiner Platz 10A
01067 Dresden
T: 0351-4188710
F: 0351-418871-99
ak@raumundbau.de
mitteldeutschland@bdia.de
www.raumundbau.com

Stellvertreter

Frießleben, Peter
Dipl.-Des.
Innenarchitekt bdia
Mansfelder Str. 56
06108 Halle
T: 0345-3880948
F: 0345-3880947
friessleben@friessleben-architekten.de
www.friessleben-architekten.de

Liebscher, Bernd
Dipl.-Ing. Innenarchitekt bdia
Amtsstr. 13
09496 Marienberg
T: 03735-22331
design@architekturbuero-liebscher.de
www.architekturbuero-liebscher.de

Kassenführer

Gebhardt, Steffen
Dipl.-Ing. Architekt
Innenarchitekt bdia
Rehefelder Str. 20
01127 Dresden
T: 0351-4939667
F: 0351-8584815
architektur-design-gebhardt@arcor.de
www.bdia.org/gebhardt

InnenarchitektInnen
bdia, freischaffend

Büdel, Martin
Dipl.-Ing. Innenarchitekt bdia
Kröllwitzer Str. 6
06120 Halle
T: 0345-6857363
F: 0345-6857373
martin@buedel.com
www.buedel.com

Frießleben, Peter
Dipl.-Des.
Innenarchitekt bdia
Frießleben Architekten BDA
Mansfelder Str. 56
06108 Halle
T: 0345-3880948
F: 0345-3880947
friessleben@friessleben-architekten.de
www.friessleben-architekten.de

Gebhardt, Steffen
Dipl.-Ing. - Architekt
Innenarchitekt bdia
Architektur + Design
Gebhardt
Rehefelder Str. 20
01127 Dresden
T: 0351/4939667
F: 0351/8584815
architektur-design-gebhardt@arcor.de
www.bdia.org/gebhardt

Hausdorf, Siegfried
Prof. Dr. Ing. habil.
Innenarchitekt bdia
Architekt
Rungestr. 45
01217 Dresden
T: 0351-4763322
F: 0351-4763322
prof.hausdorf@gmx.de

Hoyer-Mai, Kathleen
Dipl.-Ing. (FH)
Innenarchitektin bdia
hoyer.mai & Partner
Architekten. IA
Königsbrücker Str. 51
01099 Dresden
T: 0351-4045570
F: 0351-4045571
post@hoyermai.de
www.hoyermai.de

Jänisch, Andreas
Dipl.-Ing., Architekt
Innenarchitekt bdia
Bibrachstr. 3
01217 Dresden
T: 0351-4723570
F: 0351-4723572
andreas.jaenisch-architekt@t-online.de
www.andreasjaenisch-architekt.de

Kaluza, Eva
Dipl.-Des.
Innenarchitektin bdia
Marienthaler Höhe 1
08060 Zwickau
T: 0375-2119451
F: 0375-2119459
e.kaluza@oe-konzept.de
www.oe-konzept.de

Kasel, Sibylle
Dipl.-Des.
Innenarchitektin bdia
Kasel Planungsbüro für
Innenarchitektur
Mittelstr. 56
04463 Großpösna
T: 034297-140780
F: 034297-1407820
s.kasel@pbkasel.de
www.pbkasel.de

Köstler, Katrin
Dipl.-Des.
Innenarchitektin bdia
Architektur + Design
Wasserturmstr. 1
04416 Markkleeberg
T: 0341-9120322
F: 0341-9120323
koestler.placek@t-online.de
www.bdia.org/koestler

Krippstädt, Alexander
Dipl.-Ing. Innenarchitekt bdia
Architekturbüro Raum und
Bau GmbH
Wettiner Platz 10a
01067 Dresden
T: 0351-4188710
F: 0351 418871-99
ak@raumundbau.de
www.raumundbau.com

Liebscher, Bernd
Dipl.-Ing. Innenarchitekt bdia
Liebscher Architekturbüro
Amtsstr. 13
09496 Marienberg
T: 03735-22331
F: 03735-90802
design@architekturbuero-liebscher.de
www.architekturbuero-liebscher.de

Müller-Wittenberg, Wolfgang
Dipl.-Formgest.
Innenarchitekt bdia
ARCHITEKTUR-atelier
Müller-Wittenberg
Schubertstr. 13
09119 Chemnitz
T: 0371-307770
F: 0371-307770
mueller-wittenberg@gmx.de

Schäfer, Eva-Maria
Dipl.-Ing.
Innenarchitektin bdia
Semperstr. 4
09117 Chemnitz
T: 0371-6761793
F: 0371-6761793
innenarchitekturbuero_schaefer@web.de

Seltmann, Jeannette
Dipl.-Ing.
Innenarchitektin bdia
Hübschmannstr. 23
09112 Chemnitz
T: 0371-304796
F: 0371-304700
js-chemnitz@t-online.de

Thomas, Bernd
Dipl.-Ing. Innenarchitekt bdia
Kirchstr. 2c
01900 Bretnig-Hauswalde
T: 035952-411280
F: 035952-4112815
bernd.thomas@
architekturbuero-thomas.de

Tynior, Eske
Dipl.-Formgest.
Innenarchitektin bdia
Lindenstr. 42
08451 Crimmitschau
T: 03762-942044
F: 03762-942044
eske.tynior@arcor.de

Wenk, Bianka
Dipl.-Ing. (FH)
Innenarchitektin bdia
Wallgässchen 5
01097 Dresden
mail@bianka-wenk.de
www.bianka-wenk.de

Sachsen / Sachsen-Anhalt

InnenarchitektInnen bdia, angestellt

Fischer, Bernd
Dipl.-Ing. Innenarchitekt bdia
Architekt und Innenarchitekt
Dorfstr. 9
04824 Beucha
T: 034292-76193
F: 034292-76194

Nebelung, Joachim
Dipl.-Ing. Innenarchitekt bdia
Am Feldgehölz 21
01109 Dresden
T: 0351-8900991

Rudolph, Wolfgang
Dipl.-Formgest.
Innenarchitekt bdia
Hermannstr. 4
06108 Halle
T: 0345-3881526
F: 0345-3881526
wolfgang_rudolph@freenet.de

Weiser, Cornelia Kristin
Dipl.-Ing.
Innenarchitektin bdia
Fuchswinkel 16
04435 Schkeuditz
corneliak.weiser@web.de

Mitglieder im bdia, freischaffend

Decker, Sandra
Dipl.-Ing.
Thumerstr. 2
09427 Ehrenfriedersdorf
T: 037341-169007
sandra.decker@gmx.de
www.sandradecker.de

Ehrlich, Stephan
Dipl.-Formgest.
Ehrlich + Richter GmbH
Schützengasse 14
01067 Dresden
T: 0351-43830660
F: 0351-43830670
stephan.ehrlich@arcor.de
www.ehrlichundrichter.de

Neubert, Sandro
Dipl.-Ing. (FH)
LUMOSPHÄRE
Werner-Hartmannstr. 1
01099 Dresden
sn@lumosphaere.de
www.lumosphaere.de

Newiger, Amelia
Dipl.-Ing. (FH)
Tieckstr. 23
01099 Dresden
T: 0351-26728466
F: 0351-26728467

Ringel, Oliver
Dipl.-Ing.
Studio Contempus, Alter Pfarrhof
Kirchplatz 1
06198 Beesenstedt
T: 034773-21780
F: 034773-21781
ringel@studio-contempus.de
www.studio-contempus.de

Schönfeld, Heike
Dipl.-Des.
Am Mühlgraben 6a
08451 Crimmitschau
T: 03762-45594
F: 03762-4895260
design@cgg-schoenfeld.de

Mitglieder im bdia, angestellt

Blütchen, Paul
Dipl.-Formgest.
Friedenstr. 27
06114 Halle
T: 0345-5232559
F: 0345-5230528
bluetchendesign@arcor.de

Böttger, Kristin
Dipl.-Ing. (FH)
Wildadel Innenarchitektur
Am Bogen 16
04277 Leipzig
T: 0172-3696667
info@wildadel.de
www.wildadel.de

Meitinger, Korbinian
Dipl.-Ing. (FH)
Rietschelstr. 22
04177 Leipzig
komeitinger@googlemail.com

StudentInnen im bdia

Möller, Theo
Bachelor of Arts (B.A.)
Gohliser Str. 3
04105 Leipzig
theomoeller@gmx.de

Näser, Melanie
Emil-Rosenow-Str. 65
08064 Zwickau
naesermel@web.de

Pötschke, Marlene
Bachelor of Arts (B.A.)
Helmeweg 13
06122 Halle
T: 0162-12351487
marlene.poetschke@googlemail.com

Assoziierte

Graupner, Barbara
Dipl.-Des. (FH)
Atelier n.4
Forststr. 4
09577 Niederwiesa
T: 03726-722883
F: 03726-722884
b.graupner@atelier-n4.de
www.atelier-n4.de

Thüringen

Vorsitzender

Thasler, Jens
Dipl.-Formgestalter
Innenarchitekt bdia
Marktstr. 20
99947 Bad Langensalza
T: 03603-812831
j.thasler@designer-architekt.de
thueringen@bdia.de
www.designer-architekt.de

Stellvertreter

Kress, Frieder
Dipl.-Ing.
Innenarchitekt bdia
Wilhelm-Külz-Str. 40
99084 Erfurt
T: 0361-5401557
F: 0361-5401566
kressf@web.de

Kassenführerin

Meisel, Kathrin
Dipl.-Ing. (FH)
Innenarchitektin bdia
Lengefelder Str. 11
07551 Gera
T: 0365-7736750
F: 0365-7736751
ia_3d_meisel@t-online.de
www.innenarchitektur-meisel.de

InnenarchitektInnen bdia, freischaffend

Kappler, Hedi
Dipl.-Ing. (FH)
Innenarchitektin bdia
Innenarchitekturbüro Kappler
Wilhelm-Külz-Str. 5
07743 Jena
T: 03641-227168
F: 03641-227169
info@hedikappler.de
www.hedikappler.de

Kehr, Jutta
Dipl.-Des. (FH)
Innenarchitektin bdia
Architekturbüro
Barbarossahof 5
99092 Erfurt
T: 0361-5418800
F: 0361-5418799
architektur@jutta-kehr.de
www.innenarchitektur-erfurt.de

Kreß, Frieder
Dipl.-Ing. (FH)
Innenarchitekt bdia
Wilhelm-Külz-Str. 40
99084 Erfurt
T: 0361-5401557
F: 0361-5401566
kressf@web.de

Meisel, Kathrin
Dipl.-Ing. (FH)
Innenarchitektin bdia
Innenarchitektur + 3-D-Visualisierung
Lengefelder Str. 11
07551 Gera
T: 0365-7736750
F: 0365-7736751
ia_3d_meisel@t-online.de
www.innenarchitektur-meisel.de

Smits, Bernhard
Innenarchitekt bdia + Architekt
Schwarzenburgerstr. 50
99092 Erfurt
T: 0361-5612695
bernhard.smits@t-online.de
www.smitsundtandler.de

Ausland

Mitglieder bdia

Thasler, Jens
Dipl.-Formgest.
Innenarchitekt bdia
designer-architekt
Marktstr. 20
99947 Bad Langensalza
T: 03603-812821
F: 03603-894084
j.thasler@designer-
architekt.de
www.designer-architekt.de

Mitglieder im bdia,
freischaffend

Henkel, Mike
Dipl.-Ing. (FH)
Schulstr. 67
98744 Cursdorf
F: 03212-1406779
info@mikehenkel.net

Schnelle, Jana
Bachelor of Arts (B.A.)
Gösnitzer Str. 46
04626 Schmölln
jana.schnelle@gmail.com

Mitglieder im bdia,
angestellt

Richter, Juliane
Bachelor of Arts, MA Arch.
Kreuzstr. 2a
07407 Rudolstadt
j.richter@pro-mails.de

Römhild-Sachrau, Kathrin
Dipl.-Ing. (FH)
Dorfstr. 30
99438 Bad Berka
T: 036458-486949
kathrin.roemhild@gmx.de

Schliez, Anne Katrin
Bachelor of Arts (B.A.)
Kleine Kirchgasse 3
99423 Weimar
T: 03643-515321
a.schliez@googlemail.com

Wilhelmi, Luise
Juri-Gagarin-Ring 126b
99085 Erfurt
luise_wilhelmi@gmx.de

StudentInnen
im bdia

Barsch, Beatrix
Kirchstr. 11
99755 Ellrich
T: 036332-21664
beabmail@web.de

Frühauf, Frances
Schömberger Weg 10
07570 Weida
francesfruehauf@web.de

Külz, Marlene
Jahnstr. 23
99423 Weimar
T: 03643-252324
marlene_kuelz@web.de

Assoziierte

Menning, Marina
Dipl.-Ing.
Am Krautsgraben 10
99869 Eschenbergen
T: 036258-55785
F: 0361-55786
architektinmarinamenning@
t-online.de

InnenarchitektInnen
bdia, freischaffend

Biasi-von Berg, Christina
Dipl.-Ing. (FH)
Innenarchitektin bdia
Biquadra Studio for interior
architectur
Alpinistr. 29
I-39012 Meran BZ
T: +39-0473-229598
F: +39-0473-420356
info@biquadra.com
www.biquadra.com

Firmbach, Wolfgang
Dipl.-Ing. (FH)
Innenarchitekt bdia
Firmbach Innenarchitekten
Balmstr. 43
CH-8645 Raperswil-Jona
T: +41-55-2105146
F: +41-55-2105147
mail@firmbach-
innenarchitekten.ch
www.firmbach-
innenarchitekten.ch

Korb, Daniel
Dipl.-Ing. Innenarchitekt bdia
Korb + Korb
Schartenstr. 3
CH-5400 Baden
T: +41-56-2001421
F: +41-56-2001424
daniel.korb@korb-korb.ch
www.korb-korb.ch

InnenarchitektInnen
bdia, angestellt

Hagemann, Julia
Dipl.-Ing. (FH)
Innenarchitektin bdia
Kerkstraat 45
NL-2514 KR Den Haag

Lang, Erwin
Innenarchitekt bdia
Spisergasse 15
CH-9000 St. Gallen
T: +41-71-2228522

Termes, Karin
Innenarchitektin bdia
Rigolettostr. 160
NL-2555 VW Den Haag
T: +31-70-3462388
karintermes@hotmail.com

Mitglieder im bdia,
freischaffend

Gritschke-Marcoux, Ulrike
Dipl.-Des.
8, Rue d.l.Fosse aux Cloches
F-77131 Touquin
T: +33-164041918
F: +33-164041918
ug.marcoux@orange.fr
www.ugmarcoux.com

Moon, Jiwon
Master of Arts (M.A.)
Chaussee de Vleurgat 80
B-1050 Bruxelles
ccucjung@hotmail.com

Peters, Melanie
Dipl.-Ing. (FH)
Ahrn 202
A-6105 Leutasch
peters@mppdesign.de
www.mppdesign.de

Schubert, Maria
Master of Arts (M.A.)
Schulgasse 23a
A-6714 Nüziders
mb7283@gmx.de
www.mariaberfels.de

Visintainer, Lisa
Master of Arts (M.A.)
Salurner Str. 10
A-6020 Innsbruck
T: +43-664-8160030
mail@lisa-visintainer.com

Mitglieder im bdia,
angestellt

Cremer, Anja
Dipl.-Ing.
Usterstr. 112
CH-8620 Wetzikon

Hülsen, Christian
Dipl.-Ing.
109 Windmill Drive
GB-BN1 5HH Brighton
T: +44-1273509320
F: +44-1273560634
Christian@interiorology.co.uk

Kranert, Thomas
Dipl.-Arch.
Neugutgrabenstr. 1
CH-9470 Buchs SG
T: +41-78-6136183
tki@gmx.ch

Möltgen, Anja
Dipl.-Ing.
INPLUS INTERIEURARCHI-
TEKTUUR
Hansenstraat 14
NL-2316 BJ Leiden
T: +31-71-5231088
F: +31-71-5234810
anja@inplus.nl

Philipp, Sarah
Dipl.-Ing.(FH)
Jorgensgard 42
DK-6200 Aabenraa
mail@sarahphilipp.de

Sitzmann, Gitte
Master of Arts (M.A.)
Schwalbenstr. 9
CH-2502 Biel/Bienne
T: +41-32-5120182
gittesitzmann@edorf.de

StudentInnen
im bdia

Demuth, Natalie Claire
Dipl.-Ing. (FH)
Kernmattstr. 36
CH-4102 Binningen
T: +41-614215518
natalieclairede@yahoo.de

Müller, Samira
Zuiderterras 11
NL-3083 BV Rotterdam
samira.i.mueller@web.de

Produkt-

informationen

Partner für Raumgestaltung

designfunktion

designfunktion unterstützt Innenarchitekten durch zielsichere Produktberatung

Moderne Designeinrichtung: ein schwer überschaubares Angebot

Sicherheit bei der Produktauswahl ist ein wichtiger Vorteil für Innenarchitekten in einem unübersichtlich gewordenen Markt. Die designfunktion-Gruppe greift seit Jahren auf die Kollektionen von mehr als 100 der wichtigsten Hersteller im gehobenen Einrichtungssegment zurück: Sie stehen für alle Spielarten moderner, designbewusster Einrichtung und sind großteils in der Lage, auch individuelle Wünsche der Kunden zu erfüllen – beispielsweise bei Farben, Materialien und Abmessungen. Zu wissen, welche Rahmenbedingungen vorliegen und welche Hersteller mit Sonderbedarfen zurechtkommen, ist die Kür. Den Markt zu überblicken, die Pflicht.

Klassiker: die Stärken bewährter Stil-Ikonen

Neben einem profunden Marktüberblick zeichnet sich designfunktion durch das Faible für die Klassiker der Moderne aus: Mit einer eigenen Klassiker-Serie macht sich designfunktion um die zeitlosen Ikonen der großen Designer verdient. Innenarchitekten können stets auf ein von tiefem Wissen getragenes Engagement zählen. Nur wenige Möbel außer den Klassikern besitzen die Kraft, in unterschiedlichstem Ambiente unübersehbar positive Akzente zu setzen, bei gleichzeitiger Wertstabilität und Haltbarkeit.

Verstärkung für Innenarchitekten: Produktberater mit Hintergrund

designfunktion-Berater zeichnet besonders aus, dass sie mit Innenarchitekten den Blick auf das Ganze teilen, anstatt lediglich Einrichtungsprodukte zu kombinieren. Vom Grundriss über Licht, Akustik und Textilien bis zu den technischen Fragen der Raumgestaltung verwirklichen sie die Vision der Innenarchitekten. Sie sind in allen Projektphasen ein kreatives, fachlich wertvolles Gegenüber. Für Licht und Textilien gibt es bei designfunktion sogar eigene Spezialistenteams mit besonderer Projekt-Expertise.

designfunktion
Gesellschaft für moderne
Einrichtung mbH
Leopoldstraße 121
80804 München
Telefon +49 89 306307-0
info@designfunktion.de
www.designfunktion.de

Das „Wellnitz" in Darmstadt verbindet Geschäfts- mit Clubtradition

Bücher und Bar? Kein Widerspruch im „Wellnitz" im Darmstädter Studentenquartier Martinsviertel: Abends verwandelt sich das Café-Bistro mit der Bücherwand und der Außengastronomie in eine Cocktailbar. Jahrzehntelang kauften Studenten der Technischen Universität in der „Wellnitz-Buchhandlung" ihre Fachbücher. So auch der heutige „Wellnitz"-Inhaber Stefan Zitzmann. Deshalb wollte er Namen und Flair dieser Institution erhalten.

Innenarchitektin Katja Feldmann verband gestalterisch Geschäfts- mit Clubtradition. Herzstück der Gastronomie ist die Bar mit acht Meter langer Theke aus einzeln gefertigten Fliesen. Dahinter leuchtet ein Regal voller bunter Flaschen für die Cocktails.

Das „Wellnitz" besteht aus einer dunklen und zwei hellen Einheiten. Die Farben der Eingangszone finden sich auch im lichtdurchfluteten ersten Stock wieder. Dort dominieren mediterran-orientalisch geprägte Sitzbänke, niedrige Tische und Mobiliar wie in maurischen Cafés. Die Wände sind mit einer samtig-matten Oberfläche versehen, einem Effekt durch die Verwendung von Capadecor Stucco Satinato.

Der Bar-Bereich liegt selbst tagsüber – gewollt – im Dämmerlicht. Gekonnt inszenierte Leuchten und Barhocker aus Kupfer rücken mit dem speziell entwickelten, dunklen Grauton für die gespachtelten Wände (Capadecor Calcino Romantico) und Wandtafeln die illuminierte Vitrine einer indischen Schiffsapotheke ins rechte Licht. Die freundlich-warme Ausstrahlung entsteht durch Eichenholz-Möbel und die Begleitfarben Bernstein und Kupfer. Ein edles Ambiente, welches durch die metallisch anmutende Decke in Anthrazit (Metallocryl Interior) noch unterstützt wird.

Schon im Rohbauzustand entwickelten Sybille Abel und Axel Völcker vom Farb-DesignStudio mit Zitzmann und der Innenarchitektin das Farbkonzept. Maler- und Lackierermeister Patrick Lamola, Fachmann für die dekorativen Innenwandtechniken von Caparol, beriet die Firma Rychlik Bausanierungs GmbH bei der Verarbeitung. Die Zusammenarbeit klappte reibungslos. Zitzmann: „Ich kann nur ein Loblied auf die Firma Caparol singen, von der Art, wie unsere Wünsche ohne viel Federlesens umgesetzt wurden." Mit seinem Hell-Dunkel-Konzept fällt er auf. „So eine Bar würde man eher in Berlin vermuten", heißt es.

Spezialist für edle Badobjekte aus glasiertem Titan-Stahl

Bette ist Spezialist für Badobjekte aus glasiertem Titan-Stahl in den Bereichen Baden, Duschen und Waschen. Damit bietet Bette überall dort, wo im Bad Wasser erlebt wird, Badobjekte in einem einheitlichen Material und ermöglicht somit eine in sich stimmige Badarchitektur. Die Marke Bette steht für höchste Qualität, herausragendes Design und hochwertige Materialien. Das Familienunternehmen mit über 60-jähriger Geschichte hat sich exklusiv auf die Prozesse Stahlumformung und Emaillierung spezialisiert. Heute sind am Produktions- und Verwaltungssitz in Delbrück 370 Mitarbeiter beschäftigt. Ausschließlich hier und made in Germany werden mehr als 600 verschiedene Modelle von Badewannen, Duschwannen und Waschtischen in einer Vielzahl an Oberflächenfarben hergestellt.

Die Bette-Fertigung verbindet Hightech-Industrieproduktion mit maßgeschneiderter Manufakturarbeit: Mehr als die Hälfte der Produkte werden heute auf Kundenwunsch individualisiert. Aus den natürlichen Rohstoffen Glas, Wasser und Stahl entstehen hochwertige Produkte, die Bette in einer großen Vielfalt an Formen, Abmessungen und Farben anbietet – und mit der BetteGlasur zu langlebigem Stahl/Email veredelt.

Glasierter Titan-Stahl ist wie geschaffen für den Einsatz im Bad, zumal er mustergültig Langlebigkeit mit Nachhaltigkeit verbindet. Hohe Stabilität und Standfestigkeit kombinieren sich hier mit einer makellosen, dauerhaften und hygienischen Oberfläche: Die BetteGlasur ist vom TÜV Rheinland geprüft und ihr sind herausragende Hygieneeigenschaften und äußerste Reinigungsfreundlichkeit bescheinigt worden. Das gesamte Bette-Sortiment ist entsprechend der material- und sortimentsspezifischen Umwelt-Produkt-Deklaration EPD nach ISO 14025 verifiziert.

Bette GmbH & Co. KG
Heinrich-Bette-Str. 1
33129 Delbrück
architektur@bette.de
www.bette.de

Schnittstelle zwischen Gestaltern und Industrie

DESIGN POST — HOME OF DESIGN

10 Jahre Design Post – immer etwas Neues zu entdecken

Seit inzwischen einem Jahrzehnt ist die Design Post in Köln-Deutz ganzjähriger Showroom für Designliebhaber, Flaniermeile für Ästheten und Inspirationsquelle für Fachbesucher. Im Vordergrund stehen Inspiration, Information und Vernetzung – direkter Verkauf findet in der Design Post nicht statt. So entsteht inmitten großzügiger, denkmalgeschützter Industriearchitektur ein „Open Space", der auch außerhalb der wichtigen Leitmessen, imm cologne und Orgatec, für Präsentationen, Projektbemusterungen, Meetings, Events und vieles mehr genutzt wird – ein lebendiger, anregender, repräsentativer Ort für professionellen Austausch zum Thema Interior Design.

Über 30 namhafte internationale Kollektionen nutzen die rund 3.000 qm Ausstellungsfläche, um mit hochkarätigen Raum- und Produktinszenierungen ihre aktuellen Trends erlebbar zu machen. 2017 ist die Design Post das „Home of Design" für:

Acousticpearls | Agape | Arco | Arper Buschfeld | Carl Hansen & Søn | Carpet Sign | Cor Contract | Danskina | Elmo Extremis | Gelderland | Ingo Maurer Kinnasand | Kristalia | Kvadrat | Lema Licht im Raum | Linteloo | Luceplan Magis | Mawa Design | Montana | Montis Moroso | Palau | Piet Boon Collection Pilat & Pilat | Rohi | Röthlisberger S+ Systemmöbel | Spectrum | Xilobis Zeitraum

Design Post Köln GmbH + Co KG
Deutz-Mülheimer-Str. 22a
50679 Köln
T: 0221-690 650
info@designpost.de
www.designpost.de

Für ein Ambiente, das sitzt.

Solides Handwerk, jahrzehntelange Erfahrung und Expertenwissen

Gepflegte Gastlichkeit

Beim Einrichten edler Restaurants, trendiger Cafés oder Bars ist es wie bei gutem Essen: Um appetitanregend und einladend zu sein, braucht es Möbel, die Gäste und Besucher geschmackvoll empfangen. Deshalb setzt Spahn für die Einrichtung von Objekten schon seit 1921 auf ausgezeichnetes Design und die qualitativ hochwertige Produktion von Gastronomie-Möbeln „Made in Germany". Das Spektrum umfasst über 600 Modelle. Mal treten sie schlicht und minimalistisch, mal elegant, rustikal, jung oder im trendigen Vintage-Look auf.

Vielfalt schafft Individualität

Soll eine einzigartige Atmosphäre geschaffen oder Sitzmöbel im unternehmerischen Design gestaltet werden, entwickelt Spahn als vollstufiger Produzent für Objekteinrichter, Architekten und Innenarchitekten individuelle Modelle, die ästhetisch, ergonomisch und preislich überzeugen. Aus verschiedensten Hölzern, Metallen, Lacken und Textilien schafft Spahn Möbel, die sich für unterschiedlichste Anforderungen eignen, z.B. in der Gastronomie, im Pflege-, Seminar- und auch Empfangsbereich. Sie sind Ausdruck.

Schick, bequem, nachhaltig

Spahn Sitzmöbel werden nachhaltig und umweltverträglich gefertigt. Hölzer aus heimischer Forstwirtschaft und wasserlösliche Lacke garantieren, dass der Erfolg von Objekteinrichter, Bauherr und Endkunde auf gesunden Beinen steht. Als zuverlässiger Partner im Objektgeschäft verstehen sich Schnelligkeit und Termintreue von selbst. Gäste und Besucher wollen stilvoll empfangen werden. Dafür haben die Objektberater aus dem Hause Spahn das Ohr am Puls der Zeit und unterstützen Auftraggeber mit viel Know-how und stilsicherem Feingespür.

Spahn GmbH
Kreuzwegstr. 20
48703 Stadtlohn
www.spahn.eu
info@spahn.eu
http://katalog.spahn.eu/

Gaggenau Showroom

Architektur des guten Geschmacks

In einem beeindruckenden Gebäude in München-Bogenhausen präsentiert Gaggenau den ersten Flagship-Showroom in Deutschland. Auf 220 qm zeigt der Hersteller exklusiver Hausgeräte eine Architektur des guten Geschmacks, die sich vom Gebäude bis zum kulinarischen Erlebnis konsequent erschließt. Mit hohem Anspruch an Perfektion und Design wird die faszinierende Welt der Traditionsmarke in einer Corporate Architecture von zeitloser Ästhetik erlebbar. Hier stellt Gaggenau die Vielfalt der Geräte vor, vermittelt Wissen und zelebriert Koch- und Genusskultur auf höchstem Niveau.

Deckenhohe Baumstämme aus dem Schwarzwald, vertikal vor der Glasfassade gruppiert, symbolisieren die stabilen Säulen der 333-jährigen Tradition und den Ursprung von Gaggenau. Zusammen mit einer monumentalen Tafel bilden sie das Herz des Showrooms. Warme Farben der Echtholz-Elemente setzen in den lichtdurchfluteten Räumen einen Kontrapunkt zu den matt anthrazitgrauen Oberflächen der Präsentationsmöbel. Hier kommt die Ästhetik der eingebauten Gerätekombinationen aus Edelstahl und Glas besonders gut zur Geltung.

Gaggenau Geräte bieten vielfältige Lösungen in Fragen von Funktionalität und Design. Deshalb steht im Showroom die individuelle Beratung von Kunden, Händlern und Architekten und deren Unterstützung bei der Geräteplanung im Vordergrund. Bei Genussveranstaltungen erfahren Kunden, welche Technik ihren Kochgewohnheiten am besten entspricht. Neben regelmäßigen Kochevents zur Information über Bedienung und Anwendung der Geräte inszeniert Gaggenau im Showroom ein wahres kulinarisches Feuerwerk.

Gaggenau Showroom
Arabellastr. 30a
81925 München
T: 089-4510 4647
info@gaggenau-showroom.de
www.gaggenau-showroom.de

perfect light

Occhio

Occhio ist eines der innovativsten und eigenständigsten Unternehmen der Lichtbranche. 1999 von Axel Meise gegründet, basiert Occhio auf einer ebenso einfachen wie revolutionären Idee:

Aus der Überzeugung heraus, dass gutes Licht Lebensqualität bedeutet, entwickelt das Münchner Unternehmen ganzheitliche, multifunktionale Leuchtensysteme. Durchgängig in Design und Lichtqualität, verbindet Occhio Räume und ermöglicht, ganze Gebäude in höchster Qualität mit Licht zu gestalten.

Seitdem entwickelt sich Occhio kontinuierlich weiter und steht heute für die Verbindung von bester Lichtqualität, einzigartigem Design und innovativer Technologie auf höchstem Niveau. Der Mehrwert für den Menschen steht dabei immer im Vordergrund. Mit Occhio werden Räume mit Licht auf unverwechselbare Weise individuell gestaltet – sowohl im Wohn- als auch Objektbereich.

Occhio GmbH
Wiener Platz 7
81667 München
T +49-89-44 77 86 30
F +49-89-44 77 86 39
info@occhio.de
www.occhio.de

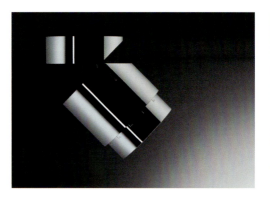

Der textile Hartboden der nächsten Generation – FREESTILE und RUGXSTYLE

OBJECT CARPET

Mit FREESTILE präsentiert OBJECT CARPET die Teppichfliese der nächsten Generation: Eine neuartige, besonders flache Webtechnik verleiht dem Bodenbelag seine moderne, reduzierte – für eine Teppichfliese – enorm harte Oberfläche und bewahrt dabei doch alle Vorzüge des textilen Bodenbelags im Hinblick auf Komfort und Gesundheit.

Denn FREESTILE ist nicht nur widerstandsfähig und minimalistisch wie ein Hartbelag, sondern sorgt darüber hinaus für die bewährten Vorteile einer textilen gewebten Oberfläche: Dazu zählt nicht zuletzt die Verbesserung der Raumakustik (bis zu 20 % im Vergleich zu anderen Hartbelägen). Auch die sehr hohe Trittsicherheit sowie ein angenehmer Gehkomfort machen den Textilboden zur gefragten Einrichtungslösung in Shops, Hotels, Restaurants, Bars, Büros, Flughäfen oder Messe- und Kongresszentren. Eine Teppichfliese, die innovatives Design, hervorragenden Nutzwert und nachhaltiges Umweltmanagement auf höchstem Niveau vereint. 16 charakterstarke Modelle in jeweils 4 Koloriten bilden den Ausgangspunkt für eine einzigartige Raumgestaltung. Der Clou dabei: Jedes der Motive wird in 50 x 50 cm große, individuelle Fliesen zerschnitten. Frei verlegt entsteht so ein immer wieder neues Gesamtbild, das verblüffend stimmig ist. Ein mehrdimensionales Erlebnis, das der Bodenfläche eine faszinierende Tiefe verleiht und jeden Raum und jeden Boden zum Unikat macht. FREESTILE gewann innerhalb kürzester Zeit bereits sieben Design- und Materialpreise.

Was als immer fortlaufendes Spiel von Form und Farbe ins Unendliche ging, findet mit RUGXSTYLE seine Fokussierung: Mit abgepassten Teppichen wird die ursprüngliche Design-Idee losgelöst vom Wand-zu-Wand-Denken und kann gezielt als aufmerksamkeitsstarker Blickfang im Raum platziert werden. So entstehen bewusst akzentuierte Areale, die mit ihrer Einzigartigkeit ihre Position gezielt zum absoluten Anziehungspunkt machen – zu Hause oder in Büros, Shops und Hotels. Entdecken Sie FREESTILE und RUGXSTYLE selbst in einem der OBJECT-CARPET-Showrooms oder fordern Sie Muster an unter www.object-carpet.com.

OBJECT CARPET GmbH
Rechbergstr. 19
73770 Denkendorf
T: 0711-3402-0
F: 0711-3402-155
info@object-carpet.com
www.object-carpet.com

Troldtekt®

Die natürlichen Akustiklösungen

Troldtekt®
Natural acoustic solutions

Deckenplatten und Akustikelemente sind heute nicht mehr nur funktionale Bauelemente für den Trockenbau. Für das Hamburger Beratungsbüro Troldtekt Deutschland GmbH mit Hauptsitz und Produktion in Dänemark gehören kreative Raumkonzepte, akustischer Komfort und ein gesundes Raumklima zu den Schlüsselelementen hochwertiger Architektur. Seit mehr als 80 Jahren entwickelt und produziert Troldtekt A/S in Dänemark Decken- und Wandelemente. Welche Möglichkeiten die aus 100 % natürlichen Rohstoffen (Holz, Zement) hergestellten Akustikplatten bieten, zeigt ein Projekt in Mecklenburg-Vorpommern.

Kapselform als Gestaltungselement

Das internationale Unternehmen Riemser Pharma GmbH, das im Bereich Marketing, Vertrieb und Life-Cycle-Management von Humanarzneimitteln tätig ist, hat in Greifswald einen weiteren Standort gefunden. Die Innenarchitektur des dreigeschossigen Gebäudes, entwickelt von Reuter Schoger Architekten Innenarchitekten aus Berlin, ist abgeleitet von der Darreichungsform eines Medikaments. Die in Kapselform gestalteten Raumteiler, Tische und Tresen mit ihren weißen Oberflächen bilden einen spannungsreichen Kontrast zu den dunklen Fußböden. Hergestellt aus CNC-gefrästen Troldtekt-Platten, nehmen die Deckenelemente nicht nur die Gestaltung des Mobiliars auf, sie gewährleisten auch eine optimale Raumakustik in den Fluren und großzügigen Büros. An den Decken der Büroräume und Flure wurden darüber hinaus Akustikplatten als Baffeln installiert. Sie nehmen die Beleuchtung auf und verringern die Nachhallzeiten in den Räumen.

Troldtekt Deutschland GmbH
Millerntorplatz 1
D-20359 Hamburg
Telefon: 040/809092135
info@troldtekt.com
www.troldtekt.de

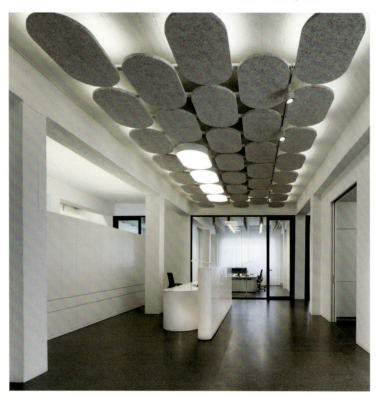

Inserentenverzeichnis

3A Composite
3A Composites GmbH
Alusingenplatz 1
78224 Singen
T: 07731-802060
www.3acompositesgmbh.de
(S. 189)

Baumgärtner
Baumgärtner GmbH
Industriestr. 35
97437 Haßfurt
T: 09521-94140
www.baumgaertner.com
(Klappe hinten)

BETTE
BETTE GmbH & Co. KG
Heinrich-Bette-Str. 1
33129 Delbrück
T: 05250-511-0
www.bette.de
(S. 13, 214)

Caparol
Caparol Farben Lacke
Bautenschutz GmbH
Roßdörfer Str. 50
64372 Ober-Ramstadt
T: 06154-71-0
www.caparol.de
(S. 163, 213)

Dauphin
Dauphin HumanDesign
Group GmbH & Co. KG
Espanstr. 36
91238 Offenhausen
T: 09158-17700
www.dauphin-group.com
(S. 15)

Design Post
Design Post Köln GmbH +
Co. KG
Deutz-Mülheimer-Str. 22a
50679 Köln
T: 0221-69065-0
www.designpost.de
(S. 215)

Designfunktion
designfunktion Gesellschaft
für moderne Einrichtung mbH
Leopoldstr. 121
80804 München
T: 089-306307-0
www.designfunktion.de
(S. 212)

Gaggenau
Gaggenau Showroom
Arabellastr. 30a
81925 München
T: 089-45104647
www.gaggenau-showroom.com
(S. 217)

Gira
Gustav Giersiepen GmbH &
Co. KG
Dahlienstr. 12
42477 Radevormwald
T: 02195-602-0
www.gira.de
(S. 223)

Girsberger
Girsberger GmbH
Ersteiner Str. 2
79346 Endingen
T: 07642-6898-0
www.girsberger.com
(S. 175)

Interstuhl
Interstuhl Büromöbel GmbH
& Co. KG
Brühlstraße 21
72469 Meßstetten-Tieringen
T: 07436-871-0
www.interstuhl.de
(S. 151)

Jung
Albrecht Jung GmbH & Co. KG
Volmestr. 1
58579 Schalksmühle
T: 02355-806-0
www.jung.de
(S. 2)

Kaldewei
Franz Kaldewei GmbH & Co. KG
Beckumer Str. 33-35
59229 Ahlen
T: 02382-785-0
www.kaldewei.com
(S. 4–5)

LED Profilelement
LED Profilelement GmbH
Industriestr. 4
92360 Mühlhausen
T: 09185-903634
www.ledprofilelement.de
(S. 224)

Low & Bonar
Low & Bonar GmbH
Rheinstr. 11
41836 Hückelhoven
T: 02433-4590
www.lowandbonar.com
(S. 201)

Magis
Magis Spa
Via Trestina, Accesso E
I-30020 Torre di Mosto
T: +39-0421-319600
www.magisdesign.com
(S. 157)

Miele
Miele & Cie. KG
Carl-Miele-Str. 29
33332 Gütersloh
T: 05241-89-0
www.miele.de
(S. 167)

Molto Luce
Molto Luce GmbH
Europastr. 45
A-4600 Wels
T: +43-7242-9680
www.moltoluce.com
(S. 179)

Object Carpet
Object Carpet GmbH
Rechbergstr. 19
73770 Denkendorf
T: 0711-3402-0
www.object-carpet.com
(S. 219)

Occhio
Occhio GmbH
Wiener Platz 7
81667 München
T: 089-447786-30
www.occhio.de
(S. 218)

Odenwald
Odenwald Faserplattenwerk
GmbH
Dr.-F-A-Freundt-Str. 3
63916 Amorbach
T: 09373-201-0
www.owa.de
(S. 197)

Peters Design
Peters Design GmbH
Extertalstr. 10
31737 Rinteln
T: 05751-9611-0
www.petersdesign.com
(Klappe vorn)

Sigl
Sigllicht GmbH
Körnerstr. 2a
80469 München
T: 089-2011946
www.sigllicht.de
(S. 193)

Spahn
Spahn GmbH
Kreuzwegstr. 20
48703 Stadtlohn
T: 02563-408-0
www.spahn.eu
(S. 216)

Steelcase
Steelcase Werndl AG
Georg-Aicher-Str. 7
83026 Rosenheim
T: 08031-405-0
www.steelcase.de
(S. 171)

Ton
TON a.s
Michaela Thoneta 148
CZ-76861
Bystrice pod Hostýnem
T: 00420-573-325111
www.ton.eu
(S. 185)

Troldtekt
Troldtekt Deutschland
GmbH
Millerntorplatz 1
20359 Hamburg
T: 040-8090-92135
www.troldtekt.de
(S.220)

Wilkhahn
Wilkening + Hahne
GmbH + Co. KG
Fritz-Hahne-Str. 8
31848 Bad Münder
T: 05042-999-0
www.wilkhahn.com
(S. 12)

Impressum

© 2017 Verlag Georg D.W. Callwey
GmbH & Co. KG
Streitfeldstraße 35
81673 München
www.callwey.de
E-Mail: buch@callwey.de

Die Deutsche Nationalbibliothek verzeichnet diese Publikation in der Deutschen Nationalbibliografie; detaillierte bibliografische Daten sind im Internet über http://dnb.d-nb.de abrufbar.

ISBN 978-3-7667-2262-1

Das Werk einschließlich aller seiner Teile ist urheberrechtlich geschützt. Jede Verwertung außerhalb der engen Grenzen des Urheberrechtsgesetzes ist ohne Zustimmung des Verlags und des bdia unzulässig und strafbar. Das gilt insbesondere für Vervielfältigungen, Übersetzungen, Mikroverfilmungen und die Einspeicherung und Verarbeitung in elektronischen Systemen.

Herausgeber
bdia Bund Deutscher Innenarchitekten e.V.
Köpenicker Str. 48/49 Aufgang D
10179 Berlin
info@bdia.de
www.bdia.de

Redaktion
Sylvia Leydecker
Dipl.-Ing. Innenarchitektin bdia
Stammheimer Str. 113
50735 Köln
T: 0221-570 8000
leydecker@bdia.de
www.100interior.de

Adressen- und Mitgliederverzeichnis
Bundesgeschäftsstelle bdia, Berlin

Anzeigenleitung
Claudia Schütz
Dipl.-Ing. (FH) Innenarchitektin bdia
Farrenpointstr. 5c
83026 Rosenheim
T: 08031-65621
schuetz-bdia@t-online.de
www.bdia.de

Layout- und Umschlaggestaltung
Sonnenstaub – Büro für Gestaltung und Illustration
Greifswalder Str. 29
10405 Berlin
T: 030-555779290
hallo@sonnenstaub.com
www.sonnenstaub.com

Satz
Büro Bernard Kommunikationsdesign
Christine Bernard
Gänslerweg 11
82041 Oberhaching
mail@buero-bernard.de
www.buero-bernard.de

Lektorat
WortWörtlich Kommunikation und Marketing, Kerstin Dietz, Ludwigsburg

Übersetzung
Bianca Murphy, Hamburg

Druck und Bindung
KESSLER Druck + Medien GmbH & Co. KG, Bobingen

Printed in Germany 2017

Begriffserklärungen

InnenarchitektInnen bdia haben ein anerkanntes Studium Innenarchitektur abgeschlossen und verfügen über eine mindestens zweijährige Berufspraxis in allen Leistungsphasen der HOAI. Sie sind als InnenarchitektInnen bei der zuständigen Architektenkammer eingetragen.

Mitglieder im bdia haben ein anerkanntes Studium Innenarchitektur abgeschlossen. Sie üben Tätigkeiten innerhalb des Berufsbilds von InnenarchitektInnen aus.

StudentInnen im bdia studieren an einer anerkannten Hochschule in der Fachrichtung Innenarchitektur oder einer gleichgestellten Fachrichtung im Bachelor- oder Masterstudium.

Assoziierte des bdia sind Freunde und Partner, die nicht die Aufnahmekriterien für eine Mitgliedschaft, wie das abgeschlossene Studium Innenarchitektur, erfüllen.

GIRA

Harmonische Form, dezente Farben.

Gira E3

Das neue Schalterprogramm Gira E3 vereint runde Formensprache, seidenmatte und glänzende Oberflächen in neun dezenten Farbtönen. Aus der Kombination von Trägerrahmen und Einsätzen in den Farben Anthrazit oder Reinweiß glänzend und den farbigen Deckrahmen ergibt sich eine variantenreiche Designvielfalt. Gira E3 ist die ideale Wahl für harmonisch abgestimmte Einrichtungskonzepte.

Mehr als 300 Funktionen aus dem Gira System 55 bieten höchsten Komfort, Sicherheit und Wirtschaftlichkeit für alle Anforderungen der modernen Gebäudetechnik.

Auszeichnungen:
German Design Award 2017,
DDC – Gute Gestaltung 2017,
Good Design Award 2016,
Iconic Awards 2016

Kostenloses Muster unter:
www.gira.de/e3/ar

Farben:

ATMOSPHÄRISCHE BELEUCHTUNG
EINFACHE PLANUNG
ENERGIEEFFIZIENTE UMSETZUNG
PRAKTISCH ZU INSTALLIEREN
LEICHT ZU BEDIENEN
IM INNENAUSBAU UNSICHTBAR
KREATIVSTE FORMEN

LED PROFILELEMENT
WIR LIEFERN GEBAUTES LICHT

Industriestr. 4 | 92360 Mühlhausen
Tel: +49 (0) 9185 903634
h.reinberger@ledprofilelement.com

www.ledprofilelement.de